Sonja A. Sackmann
Bertelsmann Stiftung

Erfolgsfaktor Unternehmenskultur

Sonja A. Sackmann
Bertelsmann Stiftung

Erfolgsfaktor Unternehmenskultur

Mit kulturbewusstem Management
Unternehmensziele erreichen
und Identifikation schaffen
– 6 Best Practice-Beispiele

Martin-Luther-Ring 7-9 · 04109 Leipzig
Tel. 0341 / 3 55 22-0 · Fax 0341 / 3 55 22-22 9
info@perdata.de · www.perdata.de

| Bertelsmann Stiftung

Bibliografische Information Der Deutschen Bibliothek
Die Deutsche Bibliothek verzeichnet diese Publikation in der Deutschen Nationalbibliografie;
detaillierte bibliografische Daten sind im Internet über <http://dnb.ddb.de> abrufbar.

1. Auflage September 2004

Alle Rechte vorbehalten
© Betriebswirtschaftlicher Verlag Dr. Th. Gabler/GWV Fachverlage GmbH, Wiesbaden 2004

Lektorat: Gabi Trillhaas / Maria Akhavan-Hezavei
Redaktion: Tina Böcker

Der Gabler Verlag ist ein Unternehmen von Springer Science+Business Media.
www.gabler.de

Das Werk einschließlich aller seiner Teile ist urheberrechtlich geschützt. Jede Verwertung außerhalb der engen Grenzen des Urheberrechtsgesetzes ist ohne Zustimmung des Verlags unzulässig und strafbar. Das gilt insbesondere für Vervielfältigungen, Übersetzungen, Mikroverfilmungen und die Einspeicherung und Verarbeitung in elektronischen Systemen.

Die Wiedergabe von Gebrauchsnamen, Handelsnamen, Warenbezeichnungen usw. in diesem Werk berechtigt auch ohne besondere Kennzeichnung nicht zu der Annahme, dass solche Namen im Sinne der Warenzeichen- und Markenschutz-Gesetzgebung als frei zu betrachten wären und daher von jedermann benutzt werden dürften.

Umschlaggestaltung: Nina Faber de.sign, Wiesbaden
Umschlagfoto: Bertelsmann Stiftung
Druck und buchbinderische Verarbeitung: Wilhelm & Adam, Heusenstamm
Gedruckt auf säurefreiem und chlorfrei gebleichtem Papier
Printed in Germany

ISBN 3-409-14322-X

Grußwort

Die unaufhaltsam fortschreitende Globalisierung und Digitalisierung von Wirtschaft und Gesellschaft haben neue Anforderungen an Kompetenz, Flexibilität und Mobilität aller Beteiligten im Unternehmen gestellt. Insbesondere haben sich durch die Internationalisierung der Märkte und die sich daraus ergebenden Herausforderungen für die Kontinuität eines Unternehmens Aufgabenstellung und Komplexitätsgrad der Führung grundlegend geändert. Das Festhalten an zentralistischen Führungsstrukturen, tradierten Verhaltensweisen und starren Hierarchien kann nur noch zu kurzfristigen unternehmerischen Erfolgen führen – mittelfristig droht der Verlust an Wachstum und damit Beschäftigung.

Gleichzeitig hat sich das Selbstverständnis der Menschen – und damit auch der Mitarbeiter im Unternehmen – grundlegend geändert. Eine Führung, die auf festen Vorschriften und dirigistischen Anordnungen beruht, wird zunehmend auf Ablehnung stoßen und schließlich eine Verweigerungshaltung hervorrufen. Führungskräfte in Unternehmen und in staatlichen Verwaltungen müssen lernen, dass Menschen heute an ihrem Arbeitsplatz ernst genommen werden wollen; sie wollen gleichermaßen mitgestalten und mitsprechen sowie sich mit ihrer Kompetenz und Kreativität in Arbeitsprozesse einbringen. Es sind eine partnerschaftliche Unternehmenskultur und eine dialogorientierte Führung, die erst die Voraussetzungen schaffen, um Motivation und Kreativität freizusetzen und die zu einer Identifikation der Menschen mit den Zielen und Aufgaben des Unternehmens führen. Es ist das Bekenntnis zur Wahrung gesellschaftlicher Verantwortung durch das Unternehmen und den Unternehmer, die sich in einem Leistungsbeitrag für die Gesellschaft niederschlägt.

Wie viele andere Unternehmer durfte ich in der Nachkriegszeit erleben, welche Wirkungen eine Gemeinschaftsleistung und ein „Wir-Gefühl" in Unternehmen erzeugen können. Zugegeben: Die Zeiten haben sich geändert, weltpolitisch ebenso wie weltwirtschaftlich – die grundlegenden Führungsprinzipien haben aber an Relevanz nicht verloren. Sie basieren auf einer Organisation mit dezentralen Strukturen und einer möglichst weitgehenden Delegation von Verantwortung; sie lassen so auch in großen Organisationen unternehmerischen Talenten Freiraum für ihre Kreativität wie in einem mittelständischen Unternehmen, sie beziehen die Mitarbeiter aktiv durch die Mitsprache bei den Arbeitsprozessen ein und beteiligen sie am Erfolg, sie respektieren die Menschen im Unternehmen mit ihren unterschiedlichen Kulturen und Religionen sowie die Märkte, in denen Unternehmen tätig sind.

Voraussetzung für den gemeinsamen unternehmerischen Erfolg bleibt ein gemeinsames Zielverständnis: Leitbilder, Führungsgrundsätze und Unternehmensverfassungen geben dafür die Gewähr. Sie formulieren Rechte und Pflichten von Mitarbeitern und Führung im Unternehmen. Dabei kommt der Führungskraft eine Vorbildfunktion zu. Die Unternehmenskultur zu gestalten ist und bleibt „Chefsache". Nur wenn Partnerschaft, Dialog- und Leistungsbereitschaft vorgelebt und unternehmenskulturelle Grundsätze konsequent angewendet werden, können sich alle mit dem Unternehmen und seinen Zielen identifizieren. Viele Führungskräfte haben noch nicht diese erheblichen Auswirkungen der Unternehmenskultur auf Kontinuität, Wachstum und Erfolg eines Unternehmens erkannt.

Aber auch Führungsgrundsätze und Unternehmenskulturen müssen fortgeschrieben und an Veränderungen in Gesellschaft, Wirtschaft und Arbeitswelt angepasst werden. Die Recherchen aus dem Carl Bertelsmann-Preis 2003 haben bewiesen, dass sich eine partnerschaftliche Unternehmenskultur und unternehmerischer Erfolg nicht ausschließen – im Gegenteil: Sie bedingen sich gegenseitig! Die einzelnen Unternehmensbeispiele und Bausteine ihrer Unternehmenskultur sollten uns alle ermutigen, diesen Weg offensiv und konsequent weiter zu verfolgen. Für meine Person kann ich den beteiligten Unternehmen, den Mitarbeitern von Booz Allen Hamilton und der Bertelsmann Stiftung sowie der Autorin ein Kompliment weitergeben: Ich habe aus dieser Studie selbst sehr viel gelernt!

Reinhard Mohn
Mitglied der Bertelsmann Verwaltungsgesellschaft und
Mitglied des Präsidiums der Bertelsmann Stiftung, Gütersloh

Inhaltsverzeichnis

Grußwort 5

Vorwort 15

Danksagung 19

Teil I
Unternehmenskultur und Führungsverhalten als Erfolgsfaktoren 21

1.   Unternehmenskultur: Modetrend oder Wettbewerbsfaktor? 23
1.1 Was versteht man unter Unternehmenskultur? 24
1.2 Was bewirkt Unternehmenskultur? 27
    1.2.1   Komplexitätsreduktion 28
    1.2.2   Koordiniertes Handeln 28
    1.2.3   Identifikation 29
    1.2.4   Kontinuität 29
1.3 Unternehmenskultur als Wettbewerbsfaktor 30
1.4 Was macht Unternehmenskultur zum Erfolgsfaktor? 31
1.5 Führungsverhalten als zentrale Determinante der Unternehmenskultur 37
    1.5.1   Die Rolle des Top-Managements bei der Entwicklung von Unternehmenskultur 38
    1.5.2   Die Führungskräfte als Repräsentanten und Multiplikatoren der Unternehmenskultur 40

Teil II
Beispiele vorbildlich gestalteter und gelebter Unternehmenskultur 43

1.   BMW Group 47
1.1 Unternehmensgeschichte – Prägende Einflüsse 47
1.2 Branche und Unternehmensumfeld 51
1.3 Wirtschaftliche Leistung 52

1.4		Gelebte Unternehmenskultur	53
	1.4.1	Gemeinsame Zielorientierung	54
	1.4.2	Verantwortung gegenüber der Gesellschaft	56
	1.4.3	Haltungen, Überzeugungen und Werte	61
	1.4.4	Unabhängigkeit und Transparenz der Unternehmensaufsicht	62
	1.4.5	Partizipatives Führungsverhalten	63
	1.4.6	Unternehmer im Unternehmen	66
	1.4.7	Führungskontinuität	67
	1.4.8	Adaptions- und Integrationsfähigkeit	67
	1.4.9	Kundenorientierung	69
	1.4.10	Shareholder-Orientierung	70
2.		Deutsche Lufthansa AG	73
2.1		Unternehmensgeschichte – Prägende Einflüsse	73
2.2		Branche und Unternehmensumfeld	76
2.3		Wirtschaftliche Leistung	77
2.4		Gelebte Unternehmenskultur	78
	2.4.1	Gemeinsame Zielorientierung	79
	2.4.2	Verantwortung gegenüber der Gesellschaft	81
	2.4.3	Haltungen, Überzeugungen und Werte	84
	2.4.4	Unabhängigkeit und Transparenz der Unternehmensaufsicht	85
	2.4.5	Partizipatives Führungsverhalten	86
	2.4.6	Unternehmer im Unternehmen	88
	2.4.7	Führungskontinuität	89
	2.4.8	Adaptions- und Integrationsfähigkeit	90
	2.4.9	Kundenorientierung	91
	2.4.10	Shareholder-Orientierung	92
3.		Grundfos A/S	95
3.1		Unternehmensgeschichte – Prägende Einflüsse	96
3.2		Branche und Unternehmensumfeld	98
3.3		Wirtschaftliche Leistung	99

3.4		Gelebte Unternehmenskultur	100
	3.4.1	Gemeinsame Zielorientierung	101
	3.4.2	Verantwortung gegenüber der Gesellschaft	102
	3.4.3	Haltungen, Überzeugungen und Werte	106
	3.4.4	Unabhängigkeit und Transparenz der Unternehmensaufsicht	108
	3.4.5	Partizipatives Führungsverhalten	109
	3.4.6	Unternehmer im Unternehmen	111
	3.4.7	Führungskontinuität	112
	3.4.8	Adaptions- und Integrationsfähigkeit	113
	3.4.9	Kundenorientierung	115
	3.4.10	Shareholder-Orientierung	117
4.		Henkel KGaA	119
4.1		Unternehmensgeschichte – Prägende Einflüsse	120
4.2		Branche und Unternehmensumfeld	122
4.3		Wirtschaftliche Leistung	123
4.4		Gelebte Unternehmenskultur	124
	4.4.1	Gemeinsame Zielorientierung	125
	4.4.2	Verantwortung gegenüber der Gesellschaft	126
	4.4.3	Haltungen, Überzeugungen und Werte	128
	4.4.4	Unabhängigkeit und Transparenz der Unternehmensaufsicht	129
	4.4.5	Partizipatives Führungsverhalten	130
	4.4.6	Unternehmer im Unternehmen	132
	4.4.7	Führungskontinuität	133
	4.4.8	Adaptions- und Integrationsfähigkeit	133
	4.4.9	Kundenorientierung	134
	4.4.10	Shareholder-Orientierung	135
5.		Hilti Aktiengesellschaft	137
5.1		Unternehmensgeschichte – Prägende Einflüsse	137
5.2		Branche und Unternehmensumfeld	140
5.3		Wirtschaftliche Leistung	140

5.4 Gelebte Unternehmenskultur 142
    5.4.1 Gemeinsame Zielorientierung 143
    5.4.2 Verantwortung gegenüber der Gesellschaft 145
    5.4.3 Haltungen, Überzeugungen und Werte 146
    5.4.4 Unabhängigkeit und Transparenz der Unternehmensaufsicht 148
    5.4.5 Partizipatives Führungsverhalten 149
    5.4.6 Unternehmer im Unternehmen 153
    5.4.7 Führungskontinuität 153
    5.4.8 Adaptions- und Integrationsfähigkeit 154
    5.4.9 Kundenorientierung 155
    5.4.10 Shareholder-Orientierung 156

6. Novo Nordisk A/S 159
6.1 Unternehmensgeschichte – Prägende Einflüsse 159
6.2 Branche und Unternehmensumfeld 162
6.3 Wirtschaftliche Leistung 163
6.4 Gelebte Unternehmenskultur 164
    6.4.1 Gemeinsame Zielorientierung 165
    6.4.2 Verantwortung gegenüber der Gesellschaft 167
    6.4.3 Haltungen, Überzeugungen und Werte 170
    6.4.4 Unabhängigkeit und Transparenz der Unternehmensaufsicht 171
    6.4.5 Partizipatives Führungsverhalten 172
    6.4.6 Unternehmer im Unternehmen 174
    6.4.7 Führungskontinuität 175
    6.4.8 Adaptions- und Integrationsfähigkeit 175
    6.4.9 Kundenorientierung 178
    6.4.10 Shareholder-Orientierung 178

Teil III
Erfolgsfaktor Unternehmenskultur 181

1. Die Dynamik des Kulturentwicklungsprozesses 182
1.1 Bewusste Auseinandersetzung mit der bestehenden Unternehmenskultur 183

Inhaltsverzeichnis   11

1.2   Der Beginn eines bewussten Kulturentwicklungsprozesses 185
1.3   Regelmäßige Überprüfung der gelebten Unternehmenskultur 187
1.4   Kontinuierlicher Kulturentwicklungskreislauf:
      Pflege, Anpassung, Überprüfung 189

2.   Charakteristika einer erfolgsunterstützenden Unternehmenskultur 193
2.1   Klare Identität, gemeinsame Zielorientierung und -umsetzung 194
      2.1.1   Einige grundsätzliche Überlegungen und Erkenntnisse
               aus der empirischen Forschung 194
      2.1.2   Erkenntnisse aus den Fallbeispielen:
               „Wir wissen, wer wir sind, was wir wollen und setzen dies
               konsequent um" 196
               2.1.2.1   Vision und Mission bzw. Unternehmenszweck als Basis
                         einer gemeinsamen Zielorientierung 197
               2.1.2.2   Werte und Leitbilder als Orientierung 197
               2.1.2.3   Klare strategische Positionierung 197
               2.1.2.4   Transparente Zielvereinbarungsprozesse für die systematische
                         Umsetzung 198
2.2   Konsequente Ausrichtung auf den Kunden 199
      2.2.1   Einige Erkenntnisse aus der empirischen Forschung 199
      2.2.2   Erkenntnisse aus den Fallbeispielen:
               „Bei uns dreht sich alles um den Kunden" 200
               2.2.2.1   In Erfahrung bringen, was der Kunde will –
                         Eingehen auf die spezifischen Kundenwünsche 201
               2.2.2.2   Konsequente Ausrichtung auf den Kunden 201
               2.2.2.3   Überprüfung der Kundenzufriedenheit 202
2.3   Innovations-, Lern- und Entwicklungsorientierung 203
      2.3.1   Einige Erkenntnisse aus der empirischen Forschung 203
      2.3.2   Erkenntnisse aus den Fallbeispielen:
               „Wir entwickeln uns ständig weiter durch Innovationen in allen
               Bereichen, durch Lernen und durch Kooperationen" 205
               2.3.2.1   Bekenntnis zur Innovations-, Lern- und Entwicklungsorientierung .. 206
               2.3.2.2   Verankerung der Innovations-, Lern- und Entwicklungsorientierung
                         im Arbeitsprozess 206
               2.3.2.3   Gewähren von Freiräumen für Unternehmertum –
                         bei wahrgenommener Verantwortung und Selbstorganisation 207

		2.3.2.4	Voneinander und aus Fehlern lernen 208

- 2.4 Partnerschaftliches und kulturkonformes Führungsverhalten 210
  - 2.4.1 Einige Erkenntnisse aus der empirischen Forschung 210
  - 2.4.2 Erkenntnisse aus den Fallbeispielen:
  „Unsere Unternehmenskultur wird im Führungsverhalten sichtbar"... 211
    - 2.4.2.1 Führungskräfte als Vorbilder für gelebte Unternehmenskultur 212
    - 2.4.2.2 Vorwiegend interne Besetzung von Führungspositionen 213
    - 2.4.2.3 Sozialisation in die Unternehmenskultur und weitere Entwicklung ... 213
    - 2.4.2.4 Transparente Erwartungen an Führungskräfte 214
    - 2.4.2.5 Regelmäßige Überprüfung des gelebten Führungsverhaltens 214
    - 2.4.2.6 Wertschätzung, Dialog, partnerschaftlicher Umgang und Bescheidenheit 215
- 2.5 Führungskontinuität 215
  - 2.5.1 Einige Erkenntnisse aus der empirischen Forschung 215
  - 2.5.2 Erkenntnisse aus den Fallbeispielen:
  Lange Führungszyklen 217
- 2.6 Unternehmertum im Unternehmen 218
  - 2.6.1 Einige Erkenntnisse aus der empirischen Forschung 218
  - 2.6.2 Erkenntnisse aus den Fallstudien:
  „Bei uns sind Leistung, Beitrag und Initiative gefragt"....................... 220
    - 2.6.2.1 Hohe Leistungserwartungen an unternehmerisch Handelnde 220
    - 2.6.2.2 Rahmenbedingungen für Unternehmertum 220
    - 2.6.2.3 Leistung lohnt sich 221
- 2.7 Das Selbstverständnis eines Corporate Citizen 222
  - 2.7.1 Einige grundsätzliche Überlegungen und Erkenntnisse aus der empirischen Forschung 222
  - 2.7.2 Erkenntnisse aus den Fallbeispielen:
  „Ein Unternehmen tut Gutes – und spricht nicht unbedingt darüber" . 224
    - 2.7.2.1 Erhaltung und Schaffung von Arbeitsplätzen 224
    - 2.7.2.2 Förderung von Sicherheit, Gesundheit und Umweltschutz am Arbeitsplatz 225
    - 2.7.2.3 Chancengleichheit 225
    - 2.7.2.4 Familienverträgliche Arbeitsbedingungen 225
    - 2.7.2.5 Gesellschaftliches Engagement 225

2.8	Engagierte, transparente und qualifizierte Unternehmensaufsicht	227
	2.8.1 Einige Erkenntnisse aus der empirischen Forschung	227
	2.8.2 Erkenntnisse aus den Fallstudien: „Von der Unternehmensaufsicht wird kritisches Engagement erwartet"..	229
	2.8.2.1 Qualifizierte Leistung	229
	2.8.2.2 Engagement für das Unternehmen	230
	2.8.2.3 Transparenz der Tätigkeit	230
2.9	Orientierung an profitablem, nachhaltigem Wachstum	231
	2.9.1 Einige grundsätzliche Überlegungen und Erkenntnisse aus der empirischen Forschung	231
	2.9.2 Erkenntnisse aus den Fallstudien: „Wir investieren in unsere Zukunft und sichern damit unseren wirtschaftlichen Erfolg"..	232
	2.9.2.1 Stakeholder-/Shareholder-Orientierung	233
	2.9.2.2 Stabile Eigentümerstruktur als Voraussetzung der Kontinuität	233
2.10	Grundlegende Überzeugungen, Haltungen und gelebte Werte	234
	2.10.1 Einige grundsätzliche Überlegungen und Erkenntnisse aus der empirischen Forschung	234
	2.10.1.1 Die konkrete Ausgestaltung der Überzeugungen und Werte	234
	2.10.1.2 Konsistenz der postulierten Werte mit Haltungen und Überzeugungen sowie dem gelebten Verhalten	236
	2.10.2 Erkenntnisse aus den Fallbeispielen: „Das, was uns wichtig ist, leben wir auch"	237
	2.10.2.1 Unternehmenskultur ist Chefsache	238
	2.10.2.2 Gelebte Werte und Worte zählen	239
	2.10.2.3 Regelmäßige Überprüfung der gelebten Unternehmenskultur	239
	2.10.2.4 Umweltscanning und kritische Selbstreflexion als Basis einer lernenden Organisation	240
3.	Resümee	241
Anhang: Checkliste		249

Literaturverzeichnis 259

Über die Autorin 275

Die Bertelsmann Stiftung 277

Vorwort

„Leadership Without Easy Answers" – so hat Ronald A. Heifetz eines der Standardwerke über die Führung betitelt. Angesichts des Umfangs und der Heterogenität von Meinungen und Lösungsansätzen fällt es schwer, zum Kern erfolgreicher Führungs- und Unternehmenskulturstrategien vorzustoßen. Denn es handelt sich nicht nur um die so genannten „Hidden Champions", wie Hermann Simon es formulierte, sondern oft verbergen sich hinter erfolgreichen Strategien eher „Hidden Cultures", die mit Bescheidenheit, aber Akribie ihre Ziele verfolgen und Unternehmenskulturen klar definieren und weiter fortschreiben. „Lieber im Verborgenen blühen als in der Sonne verglühen!" – mit diesem Zitat umschrieb der Preisträger Michael Hilti im Rahmen des Festaktes zum Carl Bertelsmann-Preis 2003 sehr zutreffend die Philosophie der nominierten Unternehmen.

Was macht diese erfolgreichen Unternehmen nun in ihrem Kern aus? Welche Faktoren machen sie erst wettbewerbsfähig und weitgehend resistent gegenüber außerbetrieblichen Einflüssen? Mit welchen Instrumenten motivieren sie Führung und Mitarbeiter, so dass sich diese mit ihren Aufgaben identifizieren? Welche Organisations- und Führungsstrukturen etablieren sie, um Kreativität und Wachstumsdynamik freizusetzen? Gibt es überhaupt ein Grundmuster, um in einer globalisierten Welt erfolgreich bestehen zu können?

Erklärungen für den wirtschaftlichen Misserfolg von Unternehmen sind schnell gefunden. Die Bandbreite von Begründungen reicht von falscher Einschätzung der Märkte oder Produkte, ungünstigen Kostenstrukturen und Standortperspektiven, Kontinuitätsverlusten durch unzureichende Nachfolgeplanung bis hin zu Führungsversagen und Verfehlungen von Mitarbeitern und Führungskräften.

Umgekehrt sind jedoch solche vermeintlich weichen Parameter wie Unternehmenskultur und Führungsverhalten in ihrer positiven Ausgestaltung noch nicht hinreichend als Erfolgsfaktor von unternehmerischem Handeln in der öffentlichen Meinung verankert. Um die Bedeutung dieser Faktoren stärker in das öffentliche Bewusstsein zu rücken, wurde im Rahmen des Carl Bertelsmann-Preises 2003 der Bertelsmann Stiftung diesen Fragen nachgegangen. Europaweit hat die Bertelsmann Stiftung Unternehmen recherchiert, die über Jahrzehnte eine konsensorientierte, auf den Menschen ausgerichtete Führungs- und Dialogkultur vorleben und mit unternehmerischem Erfolg umsetzen. Dass Unternehmenskultur und Führung mit einem hohen Maß an gesellschaftlichem Verantwortungsbewusstsein einhergehen müssen, hat sich bei den

Recherchen bestätigt. Die Auswertung der Recherchen und Fallstudien lässt den Schluss zu: „Unternehmenskultur und Führung *sind* Erfolgsfaktoren!"

Trotz der Verschiedenartigkeit der Kulturansätze bezogen die besten Unternehmen ihre unternehmerische Kraft durchgängig aus Zuversicht und Erfolgsorientierung sowie der Konzentration auf die eigenen Stärken. Kompetenz, Motivation, Identifikation und Kreativität von Führung und Mitarbeitern wurden in Verbindung mit der Firmenphilosophie, den Führungswerten und Kernkompetenzen als das wichtigste Kapital des Unternehmens erkannt. Haltung und Vertrauen werden zu den entscheidenden Führungsfaktoren.

Wie ein roter Faden zogen sich folgende Bausteine und Verhaltensweisen durch die Audits:

1. Die Verpflichtung auf ein transparentes und nachvollziehbares Leitbild sowie dessen konsequente Umsetzung in den Unternehmen;

2. die Verinnerlichung der Unternehmenskultur und Führungsgrundsätze im Sinne einer Vorbildfunktion;

3. die kontinuierliche Überprüfung der Unternehmenskultur auf allen Ebenen sowie die Durchführung gezielter Trainings;

4. die Wahrung gesellschaftlicher Verantwortung durch die Berücksichtigung existenzieller Mitarbeiterinteressen und Unterstützung sozialer Projekte;

5. die Förderung von Kommunikations- und Partizipationsprozessen zwischen Vorgesetzten und Mitarbeitern abseits von Hierarchien;

6. die Betonung von Innovations- und Lernkultur und die damit verbundene Fähigkeit, Fehler einzugestehen und zu korrigieren;

7. der Anspruch an eine leistungsorientierte Organisation über eine partnerschaftliche Zusammenarbeit und der Respekt vor dem Menschen;

8. die Sicherung der Unternehmenskontinuität durch präventive Nachfolgeregelungen sowie unternehmensinterne Führungskräfteauswahl;

9. eine konsequente Mitarbeiter- und Führungskräfteentwicklung unter Berücksichtigung von Unternehmenskultur und Verhalten;

10. die Konsequenz in der Formulierung von Rechten und Pflichten bei Führung und Mitarbeitern innerhalb der Unternehmenskultur.

Vorwort

Eine der großen Herausforderungen an die Führung Anfang des 21. Jahrhunderts stellt die gleichzeitige Bewältigung der Globalisierung und Internationalisierung von Arbeits-, Produkt- und Kapitalmärkten, des Einflusses neuer Technologien auf die Unternehmensprozesse sowie der strukturellen und humanen Anforderungen des demographischen Wandels dar. Drohende Orientierungslosigkeit und Werteverlust als Konsequenz dieser Unsicherheiten bei sich konstant wandelnden Rahmenbedingungen erfordern eine verstärkte Suche nach auf den Menschen ausgerichteten, Erfolg versprechenden Ansätzen zur Führung und Unternehmenskultur.

Mit dem nun vorliegenden Buch „Erfolgsfaktor Unternehmenskultur" möchten die Bertelsmann Stiftung und Booz Allen Hamilton Führungskräften, Mitarbeitern und Personen mit Gestaltungsaufgaben in Wirtschaft und Gesellschaft einen praktischen Leitfaden zur Ausgestaltung zeitgemäßer Führungs- und Organisationskulturen an die Hand geben. Unser Dank gilt insbesondere der Autorin, Frau Professorin Sonja A. Sackmann, die als Mitglied der Arbeitskommission den gesamten Rechercheprozess des Carl Bertelsmann-Preises 2003 aktiv begleitet hat, für die systematische Auswertung der Ergebnisse sowie den beteiligten Unternehmen für die konstruktive Zusammenarbeit.

Prof. Dr. Dr. h.c. mult.		
Heribert Meffert	Liz Mohn	Dr. Rolf W. Habbel
Vorsitzender des	Stellv. Vorsitzende des	Senior Vice President,
Präsidiums und des	Präsidiums, Mitglied des	Managing Partner Europe,
Kuratoriums, Bertelsmann	Kuratoriums, Bertelsmann	Booz Allen Hamilton,
Stiftung, Gütersloh	Stiftung, Gütersloh	München

Gütersloh/München, im August 2004

Danksagung

An diesem Buch haben sehr viele Menschen mitgewirkt, denen ich für ihren Einsatz und ihre Mitarbeit ganz herzlich meinen Dank aussprechen möchte, denn ohne sie wäre dieses Buch nie zustande gekommen. Hierzu gehören ganz zentral die Mitarbeiter, Führungskräfte, Betriebsratsmitglieder und Vorstände der sechs Firmen BMW Group, Deutsche Lufthansa AG, Grundfos A/S, Henkel KGaA, Hilti Aktiengesellschaft und Novo Nordisk A/S, die so bereitwillig Informationen über ihr Unternehmen preisgegeben haben. In der Endphase der Überprüfung der Firmenbeispiele haben vor allem Frau Birgit Hiller und Frau Martina Wimmer, BMW Group, Herr Oliver Kaden, Deutsche Lufthansa AG, Herr Sune Salling-Mortensen, Grundfos A/S, Herr Ernst Primosch und Herr Dirk Neubauer, Henkel KGaA, Herr Klaus Risch, Hilti Aktiengesellschaft, und Frau Lise Kingo, Novo Nordisk A/S, sehr unterstützend mitgewirkt.

Die Mitglieder der Arbeitskommission zur Recherche potenzieller Preisträgerkandidaten für den Carl Bertelsmann-Preis 2003 haben in engagierten Diskussionen einen wesentlichen Beitrag zur Erarbeitung der und letztendlichen Fokussierung auf die zehn Kriterien geleistet und in intensiven Diskussionen aus den letzten zehn preiswürdigen Kandidaten eine Vorschlagsliste der Nominierten entwickelt. Das Rechercheteam von der Bertelsmann Stiftung und Booz Allen Hamilton haben unter großem Zeitdruck Europa bereist, um die in engerer Wahl stehenden Firmen näher vor Ort zu untersuchen. Dadurch konnte zu den Dokumentenanalysen in persönlichen Gesprächen ein tieferer Eindruck über die Unternehmenskultur und das Führungsverhalten gewonnen werden. Alle gesammelten Informationen wurden dann in komprimierter und zugleich detaillierter Form der Arbeitskommission vorgestellt. Frau Maria Akhavan vom Gabler Verlag war spontan von dem Buchprojekt angetan und hat uns bei der Erstellung der Endfassung im Hinblick auf das Erscheinungsdatum große Flexibilität wie auch wertvolle Anregungen für die Gestaltung gegeben. Frau Gabi Trillhaas hat in knapper Zeit das gesamte Manuskript lektoriert.

Großer Dank geht an Frau Tina Böcker von der Bertelsmann Stiftung, die mit dem Projekt der Buchpublikation betraut war, alle Texte nochmals auf Konsistenz und Sprachlichkeit überprüfte und mit großem Engagement zum Gelingen dieses Werkes beigetragen hat. Auch den Mitgliedern des Redaktionsteams Prof. Dr. Dr. h.c. mult. Heribert Meffert, Dr. Detlef Hunsdiek, Erich Ruppik, Klaus Depner und Martin Spilker sei mein Dank ausgesprochen – die Diskussionen haben die Gestaltung dieses Buches maßgeblich beeinflusst.

Ganz besonders bedanken möchte ich mich bei meinem Team: Unter dem Zeitdruck des Abgabetermins haben meine Mitarbeiterinnen ganz großen Einsatz bewiesen: Petra Eggenhofer und Birte Horstmann haben zentral bei der Zusammenstellung und Aufarbeitung der Informationen zu den Fallbeispielen sowie den weitergehenden Recherchen mitgewirkt, während Fabienne Stellmacher ihnen dabei den Rücken von anderen Aufgaben frei gehalten hat, die in dieser Zeit dringend erledigt werden mussten. Silke Agricola hat mit einer Engelsgeduld alle Überarbeitungswünsche eingearbeitet und mit der ihr eigenen Kreativität zum grafischen Gelingen der Abbildungen in diesem Buch unter unkonventionellem Zeiteinsatz maßgeblich beigetragen.

Zuletzt möche ich auch noch der Bertelsmann Stiftung und ihrem Präsidium meinen ganz außerordentlichen Dank aussprechen. Ohne sie und ihren Arbeitsschwerpunkt Unternehmenskultur wäre das gesamte Werk nie entstanden.

Sonja A. Sackmann

Teil I

Unternehmenskultur und Führungsverhalten als Erfolgsfaktoren

Seit den 1980er-Jahren hat sich die moderne Betriebswirtschafts- und Managementlehre mit dem Thema Unternehmenskultur befasst, wenn auch mit unterschiedlicher Intensität. Inzwischen ist Unternehmenskultur ein fester Bestandteil von Lehrbüchern, der Sachliteratur wie auch des Vokabulars von Managern geworden. Doch wird das Potenzial, das hinter Unternehmenskultur steht, auch tatsächlich genutzt? Der häufige Bezug auf Unternehmenskultur im negativen Kontext, wie z.B. bei problematischen Veränderungsprozessen oder schwierigen Integrationsprozessen nach Akquisitionen, lässt vermuten, dass die bewusste Einbeziehung von Unternehmenskultur in die tägliche Managementpraxis nicht unbedingt erfolgt ist. Rhetorik alleine über die Wichtigkeit von Unternehmenskultur reicht hierfür nicht aus – vor allem nicht von Führungskräften. Denn gerade die Führungskräfte eines Unternehmens nehmen beim bewussten Umgang mit Unternehmenskultur und beim kulturbewussten Management eine wichtige Funktion ein.[1]

Mit diesem Buch wollen wir einen Beitrag zur Bedeutung von Unternehmenskultur für die Wettbewerbsfähigkeit eines Unternehmens und dem damit eng verbundenen Führungsverhalten leisten. Neben einer Darstellung positiver Unternehmensbeispiele werden praxisorientierte Anregungen für einen bewussten Umgang mit Unternehmenskultur gegeben. Sie dienen dem Ziel, die Wettbewerbsfähigkeit eines Unternehmens zu erhöhen.

In Teil I dieses Buches wird zunächst das Phänomen Unternehmenskultur im Überblick und mit Fokus auf ihren potenziellen Beitrag für den Erfolg eines Unternehmens charakterisiert: Was versteht man unter Unternehmenskultur und welche Rolle spielt sie für Unternehmen? Ist die Beschäftigung mit Unternehmenskultur eher ein „nice to do", weil es andere Firmen auch machen, oder nimmt sie tatsächlich Einfluss auf die Wettbewerbsfähigkeit eines Unternehmens? Sollen die möglichen positiven Wirkungen von Unternehmenskultur für die Gestaltung eines Unternehmens genutzt werden, dann verlangt dies gerade von Führungskräften aktive Gestaltungsarbeit, denn ihr Verhalten ist – durch ihre Vorbildfunktion – unmittelbar mit der konkreten Ausprägung von Kultur in einem Unternehmen verknüpft. Da diese Ausführungen einen ersten Einblick in das Phänomen Unternehmenskultur mit ihren zentralen Charakteristika vermitteln wollen, werden dem interessierten Leser Informationen zu weiterführender und vertiefender Literatur angegeben.

Teil II des Buches beinhaltet sechs Beispiele positiv gelebter und bewusst genutzter Unternehmenskultur mit dem entsprechenden Führungsverhalten. Die Darstellung dieser Firmenbeispiele orientiert sich an zehn Kriterien, die von einer Expertengruppe als zentral für die Überlebensfähigkeit von Unternehmen in einem herausfordernden Umfeld betrachtet werden. Die sechs Unternehmen sind (in alphabetischer Reihenfolge): **BMW Group**, **Deutsche Lufthansa AG**, **Grundfos A/S**, **Henkel KGaA**, **Hilti Aktiengesellschaft** und **Novo Nordisk A/S**.

Wieso wurden gerade diese Unternehmen ausgewählt und nicht (auch) andere? Wir sind uns der schon aus Platzgründen notwendigen Beschränkung in der Auswahl dieser Unternehmen bewusst. Die vorgestellten Firmen stellen nach einer ausführlichen Recherche besonders nachahmenswerte Beispiele für gelebte Unternehmenskultur und entsprechendes Führungsverhalten in ihrer jeweiligen Branche dar. Diese sechs Unternehmen haben sich gerade mit ihrem kulturbewussten Management in unterschiedlichen Branchen, und damit auch in unterschiedlichen Wettbewerbsumfeldern, trotz Schwierigkeiten und vergangener Krisen bisher vorbildlich bewährt.

In Teil III werden aus diesen positiven, doch unterschiedlichen Firmenbeispielen von gelebter Unternehmenskultur jene Gemeinsamkeiten und Besonderheiten herausgearbeitet, die in Bezug auf ein kulturbewusstes Management in herausfordernden Zeiten erfolgversprechend sind. Hierzu gehört zunächst der Kulturentwicklungsprozess mit der bewussten Entwicklung, Erhaltung und Pflege der Unternehmenskultur, der in Teil III, Kapitel 1 beschrieben wird. In Teil III, Kapitel 2 werden dann die konkreten inhaltlichen Ausgestaltungen unter Einbindung empirischer Erkenntnisse geschildert, die für diese sechs Firmen charakteristisch sind. Die Beispiele aus den Unternehmen geben dem interessierten Leser Anregungen für die eigene Managementpraxis. Sie können helfen, das Potenzial und die Kraft von Unternehmenskultur besser zu aktivieren und damit die Wettbewerbs- und Überlebensfähigkeit des eigenen Unternehmens zu stärken. Die Checkliste im Anhang fasst die zentralen Erkenntnisse aus diesen sechs Unternehmensbeispielen in Aussagen zusammen. Sie kann als Orientierung für die kritische Überprüfung der eigenen Unternehmenskultur herangezogen werden.

1. Unternehmenskultur: Modetrend oder Wettbewerbsfaktor?

Seit der Veröffentlichung des Bestsellers „Auf der Suche nach Spitzenleistungen" von Peters/Waterman[2] hat der Begriff der „Unternehmenskultur" Einzug in die moderne Managementlehre und Managementpraxis gehalten. Die damalige Analyse wirtschaftlich erfolgreicher Unternehmen in den USA hatte gezeigt, dass neben den gängigen betriebswirtschaftlichen Faktoren vor allem „weiche Faktoren", die unter dem Begriff der Unternehmenskultur zusammengefasst wurden, erfolgskritisch waren. Dies führte Anfang und Mitte der 1980er-Jahre zu einem wahren Boom auf dem „Neuland" der Unternehmenskultur: Wissenschaftler versuchten, das Phänomen Unternehmenskultur empirisch und theoretisch zu präzisieren, Manager wollten wissen, wie sie diesen weichen Faktor für eine wirksamere Unternehmenssteuerung und -gestaltung nutzen konnten, und Berater boten neue Leistungen zur Kulturanalyse und Kulturgestaltung an.

Der anfänglichen Euphorie folgte bald die Ernüchterung: Unternehmenskultur ließ sich doch nicht so einfach managen bzw. zum Steuern und Gestalten einsetzen wie ursprünglich gedacht oder erhofft. Die von Unternehmensberatern versprochenen Erfolge blieben aus oder in den Kinderschuhen stecken, u.a. weil sich Firmen nicht so tief in die Karten schauen lassen wollten, wie es für eine fundierte Kulturanalyse nötig gewesen wäre. Selbst Wissenschaftler wandten sich neuen Forschungsgebieten zu, denn die empirische Erforschung der Unternehmenskultur erwies sich als ein langwieriges, komplexes und wenig Karriere förderndes Unterfangen. War Unternehmenskultur einfach ein neuer Modetrend, dessen Blütezeit, ähnlich wie bei anderen Modewellen im Management, schon wieder vorbei war?

In den 1990er-Jahren wurde dann Unternehmenskultur in Zusammenhang mit den oftmals weniger erfolgreichen Reengineering-Prozessen diskutiert. Ein Grund für deren Scheitern wurde in der vorhandenen oder zu wenig berücksichtigten Unternehmenskultur gesehen. Auch durch die zunehmenden strategischen Allianzen und Akquisitionen gewann Unternehmenskultur wieder an Bedeutung – meist jedoch mit dem Hinweis auf Schwierigkeiten im Integrationsprozess. Ebenso führten die Fälle unerwarteter und plötzlicher Firmenzusammenbrüche zu Beginn des 21. Jahrhunderts zu einer kritischen Betrachtung des Phänomens Unternehmenskultur. Die Untersuchung von Collins/Porras,[3] bei der 18 langjährig erfolgreiche Unternehmen mit den zweitbesten ihrer Branche verglichen wurden, sowie die Studie von Collins,[4] in der Firmen charakterisiert wurden, die einen nachhaltigen Turnaround geschafft hatten, weckten erneut das Interesse an der Unternehmenskultur. Allerdings zeigten diese Untersuchungen auch auf, dass Unternehmenskultur nicht als eine beliebig gestaltbare und steuerbare Variable verstanden werden kann, sondern eher als ein dynamisches Phänomen,[5] das den gesamten Unternehmenskontext umfasst und damit Unternehmen als Kulturen beschreibt, die ihrerseits mit ihren ganz konkreten Produkten und Instrumenten Kultur schaffen.

Bevor wir die Frage des Beitrags von Kultur im Unternehmen in Bezug auf Wettbewerbsfähigkeit diskutieren, wollen wir zunächst aufzeigen, was Unternehmenskultur ist und was sie bewirken kann.

1.1 Was versteht man unter Unternehmenskultur?

Unabhängig von Modetrends, Präferenzen, Erfolg oder Misserfolg hat jedes Unternehmen, ob es will oder nicht, eine spezifische Unternehmenskultur. Diese entsteht mit der Gründung des Unternehmens und ist je nach Entwicklungsgeschichte des Unternehmens mehr oder weniger stark ausdifferenziert. Der Kern oder die unsichtbare Basis einer Unternehmenskultur besteht aus jenen grundlegenden, kollektiven Überzeugungen, die das Denken, Handeln und Empfinden der Führungskräfte und Mitarbeiter im Unternehmen maßgeblich beeinflussen und die insgesamt typisch für das Unternehmen bzw. eine Gruppe im Unternehmen sind.

Diese grundlegenden Überzeugungen können sich in Form von verbalem und non-verbalem Verhalten manifestieren, wie z.B. die Art des Umgangs miteinander, die Art der Anrede; sie können im Jargon eines Unternehmens, in der Art der Kleidung, in Produkten, Instrumenten und Serviceleistungen sichtbar werden. Deren konkrete Bedeutung ist jedoch nur über die grundlegenden Überzeugungen zugänglich. Das kulturelle Eisbergmodell in Abbildung I-1-1 verdeutlicht diesen Zusammenhang zwischen den sichtbaren und leicht zugänglichen Manifestationen von Kultur und den nicht sichtbaren grundlegenden Überzeugungen, die Prioritäten, Prozesse, Ursachenzuschreibung und Verbesserungen bzw. Lern- und Anpassungsmechanismen betreffen.

1. Unternehmenskultur: Modetrend oder Wettbewerbsfaktor?

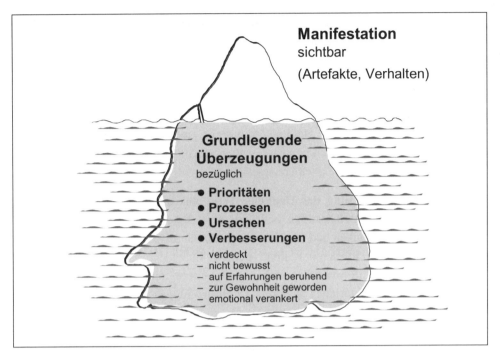

Abbildung I-1-1: Das kulturelle Eisbergmodell (Sackmann, 2002, S. 27)

Diese Definition des Kulturkerns oder der zugrunde liegenden Basis von Unternehmenskultur hat mehrere Implikationen. Zunächst handelt es sich hierbei um gemeinsame grundlegende **Überzeugungen.** Diese sind in den Köpfen der Menschen verankert, daher nicht sichtbar und nicht unmittelbar erkennbar. **Grundlegend** bedeutet, dass diese Überzeugungen wie Glaubensgrundsätze in der Religion oder Axiome in der Mathematik wirken: Einmal gesetzt, lassen sie sich nicht weiter reduzieren oder erklären. Jede weitere Argumentation basiert auf Glaubensbekenntnissen. Im Unternehmenskontext beziehen sich diese grundlegenden Überzeugungen auf die Existenzgrundlage des Unternehmens, seinen Geschäftszweck, die „richtige" Art der Unternehmensorganisation mit ihren Strukturen und Prozessen, die geeignete Unternehmensstrategie, die für das Unternehmen passenden wie auch zentrale Prozesse wie die Art der Arbeitserledigung, den Umgang mit Menschen im Unternehmen und außerhalb des Unternehmens, den Umgang mit Veränderungen sowie die Art des Lernens und der Weiterentwicklung des Unternehmens.[6]

Kollektiv bedeutet, dass Unternehmenskultur nicht an einer einzelnen Person festzumachen ist, vielmehr handelt es sich um ein Gruppenphänomen. Dabei stellt sich die Frage, wo die Grenzen der „Gruppe" zu ziehen sind. Besteht die Gruppe aus dem gesamten Unternehmen und damit aus einer einzigen Unternehmenskultur, oder gibt es eine Reihe von Gruppen, die sich in ihren grundlegenden Überzeugungen unterscheiden und damit Subkulturen im Unternehmen darstellen? Mit der Größe eines Unternehmens und seiner stärkeren strukturellen Ausdifferenzierung steigt auch die Wahrscheinlichkeit, dass sich Subkulturen entwickeln. Diese können einander im positiven Sinne ergänzen, wie dies z.B. bei verschiedenen Funktionen oder Abteilungen gewünscht ist. Sie können aber auch unabhängig voneinander agieren, wie z.B. die einzelnen Gesellschaften einer Holding. Allerdings gibt es auch Firmenbeispiele, wo Subkulturen, die sich eigentlich ergänzen sollten, auch gegeneinander arbeiten und so Reibungsverluste im Unternehmen erzeugen.[7]

Maßgebliche Beeinflussung des Denkens, Handelns und Empfindens von Führungskräften und Mitarbeitenden bedeutet, dass diese grundlegenden kollektiven Überzeugungen das Denken und Handeln sowie die Gefühle der Menschen im Unternehmen beeinflussen und damit indirekt steuern. Einmal vorhanden, dienen sie als Raster zur selektiven Informationsaufnahme und -verarbeitung. Durch ihre Beeinflussung beim Setzen von Prioritäten steuern sie Entscheidungen über Wichtiges, weniger Wichtiges und Unwichtiges. Sie dienen als Orientierung bei der Auswahl des „richtigen" Verhaltens und damit der impliziten „Spielregeln" in einer gegebenen Situation. Dies kann z.B. bei Entscheidungen ganz allgemein sein oder spezifisch bei der Einstellung einer Führungskraft, im Umgang mit Kunden, mit Zulieferern, Geldgebern oder Mitarbeitern, bei der Art und Weise, wie und mit welcher Qualität die operative Arbeit erledigt wird oder wie man mit unvorhergesehenen Problemen umgeht. Außerdem beeinflussen diese grundlegenden Überzeugungen die hierbei auftretenden Emotionen, die dann positiv oder negativ verstärkend auf das Verhalten wirken können und signalisieren, was Wert hat und was nicht.

Diese grundlegenden Überzeugungen, die mit der Zeit nicht mehr bewusst angewandt werden und als selbstverständlich gelten, beeinflussen die Art, wie die vom Unternehmen als wichtig kommunizierten Werte gelebt werden. Als Verhaltensregeln – „so wie man es bei uns macht" – werden sie an neue Mitarbeiter und Führungskräfte weitergegeben, die dann als Standards für gutes und richtiges Verhalten gelten. Sie zeigen sich für alle sichtbar in der spezifischen Ausgestaltung des täglichen verbalen und nonverbalen Verhaltens im Unternehmen, wie z.B. in Sprachgewohnheiten, Humor, Geschichten, Legenden, in Ritualen und in der Kultur entstandenen Artefakten. Zu letzteren zählen z.B. die Produkte des Unternehmens, die Raum- und Gebäudegestaltung, aber auch Mitteilungen, Anzeigen oder der Jahresbericht. Abbildung I-1-2 zeigt diesen Zusammenhang zwischen grundlegenden, gemeinsam gehaltenen Überzeugungen, gezeigten Werten, Normen und Artefakten in Form eines Ebenenmodells, das den kulturellen Eisberg bezüglich der Zugänglichkeit der einzelnen Komponenten von Unternehmenskultur noch weiter differenziert.

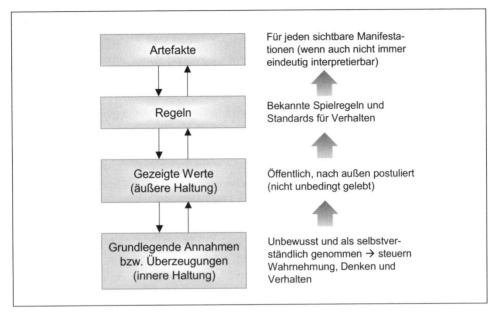

Abbildung I-1-2: Unternehmenskulturelle Aspekte in der Ebenenperspektive (in Anlehnung an Schein, 1995, S. 30)

1.2 Was bewirkt Unternehmenskultur?

Da jedes Unternehmen eine Unternehmenskultur mit mehr oder weniger stark ausgeprägten Subkulturen hat, stellt sich die Frage, was diese bewirkt. Allgemein ausgedrückt, stellt Unternehmenskultur die unsichtbare Einflussgröße des Menschensystems eines Unternehmens dar. Einmal vorhanden, lenken, ordnen, organisieren und beeinflussen die vorhandenen grundlegenden Überzeugungen das kollektive Denken, Handeln und Empfinden im Unternehmen. Überspitzt hat ein Forscher Kultur auch als „die kollektive Programmierung des menschlichen Verstandes" bezeichnet.[8]

Als unsichtbare Einflussgröße des Menschsystems erfüllt Unternehmenskultur vier zentrale Funktionen, die für das Bestehen und Funktionieren eines Unternehmens notwendig sind:

- eine Komplexitätsreduktion,
- koordiniertes Handeln,
- die Identifikation mit dem Unternehmen und
- Kontinuität.

Die konkreten Ausgestaltungen dieser Funktionen wirken dann weiter auf Kommunikation, Motivation und Lern- und Anpassungsfähigkeit und können somit die Produktivität und Wirtschaftlichkeit eines Unternehmens und damit seinen Erfolg zentral beeinflussen.

1.2.1 Komplexitätsreduktion

Unternehmenskultur ermöglicht schnelles und routiniertes Handeln im Unternehmensalltag. Die vorhandenen grundlegenden Überzeugungen dienen als Filter für die Wahrnehmung und bewirken somit eine schnelle Vorsortierung vorhandener Informationsfülle in „relevant" und „nicht relevant". Die kollektiven Denkmuster bestimmen, wie mit den Informationen in der jeweiligen Situation umzugehen ist und stellen situationsspezifische Handlungsanweisungen bereit, die mithilfe der entwickelten Verhaltensmuster schnell in Taten umgesetzt werden können. Diese wirken wie Skripten oder Rollenanweisungen für eine bestimmte Situation. So sagt z.B. die BMW Group über sich selbst, dass das ständige Hinterfragen des Erreichten und Suchen nach Besserem eine grundlegende Überzeugung darstellt, die die BMW-Kultur prägt und alle Prozesse und Aktivitäten bestimmt.

Ohne diesen Mechanismus der Komplexitätsreduktion wäre sinnvolles Handeln in einem bestimmten Zeitrahmen nicht möglich. Allerdings kann diese unternehmenskulturbedingte Komplexitätsreduktion durch Routinisierung speziell im Umgang mit neuen Situationen zu Problemen führen und je nach Ausgestaltung ihre Adaptionsfähigkeit behindern. Beispiele gibt es hierfür aus der Unternehmenspraxis mit Fällen wie Enron, Worldcom oder auch Swissair und aus der angewandten Forschung. So zeigt z.B. die Untersuchung einer Lesegesellschaft, wie eine demokratische Organisation durch die Dominanz einiger weniger Meinungsträger und deren Beharren auf dem Bestehenden die Öffnung gegenüber Entwicklungen in der Umwelt verhindern und somit zum Untergang der Organisation beisteuern.[9]

1.2.2 Koordiniertes Handeln

Da die grundlegenden Überzeugungen **kollektiv** gehalten werden, dienen sie als Orientierungsraster für koordiniertes Handeln. Zum einen stellen sie Mitarbeitern und Führungskräften ein gemeinsames Sinnsystem bereit, das überhaupt erst sinnvolle gemeinsame Kommunikationsprozesse ermöglicht und für Unternehmen zunehmend wichtiger wird, wie der Unternehmer Reinhard Mohn beschreibt.[10] Zum anderen erlauben sie auf der Basis dieses gemeinsamen Sinnsystems aufeinander abgestimmtes

Verhalten. Die Bedeutung eines solchen gemeinsamen Sinnsystems wird z.B. bei der Zusammenarbeit von Menschen, die aus verschiedenen Kulturkreisen kommen, deutlich. Existieren keine gemeinsamen Enkodierungs-, Dekodierungs- und Interpretationsregeln, dann wird die gegenseitige Verständigung enorm erschwert, wenn nicht gar unmöglich. Ähnliche Verständnisprobleme können auch bei der Zusammenarbeit zwischen Menschen aus unterschiedlichen Unternehmen, verschiedenen Berufssparten oder gar unterschiedlichen Abteilungen auftreten. So kann je nach beruflicher Sozialisation z.B. der Begriff „Prozess" ganz anders belegt sein und zu unterschiedlichen Maßnahmen führen. Während Betriebswirtschaftler diesen Begriff eher strukturell auslegen, denken z.B. Sozialwissenschaftler bei dem Begriff „Prozess" eher an Interaktionen und fokussieren ihre Entscheidungen und ihr Verhalten dann entsprechend.

1.2.3 Identifikation

Die konkrete Ausgestaltung der grundlegenden Überzeugungen und ihre Umsetzung im Unternehmensalltag haben Einfluss auf das Ausmaß an Identifikation von Mitarbeitern mit ihrer konkreten Arbeitsgruppe, Abteilung und dem gesamten Unternehmen. Unternehmenskultur beinhaltet den Sinn und Zweck eines Unternehmens. Warum besteht das Unternehmen, welches ist sein oberstes Ziel? Was unterscheidet es von anderen Unternehmen? Was macht es ganz speziell und einzigartig? Warum ist es überhaupt sinnvoll, sich für dieses Unternehmen oder eine konkrete Arbeit einzusetzen? Je nach konkreter Ausgestaltung dieses Sinnsystems kann die Identifikation hoch, mittel oder auch gering sein. Sie wirkt damit auf die Motivation von Mitarbeitern und Führungskräften und deren Bereitschaft, sich für das Unternehmen einzusetzen.

1.2.4 Kontinuität

Die entwickelten Denk- und Verhaltensmuster beinhalten die kollektive Lerngeschichte eines Unternehmens und stellen damit das kollektive Gedächtnis eines Unternehmens dar. Sie basieren auf dem erfolgreichen Umgang mit Problemen im Unternehmensalltag. Wie wir aus der Lerntheorie wissen, werden Verhaltensweisen, die erfolgreich waren, mit hoher Wahrscheinlichkeit wiederholt und somit positiv verstärkt, während Verhalten, das zu Misserfolg geführt hat, künftig eher vermieden wird. Edgar Schein[11] beschreibt diese Lernmechanismen bei verschiedenen Unternehmen in Bezug auf deren Unternehmenskultur. Diese kollektive Lerngeschichte erlaubt somit routiniertes Handeln und schreibt die in der Vergangenheit erfolgreichen Erfolgs- und

Misserfolgsrezepte in der Gegenwart und Zukunft fort. Dies ermöglicht eine gewisse Verhaltenssicherheit und Kontinuität im positiven Sinn, da nicht jeder Arbeitsvorgang neu überdacht oder erst entwickelt werden muss. Die Art der Fortschreibung einmal erfolgreichen Verhaltens und die Vermeidung von nicht erfolgreichem Verhalten beeinflusst damit die künftige Anpassungs- und Lernfähigkeit eines Unternehmens.

1.3 Unternehmenskultur als Wettbewerbsfaktor

Eine Reihe von Untersuchungen hat sich mit der Frage beschäftigt, ob ein Zusammenhang zwischen Unternehmenskultur und wirtschaftlichem Erfolg besteht. Der interessierte Leser findet zusammenfassende Darstellungen bei Siehl/Martin[12] sowie Ostroff/Kinicki/Tamkins.[13] Aus den frühen Jahren der systematischen Beschäftigung mit Unternehmenskultur gibt es vor allem praxisorientierte Untersuchungen, die einen solchen Zusammenhang postulieren und aufzeigen.[14] Bei genauerer Betrachtung des Forschungsvorgehens sind die Ergebnisse jedoch nicht ganz so eindeutig. Dies liegt vor allem an der Komplexität des Untersuchungsgegenstandes Unternehmenskultur. Diese lässt sich weder durch Interviews einiger Top-Executives eines Unternehmens noch durch Einstellungsfragebogen oder die Erhebung einiger Unternehmenswerte bezogen auf den Zeitraum eines Jahres erfassen. Daher werden vermehrt ethnographische Fallstudien durchgeführt, welche die unternehmenskulturellen Spezifika und ihren Einfluss auf Erfolg und Misserfolg[15] wie auch auf Produktivität und Zufriedenheit[16] umfassender beschreiben. So zeigen z.B. die Ergebnisse der mehrjährigen Studie eines Startup-Unternehmens im Silicon Valley, wie die spezifische kulturelle Ausgestaltung zum Erfolg dieses schnell wachsenden Unternehmens beiträgt, wie aber dann ein aktives Einfordern gewachsener Kulturmerkmale durch ein wenig kultursensibles (neues) Management die gewachsene Unternehmenskultur missachtet und verkümmern lässt und in Folge die verschiedensten Probleme auftreten, die dann auch das finanzielle Ergebnis negativ beeinflussen.

Überlegungen im Strategiebereich auf der Basis einer Ressourcen basierten Perspektive zeigen, dass ein Produkt oder eine Dienstleistung dann einen langfristigen Wettbewerbsvorteil darstellen, wenn sie für das Unternehmen drei Bedingungen erfüllen:[17]

1. Sie sind für das Unternehmen **wichtig,** da sie eine positive Wirkung auf den Ertrag haben,
2. sie sind **schwer kopierbar** und
3. sie sind **rar.**

Barney[18] argumentiert weiter, dass die Kultur eines Unternehmens ein nachhaltigerer Wettbewerbsvorteil sein kann als konkrete Produkte oder Dienstleistungen, da sie im Vergleich zu konkreten Produkten und Dienstleistungen eigentlich nicht kopierbar ist. Ob dieser potenzielle Wettbewerbsvorteil tatsächlich auch genutzt wird, hängt jedoch von der konkreten Ausgestaltung der jeweiligen Unternehmenskultur ab, wie Beispiele aus Forschung und Praxis zeigen. Vergleicht man Firmen aus der gleichen Branche, die eigentlich aus funktionaler Sicht die gleichen Produkte bzw. Dienstleistungen anbieten, so sind häufig große Unterschiede vorhanden, wie es beispielsweise in der Hotellerie, bei Restaurants, in der Automobil- oder der Luftfahrtbranche für den Kunden leicht erkenn- und spürbar ist.

Generell lässt sich vermuten, dass der Einfluss und die potenzielle Bedeutung von Unternehmenskultur für das Unternehmen, seine Leistungen und seine Überlebensfähigkeit mit der Bedeutung des Menschsystems für ein Unternehmen steigen. Dies gilt besonders für wissensbasierte Firmen, bei denen Wissen als Produkt oder Serviceleistung eine zentrale Rolle spielt, wie bei Forschungsinstituten und -abteilungen oder Beratungsunternehmen und Dienstleistungsunternehmen aller Art. Je nach konkreter Ausgestaltung der Unternehmenskultur kann sie daher die Wettbewerbsfähigkeit eines Unternehmens maßgeblich beeinflussen – im positiven wie im kritischen Sinne. Was also entscheidet darüber, ob Unternehmenskultur zum Erfolgs- oder Misserfolgsfaktor wird?

1.4 Was macht Unternehmenskultur zum Erfolgsfaktor?

Die Frage nach **dem** Erfolgsfaktor Unternehmenskultur lässt sich so nicht beantworten, da eine Reihe von Faktoren aufeinander abgestimmt und entsprechend gestaltet werden müssen, damit Unternehmenskultur insgesamt zum Erfolg eines Unternehmens beitragen kann, wie auch das Interview mit Reinhard Mohn zeigt.[19] Hierfür zentral sind die konkrete Ausgestaltung der kollektiven Überzeugungen, auf denen die Unternehmenskultur basiert, sowie deren Realisierung in Form von konkretem Verhalten, die letztendlich zu spezifischen Produkten und Serviceleistungen führen. Folgende generelle These lässt sich über den Zusammenhang zwischen Unternehmenskultur und wirtschaftlichem Erfolg treffen:

Der positive Beitrag der Unternehmenskultur zum Unternehmenserfolg ist umso größer,

1. je besser die Entwicklungen aus der Umwelt und die Bedürfnisse der potenziellen Kunden mithilfe der kollektiven grundlegenden Überzeugungen erkannt werden können,
2. je wirksamer diese erkannten potenziellen Kundenbedürfnisse im Unternehmen mithilfe der unternehmenskulturell geprägten Prozesse, Strukturen und kollektiven Verhaltensweisen in Produkte und Dienstleistungen transformiert werden können, die von den Kunden auch gewollt sind und zu einem Preis gekauft werden, bei dem das Unternehmen einen Gewinn erzielt und
3. je wirksamer das Unternehmen – beeinflusst durch die kollektiven grundlegenden Überzeugungen – mit dem erzielten Gewinn in Entwicklungen, die seine Zukunft sichern, investiert.

Diese erfolgsfördernden Bedingungen von Unternehmenskultur werden nun weiter spezifiziert und eröffnen Raum für künftige empirische Forschung.

Unternehmenskultur wird nicht einfach erfunden, sie entsteht nicht aus dem Vakuum, sondern wird bei ihrer Entstehung, Entwicklung und konkreten Ausgestaltung zum einen von den spezifischen Prägungen und Vorstellungen der Unternehmensgründer wie auch von einer Reihe von Umfeld- bzw. Kontextfaktoren geprägt. Zu den Kontextfaktoren gehören u.a. Charakteristika der Branche, der Geldgeber, der ökonomischen, institutionellen, politischen und soziokulturellen Rahmenbedingungen wie auch der vorhandenen Technologien. Einmal existent, beeinflussen die grundlegenden kollektiven Überzeugungen der Unternehmenskultur die Wahrnehmung und Interpretation dieser Umweltfaktoren durch das Top-Management und damit ihre konkrete Bedeutung und Interpretation für das Unternehmen.

Abbildung I-1-3 führt die auf eine Unternehmenskultur aus der Umwelt einwirkenden Faktoren auf, die einerseits Unternehmenskultur mit prägen und andererseits durch die entsprechende Unternehmenskultur gefiltert und unternehmenskulturell spezifisch interpretiert und transformiert werden. Auch der Transformationsprozess ist unternehmenskulturell beeinflusst: Es wird eine spezifische Strategie entwickelt, mit der ein Unternehmen aus den Herausforderungen Chancen nutzen will und die dann mithilfe des speziellen Menschsystems und der entsprechend entwickelten Strukturen und Prozessen umgesetzt wird und zu Ergebnissen bzw. Leistungsfaktoren führt. Nur eine entsprechende Passung des Unternehmens mit den unternehmensrelevanten Umfeldfaktoren, deren spezifischer Interpretation, Verarbeitung und Transformation können daher zu gewünschten Erfolgsfaktoren führen.

1. Unternehmenskultur: Modetrend oder Wettbewerbsfaktor? 33

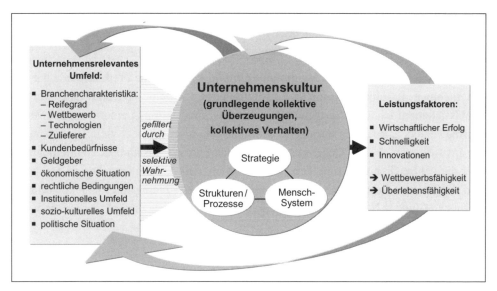

Abbildung I-1-3: Unternehmenskultur: Einfluss- und Leistungsfaktoren

Als entsprechend gefilterte Einflussfaktoren wirken auf die Unternehmenskultur u.a. die wahrgenommenen Charakteristika der Branche, deren Reifegrad, der Wettbewerb, gängige Technologien, die typische Halbwertszeit von Produkten und damit die als notwendig wahrgenommene Veränderungsgeschwindigkeit, Charakteristika der Zulieferer und insgesamt die spezifischen Aspekte einer Branche, die in der Fachliteratur auch als „Industry Recipes" oder Branchenrezepte beschrieben werden.[20]

Weiter wirken die spezifischen Kundenbedürfnisse auf die Unternehmenskultur. Diese werden zwar auch zum Teil durch die Branche, deren Reifegrad sowie durch soziokulturelle Faktoren beeinflusst. Doch aufgrund ihrer Bedeutung für ein Unternehmen sind sie hier eigenständig aufgeführt. Werden die tatsächlichen zugrunde liegenden Kundenbedürfnisse und Kundenwünsche vom Unternehmen erkannt und mit den entwickelten Produkten und Dienstleistungen getroffen oder gar übertroffen?

Welche Charakteristika weisen die Geldgeber auf? Sind diese auf wenige reduziert, wie z.B. im Falle eines Familienunternehmens oder wird die Aktienmehrheit von einer Institution gehalten, was bisher für Deutschland eher typisch war? Oder sind die Aktionäre des Unternehmens verstreut und anonym, wie dies die Regel bei US-amerikanischen Unternehmen ist? Erwarten die Geldgeber einen schnellen „Return on Investment" oder sind sie eher an einer langfristigen Werterhaltung und Wertsteigerung interessiert?

Wie sieht die ökonomische Situation aus? Befindet sich die gesamte Wirtschaft in einem Aufschwung, Abschwung oder in einer Stagnationsphase? Welche Kaufkraft weisen die potenziell interessanten Käuferschichten auf?

Wie sieht das rechtliche und institutionelle Umfeld aus? Welche Freiheitsgrade hat ein Unternehmen in einem speziellen institutionellen Umfeld? Welches Ausmaß an Rechtssicherheit besteht? So bietet z.B. China als Produktionsstandort und als Markt enorme Chancen, doch die unsichere rechtliche Situation schreckt viele Unternehmen vor Investitionen ab. Im Gegensatz dazu klagen speziell ausländische Unternehmen über die zahlreichen und zum Teil (zu) engen institutionellen Vorgaben in Deutschland. Kennt man diese jedoch und hat ein Unternehmen gelernt, mit ihnen konstruktiv umzugehen, wie z.B. mit dem Betriebsrat, dann kann sich dies als eine Stärke im gegebenen Umfeld erweisen.

Das soziokulturelle Umfeld beeinflusst zum einen die Werte, Bedürfnisse und Wünsche der Kunden, zum anderen aber auch die Werte und Erwartungen potenzieller Mitarbeiter, Führungskräfte sowie der Gesellschaft insgesamt an ein Unternehmen: Wird von den Produkten und Dienstleistungen eines Unternehmens eine technische und qualitativ hochwertige Leistung erwartet oder ist man eher an einem modischen, kurzlebigen „Wegwerfprodukt" interessiert? Ist seitens potenzieller Mitarbeiter eher Arbeitsplatzsicherheit gewünscht oder wird ein Unternehmen als Ausbildungsstätte und Sprungbrett für die selbst entworfene Karriere gesehen? Welches Ausmaß an Engagement wird von einem Unternehmen in der Gemeinde und in der Gesellschaft erwartet?

Auch die politische Situation hat Einfluss auf ein Unternehmen und seine Kultur, wie die jüngsten Ereignisse gezeigt haben: Wie politisch stabil oder instabil ist ein gegebenes Umfeld? Trifft das Top-Management eines Unternehmens die Entscheidung, sich aus einer bestimmten Region aufgrund politischer Instabilität zurückzuziehen oder zu bleiben und die Risikoanalysen und ihr Risikomanagement zu verschärfen?

Aus der Perspektive der Unternehmenskultur ist nun relevant, wie all diese Informationen aufgenommen und verarbeitet werden und zu welchen Aktionen sich das Top-Management aufgrund der vorhandenen – unternehmenskulturell beeinflussten – Analysen veranlasst sieht. Trotz gleicher Umfeldbedingungen können sich die gezogenen Schlüsse, die getroffenen Entscheidungen und die daraufhin eingeleiteten Aktionen von einem Unternehmen zum anderen stark unterscheiden. So zeigt z.B. die Untersuchung von Sapienza[21] über das strategische Entscheidungsverhalten des Top-Managements zweier vergleichbarer Krankenhäuser, die mit der gleichen Situation einer Deregulierung der Branche konfrontiert waren, dass diese durch ihre spezifischen kollektiven Überzeugungen zu konträren Schlüssen und Entscheidungen kamen und letzt-

1. Unternehmenskultur: Modetrend oder Wettbewerbsfaktor? 35

endlich ganz unterschiedliche Maßnahmen durchführten. Auch neuere Untersuchungen im Strategiebereich berichten, wie Unternehmenskultur strategische Entscheidungen prägen kann.[22]

Erfolgsentscheidend ist also, **wie** diese Informationen aus der unternehmensrelevanten Umwelt unternehmenskulturell bedingt verarbeitet werden, wie das Unternehmen als Kollektiv mit diesen Informationen aus der relevanten Unternehmensumwelt intern umgeht und wie diese letztendlich in konkrete Produkte und Dienstleistungen transformiert werden. Das Ergebnis dieser miteinander verzahnten Prozesse beeinflusst zentrale Leistungsfaktoren wie den wirtschaftlichen Erfolg, die Schnelligkeit des Unternehmens, auf neue Situationen, neue Kundenbedürfnisse etc. zu reagieren, sowie die Innovationsfähigkeit des Unternehmens und damit seine Wettbewerbs- und langfristige Überlebensfähigkeit. Diese Leistungsfaktoren wirken wiederum zurück auf das Unternehmen mit seiner Unternehmenskultur sowie das unternehmensrelevante Umfeld. So können Unternehmen auf Kundenbedürfnisse nicht nur reagieren, sondern haben auch die Möglichkeit der Einflussnahme. Kundenbedürfnisse können z.B. geweckt, das institutionelle Umfeld beeinflusst, die Beziehung zu Kunden, Zulieferern und Geldgebern bewusst gesteuert, Standards für die Branche und auch für die Gesellschaft[23] gesetzt werden, wenn das Unternehmen erfolgreich ist.

Für das „**Wie**" der Informationsverarbeitung und der Transformationsprozesse im Unternehmen ist die Unternehmenskultur mit ihren grundlegenden kollektiven Überzeugungen und dem entsprechenden kollektiven Verhalten im Unternehmen verantwortlich. Hierfür sind folgende generelle Bereiche relevant, auf deren konkrete Definition, Ausgestaltung und Abstimmung es letztendlich ankommt und die den Kreis in Abbildung I-1-3 näher spezifizieren:

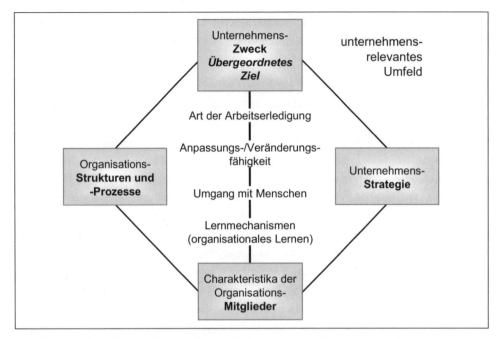

Abbildung I-1-4: Die für Unternehmenskultur relevante Bereiche mit ihren grundlegenden kollektiven Überzeugungen (Sackmann, 2002, S. 143)

Unternehmenskultur – verstanden als die Gesamtheit kollektiver grundlegender Überzeugungen – bestimmt zum einen die generelle Orientierung des Unternehmens bezüglich der aufgeführten Bereiche Unternehmenszweck als dem übergeordneten Ziel sowie Unternehmensstrategie, Organisationsstrukturen und -prozesse als auch der spezifischen Charakteristika der Menschen im Unternehmen. Hierzu zählen insbesondere die Prozesse der Arbeitserledigung, die Anpassungs- und Veränderungsbereitschaft, der Umgang mit den Menschen und die vorhandenen Lernmechanismen. Diese einmal vorhandene grundlegende unternehmenskulturelle Orientierung wirkt dann handlungssteuernd auf das kollektive Verhalten.

Hinter dem **Unternehmenszweck** mit seinem übergeordneten Ziel stehen die Existenzfragen: Warum gibt es unser Unternehmen? Was wollen wir mit unserem Unternehmen erreichen? In welchem Geschäft oder Geschäftsfeld sind wir überhaupt tätig? Die erfolgskritische Bedeutung eines klaren, nachvollziehbaren Unternehmenszwecks, der im Sinne der eigentlichen Kundenbedürfnisse definiert ist, haben verschiedenste Autoren wie Chester Barnard, Peter Drucker oder Richard Ellsworth[24] sowie empirische Untersuchungen und Praxisbeispiele aufgezeigt. Nach Peter Drucker werden hierbei, wenn dem Unternehmenszweck nicht genügend Aufmerksamkeit geschenkt wird, gravierende Fehler gemacht. Die BMW Group hat sich z.B. mit ihren drei Marken von der Entwicklung über die Produktion bis hin zur Vermarktung gezielt im Premium-Segment der internationalen Automobilmärkte positioniert. Henkel will mit seinem Leitslogan „A Brand like a Friend" insgesamt Produkte entwickeln, die das Leben der Menschen leichter, besser und schöner machen und dabei für Mensch und Umwelt gleichermaßen verträglich sind.

Ein Unternehmenszweck kann allerdings nur mit der entsprechend abgestimmten und aus Markt- und Wettbewerbssicht geeigneten Unternehmensstrategie umgesetzt werden. Diese benötigt zur Umsetzung wiederum geeignete **Organisationsstrukturen und -prozesse** wie auch die **entsprechenden Menschen,** die diese Strategien realisieren können. Hierzu zählen sowohl Führungskräfte als auch Mitarbeiter. Die konkrete Definition dieser vier äußeren Faktoren und speziell die gewählten Organisationsstrukturen und Ablaufprozesse mit den für das Unternehmen spezifischen Menschen stellen Rahmenbedingungen für die zentralen organisationalen Arbeits- und Interaktionsprozesse und deren konkrete kulturbedingte Ausgestaltung dar. Das heißt: Die Art und Weise, **wie** Arbeit erledigt wird, **wie** die Menschen im Unternehmen miteinander und mit Menschen außerhalb des Unternehmens umgehen, **wie** man sich an Veränderungen und neue Gegebenheiten anpasst und **wie** im Unternehmen gelernt wird und das Unternehmen sich weiter entwickelt, wird durch die ausgewählten Menschen und die Strukturen und Prozesse, in denen sie sich bewegen, bedingt. Hierbei spielen die Führungskräfte eine ganz zentrale Rolle.

1.5 Führungsverhalten als zentrale Determinante der Unternehmenskultur

Führungskräfte beeinflussen die Kultur eines Unternehmens in zweierlei Hinsicht ganz entscheidend: Zum einen prägt das obere Management die zentralen Rahmenbedingungen einer Unternehmenskultur. Zum anderen fungieren alle Führungskräfte im Unternehmen durch ihre spezifische Führungsfunktion als Repräsentanten der einmal festgelegten Unternehmenskultur. Damit sind sie Rollenmodelle und Vorbilder für ihre Mitarbeiter – im positiven wie im kritischen Sinne – und erhalten bzw. verstärken die entsprechend vorgelebte Unternehmenskultur, wie auch von Heinrich[25] sowie Karg/Lurse/Meister[26] ausgeführt wird.

1.5.1 Die Rolle des Top-Managements bei der Entwicklung von Unternehmenskultur

Bei der Entstehung von Unternehmenskultur spielen der Gründer und das Gründungsteam eine zentrale Rolle für die konkrete Ausgestaltung der kollektiven grundlegenden Überzeugungen: Welche Geschäftsidee soll realisiert werden? Mit welchem Typus Mensch wollen der Gründer und sein Team zusammenarbeiten? Wer passt ins Team, wer passt nicht? Welche Strukturen und Prozesse werden als geeignet betrachtet, um die Geschäftsidee mit der gewählten Strategie zu realisieren? Wie will man zusammenarbeiten? Wie werden Entscheidungen gefällt und Probleme gelöst? Wie wird Arbeit erledigt? Wie eignet man sich notwendiges Wissen an?

Zum einen bringen der Gründer bzw. das Gründungsteam auf der Basis früherer – positiver wie negativer – Erfahrungen ganz konkrete Vorstellungen über die in Abbildung I-1-4 aufgeführten Parameter mit. Zum anderen entstehen diese grundlegenden Überzeugungen im Entwicklungsprozess und der Lerngeschichte des Unternehmens, da jede Entscheidung zu einem bestimmten Zeitpunkt erstmals gefällt und jede Tätigkeit erstmals durchgeführt werden muss. Im Laufe der Zeit und mit zunehmender Lerngeschichte werden aufgrund von verschiedenen Lernmechanismen jene Vorgehensweisen eher wiederholt, die zu Erfolg geführt haben und jene eher vermieden, die wenig erfolgreich gewesen sind oder gar zu Misserfolg geführt haben. Eine detaillierte Darstellung und Diskussion des kollektiven Lernens von Organisationen aus ihren Erfolgen und Misserfolgen unter verschiedenen Bedingungen findet sich bei Starbuck/Hedberg.[27]

Abbildung I-1-5 zeigt diese gegenseitigen Beeinflussungsprozesse auf, die sich letztendlich in zirkulärer Weise verstärken. Zum einen beeinflussen die grundlegenden kollektiven Überzeugungen bezüglich Unternehmenszweck, Unternehmensstrukturierung, Unternehmensstrategie und fürs Unternehmen passenden Mitarbeiter bzw. Führungskräfte die Strategieentwicklung, deren Umsetzung und Anpassung. Die Erfahrungen in diesem Strategieentwicklungs- und Umsetzungsprozess wiederum verstärken die grundlegenden Überzeugungen oder passen diese entsprechend der gemachten Erfahrungen an. Die grundlegenden Überzeugungen bezüglich organisationaler Prozesse beeinflussen das konkret gelebte Verhalten in diesen Bereichen, d.h. wie die Arbeit erledigt wird, wie die Menschen miteinander umgehen, wie Anpassungen und Veränderungen erfolgen und wie Wissen erworben und weitergegeben wird.

1. Unternehmenskultur: Modetrend oder Wettbewerbsfaktor?

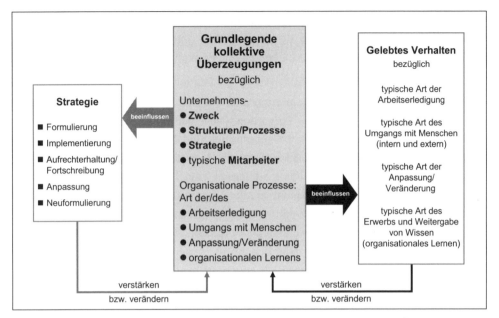

Abbildung I-1-5: Die Beziehung zwischen grundlegenden kollektiven Überzeugungen, Strategie und organisationalen Prozessen

Sind die grundlegenden Überzeugungen über die zentralen Bereiche (siehe Abbildung I-1-4) einmal entwickelt, werden neue Führungskräfte und Mitarbeiter gemäß dieser Überzeugungen ausgewählt und in die Realisierung dieser Überzeugungen eingeführt. Je nachdem, wie bewusst und gezielt diese Selektion von Mitarbeitern und vor allem von Führungskräften erfolgt, werden die gesetzten grundlegenden Überzeugungen entsprechend den Vorstellungen des Gründers, des Gründungsteams oder des Top-Managements gelebt.

Die ursprüngliche Intention kann aber auch bei der Umsetzung im täglichen Arbeitsprozess verändert werden, abdriften oder gar erodieren. Dadurch ergeben sich zum einen evolutionäre, also schrittweise und kontinuierliche Veränderungen, die durchaus die Lebensfähigkeit eines Unternehmens stärken können. Andererseits kann aber auch eine ungewollte Abdriftung der Unternehmenskultur erfolgen, die negative Folgen haben kann auf individueller Ebene, auf Gruppen- bzw. Abteilungsebene oder aber auch auf der Ebene des gesamten Unternehmens wie z.B. die Untersuchung von Schumacher[28] bei einem Unternehmen im Silicon Valley beschreibt.

Wie eine Studie gezeigt hat, können oft nur jene, die Anteil an der bewussten Diskussion, Entwicklung und Bestimmung der grundlegenden Überzeugungen und ihrer regelmäßigen Hinterfragung haben, verbalisieren, warum konkret diese und nicht andere grundlegende Überzeugungen gesetzt wurden.[29] Die später eingestellten Unternehmensmitglieder bzw. die nicht in diesen Diskussionsprozess Eingebundenen agieren auf der Basis dieser grundlegenden Überzeugungen mehr oder weniger gut, ohne dass sie ihnen bewusst wären.

Im Falle einer grundlegenden Neuorientierung, die z.B. im Rahmen eines Turnaround notwendig werden kann, spielt der Turnaround-Manager mit seinem Team eine zentrale Rolle bei der oben geschilderten Neudefinition und Neufokussierung der grundlegenden Überzeugungen. Diese dienen dann als Basis für die entsprechend anzupassende Unternehmenskultur. Bei der Realisierung und Entwicklung der Neuorientierung in der täglichen Arbeitspraxis ist es allerdings wichtig, dass die entsprechenden Bereiche auch in Bezug auf ihre konkrete Ausgestaltung, wie z.B. Organigramme, Ablaufprozesse, unterstützende Managementsysteme und -instrumente und vor allem das Verhalten der Führungskräfte im Hinblick auf die neuen grundlegenden Überzeugungen kritisch überprüft und gegebenenfalls angepasst bzw. verändert werden.

1.5.2 Die Führungskräfte als Repräsentanten und Multiplikatoren der Unternehmenskultur

Führungskräfte stellen kraft ihrer Funktion Repräsentanten des Unternehmens dar. In dieser Funktion ist es ihre Aufgabe, ihren Verantwortungsbereich im Sinne des Unternehmens zu leiten und mit den ihnen anvertrauten Ressourcen die vereinbarten Ziele zu erreichen. Da Unternehmen konditionale Systeme sind, d.h. die Mitgliedschaft in einem Unternehmen an konkrete Bedingungen geknüpft ist, die in der Regel im Arbeitsvertrag spezifiziert sind, haben Führungskräfte in ihrer Rolle als Unternehmensrepräsentanten die Aufgabe, die Einhaltung dieser Bedingungen zu überprüfen und zu würdigen wie auch zu sanktionieren. Diese positionsbedingte Sanktionsmacht lenkt die Aufmerksamkeit der Mitarbeiter auf den unmittelbaren Vorgesetzten, denn er oder sie entscheidet über das Verbleiben im Unternehmen, über den nächsten Schritt der weiteren Entwicklung und daher über die unmittelbaren Karrieremöglichkeiten im Unternehmen. Dadurch, wie auch durch die reine Vorgesetztenfunktion, wird die Führungskraft zum Rollenmodell für ihre unmittelbaren Mitarbeiter und zum Vorbild im eigentlichen Sinn des Wortes. Die Art, wie diese Vorbildfunktion ausgefüllt wird, kann positiv, neutral oder aber auch negativ aus der Sicht eines Mitarbeiters sein.

Da Führungskräfte aufgrund ihrer hierarchischen Position durch ihre Mitarbeiter einen Multiplikatoreffekt haben, stellt sich die Frage, welche Art von Rollenmodell und Vorbild sie für ihre Mitarbeiter darstellen bzw. welche Art von Führungskräften im Unternehmen gewünscht sind. Inwieweit leben die Führungskräfte eines Unternehmens die gewünschte und definierte Kultur im Sinne der kollektiven Überzeugungen vor?

Aufgrund von Lernmechanismen – speziell dem Lernen durch Beobachtung – ist hierfür das konkrete Verhalten der Führungskräfte von zentraler Bedeutung. Darunter sind das verbale wie auch das nonverbale Verhalten zu verstehen und vor allem das Ausmaß an Übereinstimmung zwischen beiden. Es reicht nicht, verbal in Reden und Gesprächen auf die Besonderheiten der Unternehmenskultur hinzuweisen. Vielmehr kommt es darauf an, dass diese im konkreten Verhalten der Führungskraft sichtbar, glaubwürdig und nachvollziehbar demonstriert werden. Ist z.B. Kundenorientierung ein besonderes Kennzeichen der Unternehmenskultur, dann orientieren sich Mitarbeiter daran, wie ihre Führungskraft diese vom Unternehmen gewünschte besondere Art der Kundenorientierung täglich mit ihrem eigenen Verhalten vorlebt – und zwar den externen wie den internen Kunden gegenüber. Wird die besondere Art der Kundenorientierung zwar verbal gepredigt, aber nicht im Verhalten der Führungskraft nachvollziehbar und glaubwürdig gelebt und damit von den Mitarbeitern entsprechend erlebt, dann orientieren sich die Mitarbeiter der Führungskraft im Zweifelsfall am sichtbaren Verhalten. Denn dieses nonverbale Verhalten wird automatisch als authentischer wahrgenommen, da es weniger willentlich gesteuert ist. Nach Heinrich[30] ist „nichts so ansteckend wie ein gutes Vorbild".

Durch diese Multiplikatoren- und Rollenmodellfunktion haben Führungskräfte daher eine zentrale Bedeutung bei der Vermittlung, Erhaltung, Weiterführung und Veränderung von Unternehmenskultur – ob sie dies nun wollen oder nicht.

Die Ausführungen in diesem Kapitel geben einen Überblick über zentrale Aspekte von Unternehmenskultur und sind damit notwendigerweise generell gehalten. Im folgenden Teil II werden nun sechs Firmenbeispiele mit der konkreten Ausgestaltung ihrer Unternehmenskultur vorgestellt und konkretisieren damit die obigen Ausführungen.

Anmerkungen

1. Vgl. Sackmann, 2002.
2. Vgl. Peters/Waterman, 1982.
3. Vgl. Collins/Porras, 1995.
4. Vgl. Collins, 2002.
5. Vgl. Sackmann, 1992, 2002.
6. Vgl. Sackmann, 1991, 2002.
7. Vgl. Martin/Siehl, 1983; Trice/Beyer, 1993.
8. Hofstede, 2001, S. 2.
9. Vgl. Eberle, 1997; Globocar, 1997; Schumacher, 1997.
10. Vgl. Mohn, 2003.
11. Vgl. Schein, 1995.
12. Vgl. Siehl/Martin, 1990.
13. Vgl. Ostroff/Kinicki/Tamkins, 2003.
14. Vgl. Deal/Kennedy, 1982; Denison, 1984; Gordon, 1985; Ouchi/Johnson, 1978; Peters/Waterman, 1982.
15. Vgl. Schumacher, 1997.
16. Vgl. Sharpe, 1997.
17. Vgl. Barney, 1986, 1991, 2002.
18. Vgl. Barney, 1991.
19. Vgl. impulse, 1996.
20. Vgl. Phillips, 1994; Spender, 1989; Catellani/El Hage/Erdönmez, 2004.
21. Vgl. Sapienza, 1985.
22. Vgl. Beiträge in Schreyögg/Sydow, 2003.
23. Reinhard Mohn (2003) diskutiert speziell die Rolle, die Unternehmer für die Mitgestaltung der Gesellschaft haben.
24. Vgl. Barnard, 1938; Drucker, 1973; Ellsworth 2002.
25. Vgl. Heinrich, 2001.
26. Vgl. Karg/Lurse/Meister, 2001.
27. Vgl. Starbuck/Hedberg, 2001.
28. Vgl. Schumacher, 1997.
29. Vgl. Sackmann, 1991.
30. Vgl. Heinrich, 2001.

Teil II

Beispiele vorbildlich gestalteter und gelebter Unternehmenskultur

In diesem Teil II werden sechs Unternehmen dargestellt, die jedes für sich als Beispiel vorbildlich gestalteter und gelebter Unternehmenskultur betrachtet werden und als solche im Rahmen der Recherchen zum Carl Bertelsmann-Preis 2003 identifiziert wurden.

Der gesellschaftspolitische Fragen aufgreifende Carl Bertelsmann-Preis[1] wurde im Jahr 2003 zum Thema „Unternehmenskultur und Führungsverhalten als Erfolgsfaktoren" vergeben und würdigt ein Unternehmen, das sich durch seine beispielhaft gelebte Unternehmenskultur und sein vorbildliches Führungsverhalten auszeichnet.[2]

Eine internationale Arbeitskommission, die mit Experten aus Wissenschaft und Praxis besetzt war, schlug zunächst 63 Unternehmen mit Fokus auf Europa vor, die dann von einem Rechercheteam, bestehend aus Vertretern der Bertelsmann Stiftung und der Beratungsfirma Booz Allen Hamilton[3], anhand von zehn Kriterien und ihren Subkriterien untersucht wurden. Diese Kriterien wurden in den Sitzungen der Arbeitskommission entwickelt und weiter spezifiziert. Abbildung II-0-1 zeigt sie im Überblick.

Abbildung II-0-1: Erfolgsfaktoren Unternehmenskultur und Führungsverhalten: Zentrale Kriterien (Quelle: Booz Allen Hamilton und Bertelsmann Stiftung, 2003)

In einem ersten Schritt wurden die wirtschaftlichen Kennzahlen der Unternehmen überprüft. Waren diese in den letzten zehn Jahren im Branchenvergleich unterdurchschnittlich oder liefen Gerichtsverfahren, die eines dieser Merkmale betrafen, wurde das betreffende Unternehmen von der weiteren Recherche ausgeschlossen.

Im nächsten Schritt erfolgte eine Analyse verschiedenster Publikationen aus dem Hause der und über die Unternehmen im Hinblick auf die zehn Kriterien und Subkriterien. Die Ergebnisse wurden u.a. in Form von Scorecards zusammengefasst, welche die Unternehmen untereinander verglichen und als Ausgangspunkt für eine weitere, intensive Diskussion mit der Arbeitskommission dienten. Hieraus resultierte dann eine Liste von zehn Unternehmen, die in die engere Auswahl für weitere Untersuchungen kamen. Das Rechercheteam und Repräsentanten des Präsidiums der Bertelsmann Stiftung besuchten die zehn Unternehmen vor Ort und prüften sie in Bezug auf diese zehn Kriterien und ihre Subkriterien. Bei diesen Firmenbesuchen wurden auf verschiedenen hierarchischen Ebenen u.a. Gespräche mit dem Vorstandsvorsitzenden und Führungskräften, mit Mitarbeitern und dem Betriebsrat geführt. Die Gesprächsinhalte wurden protokollarisch dokumentiert und führten nach Auswertung und Diskussion aller Informationen zu einer Anpassung der Scorecards. Im Anschluss an die Firmenbesuche wurden die Erkenntnisse für jedes Unternehmen zusammenfasst und mit der Expertenkommission intensiv diskutiert.

Die hier vorgestellten sechs Unternehmen kristallisierten sich in der letzten Diskussionsrunde mit der Expertenkommission als hervorragende Beispiele einer im Sinne der zehn Kriterien gelebten, zukunftsorientierten Unternehmenskultur in ihrer jeweiligen Branche heraus. Diese Unternehmen sind, in alphabetischer Reihenfolge:

1. BMW Group,
2. Deutsche Lufthansa AG,
3. Grundfos A/S,
4. Henkel KGaA,
5. Hilti Aktiengesellschaft,
6. Novo Nordisk A/S.

Jedes der sechs Unternehmen, die für die nachfolgenden Falldarstellungen noch detaillierter recherchiert wurden, wird in den nachfolgenden Kapiteln anhand der zehn Kriterien (siehe Abbildung II-0-1) charakterisiert. Es wurden mit ausgewählten Unternehmensmitgliedern zusätzliche telefonische Interviews geführt, um weiterführende Fragen zu klären. Außerdem wurden die Firmen gebeten, die Falldarstellungen auf ihre inhaltliche Korrektheit zu überprüfen. Auch wenn diese von den Unternehmen freigegebenen Darstellungen möglicherweise den einen oder anderen Leser zur Kritik hinsichtlich einer „Schönfärberei" veranlassen könnten, sind die insgesamt positiven Darstellungen aus unserer Sicht nicht übertrieben. Wir haben die Unternehmen im Rahmen der Studie als Beispiele hervorragend gelebter Unternehmenskultur und dialogorientierter Führung identifiziert und mussten sogar einige der Unternehmen davon überzeugen, all dies über sich berichten zu lassen.

Auch wird sich mancher Leser fragen, warum immer von **der** Unternehmenskultur gesprochen wird. Sicher existieren in jedem der sechs Unternehmen auch Subkulturen. Der Fokus dieser Recherche lag jedoch nicht auf der Identifikation und Charakterisierung von Subkulturen. Im Rechercheprozess konnten keine negativen Störfaktoren durch Subkulturen wahrgenommen werden. Das lässt vermuten, dass diese sich in den sechs Unternehmen eher im Sinne der Gesamtorientierung gegenseitig ergänzen, unterstützen und ein vitaler und konstruktiver Bestandteil der Unternehmenskultur sind.

Da Unternehmenskultur historisch gewachsen und geprägt ist, wird zunächst bei jedem Unternehmen die Unternehmensgeschichte mit einem Fokus auf ihre unternehmenskulturell prägenden Einflüsse dargestellt. Es folgt eine kurze Beschreibung der Branche und des Umfeldes sowie der wirtschaftlichen Leistung des Unternehmens. Die Charakterisierung der gelebten Unternehmenskultur beginnt mit der Darstellung der durch das Rechercheteam erarbeiteten Scorecard, die das Unternehmen mit den anderen zehn Unternehmen vergleicht, die in die Endauswahl der Recherche für die

Vergabe des Carl Bertelsmann-Preises kamen. Dies bedeutet, dass die spinnennetzartige Scorecard keinen Vergleich des jeweiligen Unternehmens mit seiner Branche darstellt, sondern die Unternehmen branchen- und damit auch marktübergreifend vergleicht. Anschließend werden zentrale Charakteristika und typische Aktivitäten der Unternehmen in den Bereichen der zehn ausgewählten Kriterien, die oben in Abbildung II-0-1 aufgeführt sind, beschrieben. Jede Fallbeschreibung schließt mit einer kurzen zusammenfassenden Charakterisierung des Unternehmens.

Wenn diese Unternehmen in der Vergangenheit Krisen zu bewältigen hatten und nicht in jedem der zehn Kriterien gemäß der Beurteilung des Rechercheteams im Rahmen des Carl Bertelsmann-Preises hervorragend abschneiden, liegt dies in vielen Fällen in den jeweiligen Spezifika der Branche und deren Herausforderungen begründet. Alle sechs dargestellten Unternehmen zeigen jedoch, dass sie einen für sich innerhalb ihrer jeweiligen Branche erfolgreichen Weg gefunden haben, mit diesen Herausforderungen wirksam umzugehen und somit durch ihre und mit ihrer spezifischen Unternehmenskultur für die künftigen Herausforderungen zum jetzigen Zeitpunkt gut gerüstet sind.

Anmerkungen

1   www.bertelsmann-stiftung.de/de/4408.jsp

2   Siehe auch Bertelsmann Stiftung, 2003, www.bertelsmann-stiftung.de/medien/pdf/CBP2003.pdf vom 21. Juli 2004

3   www.boozallen.de

1. BMW Group

Das Unternehmen im Überblick	
Stammsitz/Land:	München, Deutschland
Rechtsform:	Aktiengesellschaft
Anzahl Mitarbeiter (2003):	104.342 weltweit
Umsatz (2003):	41.500 Millionen Euro
Nettogewinn/Jahresüberschuss (2003):	1.950 Millionen Euro
Produkte/Services:	– Produktion von Automobilen, Motorrädern, Motoren und Komponenten – Finanzdienstleistungen – IT-Services
Absatzmärkte/Umsatzanteile nach Regionen (2003):	– Europa (58 %) – Nordamerika (27 %) – Asien und pazifischer Raum (12 %) – sonstige Märkte (3 %)

1.1 Unternehmensgeschichte – Prägende Einflüsse

1916 **Gründung der Bayerischen Flugzeug-Werke**
Am 7. März 1916 werden die Bayerischen Flugzeug-Werke (BFW) gegründet. In dieser Firma gehen die Otto-Werke auf.

1917 **Gründung der Bayerischen Motoren Werke GmbH**
Am 21. Juli 1917 werden die bisherigen Rapp-Motorenwerke in Bayerische Motoren Werke GmbH umbenannt. Durch den Krieg bedingt, wächst die anfangs kleine Firma zügig. Direkt am Rand des Münchener Flugplatzes Oberwiesenfeld errichtet das Unternehmen ein großzügiges, auf Zuwachs ausgelegtes Werk und baut dort bis 1918 Flugmotoren.

1922 Firmenumzug und Neubeginn

Nach Kriegsende werden aufgrund des Produktionsverbotes für Flugmotoren Eisenbahnbremsen und Einbaumotoren gefertigt. 1922 verkauft die Firma ihren Motorenbau samt dem Namen BMW an die Bayerischen Flugzeug-Werke (BFW) und zieht in deren Werkshallen um. Das BFW-Gründungsdatum, der 7. März 1916, wird somit zum Gründungsdatum der erneuerten Bayerischen Motoren Werke AG.

1929 Das erste BMW Automobil

Mit dem BMW 3/15 PS entsteht im Jahr 1929 das erste BMW Automobil. Im selben Jahr erringt Ernst Henne auf BMW erstmals den absoluten Geschwindigkeits-Weltrekord.

1945 Wiederbeginn bei fast Null

Ab 1943 wird das Werk München durch Luftangriffe stark zerstört, während das Werk Allach nahezu verschont bleibt. Mitte 1945 erhält BMW die Genehmigung zur Reparatur von US-Armee-Fahrzeugen in Allach und darf dafür Ersatzteile sowie Ackergeräte und Fahrräder herstellen.

Das Werk München wird demontiert

Im Oktober 1945 befiehlt die US-Militärregierung, die BMW Werke München und Allach zu demontieren. Damit verliert BMW bis 1949, in Allach sogar bis 1955 die Verfügungsgewalt über sein Vermögen. Besonders im Werk München-Milbertshofen werden fast alle intakten Maschinen abgebaut und als Reparationsgut in alle Welt verschifft.

1951 Neustart der Automobilproduktion

Im Jahr 1951 stellt BMW sein erstes Nachkriegs-Automobil vor, den 501.

1959 BMW bleibt selbstständig

In den 1950er-Jahren wird die Lage des Unternehmens nach Verlusten im Bereich großer Limousinen zunehmend kritisch. Ende 1959 gibt Daimler-Benz ein befristetes Sanierungsangebot für BMW ab. Doch die Kleinaktionäre lehnen dies auf der Hauptversammlung am 9. Dezember ab. Ihr Durchhaltewillen sowie sein Vertrauen in das gut ausgebildete Personal und den BMW 700 veranlassen Herbert Quandt zum Ausbau seines Aktienpakets. Mit seinem Eintritt als Mehrheitsaktionär rettet er BMW vor der Übernahme durch Daimler-Benz. Nach staatlichen Überbrückungshilfen wird BMW im Folgejahr unter Quandts Führung saniert.

1962 Wende in der Modellpolitik
Mit dem Modell 1500 tritt die Wende in der Modellpolitik ein. Man verlegt sich ab nun auf den Bau sportlich-kompakter Tourenwagen.

1970 Eberhard von Kuenheim kommt
Der BMW-Aufsichtsrat beruft auf Vorschlag von Großaktionär Herbert Quandt einen neuen Vorstandsvorsitzenden: den erst 40 Jahre alten Eberhard von Kuenheim. Unter ihm entwickelt sich BMW von einem nationalen Unternehmen mit europäischer Bedeutung zu einer Weltmarke von globalem Rang. Er bleibt Vorstandsvorsitzender, bis er 1993 die Leitung des BMW-Aufsichtsrats übernimmt.

Die BMW Stiftung Herbert Quandt
Zum 60. Geburtstag ihres Großaktionärs gründet die BMW AG die BMW-Stiftung Herbert Quandt. Sie entwickelt sich zu einem international renommierten Förderer des transatlantischen Gedanken- und Erfahrungsaustauschs und nach dem Ende des Kalten Krieges auch zu einer wichtigen Plattform der west-östlichen sowie der gesamteuropäischen Verständigung.

1973 Weltweit entstehen Vertriebstöchter
Auf Betreiben von Vertriebschef Bob Lutz übernimmt BMW ab 1973 von den Importeuren nach und nach in allen wichtigen Märkten die Vertriebsverantwortung und übergibt sie eigenen Tochtergesellschaften – aus Gründen der Ertragssicherung, aber auch der sich abzeichnenden europäischen Einigung. 1973 wird dieses Konzept zunächst in Frankreich umgesetzt.

1981 Erschließung des japanischen Marktes
BMW gründet 1981 als erster europäischer Automobilimporteur eine eigene Tochtergesellschaft in Japan.

1990 Das BMW Forschungs- und Innovationszentrum
Anfang der 1980er-Jahre erwirbt BMW ein Kasernengelände im Münchener Norden und baut dort das Forschungs- und Innovationszentrum (FIZ) mit Design, Konstruktion, Versuchswerkstätten, Prototypenbau und komplettem Pilotwerk auf. 1985 nehmen die ersten Abteilungen ihre Tätigkeit auf. 1990 wird das FIZ offiziell eröffnet und bis heute ständig erweitert.

1992 BMW produziert in den USA
BMW beschließt den Bau eines Automobilwerks in den USA und wird damit endgültig zum Global Player. Das Werk in Spartanburg (South Carolina) ist speziell für die Produktion des Roadsters BMW Z3 ausgelegt und wird 1995

eröffnet. Der Z3, bzw. heute Z4 und X5 werden von dort aus in alle Welt exportiert.

1994 **Kauf der Rover Group**
Um schneller wachsen zu können und in neuen Marktsegmenten vertreten zu sein, kauft BMW die britische Rover Group mit den aktiven Marken Rover, Land Rover, Mini und MG. Obwohl die Produkte und Werke modernisiert werden müssen, scheint der Kaufpreis von 800 Millionen Pfund (rund 2 Milliarden DM) vergleichsweise niedrig zu sein.

1995 **Expansion**
In den Jahren 1995-1996 nimmt BMW bedeutende Schritte zur Expansion vor: Es werden Tochtergesellschaften in Brasilien, Finnland, Norwegen und Südkorea gegründet.

1999 **Vorstandswechsel und Neuorientierung**
Die Integration von Rover gestaltet sich weit schwieriger als erwartet. Schließlich gibt der Vorstandsvorsitzende Pischetsrieder unter dem Eindruck eines deutlichen Gewinneinbruchs den Vorstandsvorsitz an Joachim Milberg ab.

2000 **Rover wird wieder verkauft**
Unter Milberg werden Rover und MG für einen symbolischen Preis von zehn Pfund verkauft. Auch Landrover wird veräußert. BMW konzentriert sich danach auf Premium-Marken (BMW, Rolls-Royce, MINI) und überzeugt in der Folge durch konsequente innovative Produktentwicklung. Bereits im Jahr 2000 erwirtschaftet das Unternehmen wieder Gewinn. Auch im Folgejahr kann BMW trotz weltweiter wirtschaftlicher Stagnation seine Gewinne deutlich erhöhen.

2000 **Die Eberhard von Kuenheim Stiftung**
Zum 70. Geburtstag seines bisherigen Aufsichtsratsvorsitzenden Eberhard von Kuenheim beschließt BMW zusätzlich zur Stiftung Herbert Quandt eine nach von Kuenheim benannte weitere Stiftung, in der dieser Mentor des BMW-Erfolgs seine Ziele fortsetzen kann: die Förderung des Gedankens des freien Unternehmertums und der Bildung zeitgemäßer Eliten.

2002 **Neuerlicher Vorstandswechsel**
Am 16. Mai 2002 übernimmt Dr. Helmut Panke den Vorstandsvorsitz. Panke war bei BMW zunächst Leiter im Bereich Konzernplanung, seit 1996 Mitglied des Vorstandes, wobei er bis 1999 für Personal- und Sozialwesen verantwortlich zeichnete, und 1999 zum Finanzvorstand bestellt wurde.

1.2 Branche und Unternehmensumfeld

Als gesättigte Branche ist die Automobilindustrie durch einen kontinuierlichen Konsolidierungsprozess gekennzeichnet (beispielsweise GM-Opel-Fiat-Subaru, Ford-Mazda-Daewoo, Daimler-Chrysler-Mitsubishi-Hyundai, Volkswagen-Seat-Skoda, Toyota-Daihatsu, Renault-Nissan). Während es in den 1920er-Jahren noch hunderte von Autoproduzenten gab, sind es in vielen Ländern heute nur noch einer oder zwei. Die 15 größten Unternehmen produzieren heute ca. 80 Prozent aller Autos. Fachleute erwarten, dass der Konzentrationsprozess noch weiter geht. Trotz dieser Entwicklungen gelingt es der BMW Group jedoch, ihre Unabhängigkeit zu behalten. Da die Nachfrageentwicklung auf dem Automobilsektor sehr konjunkturabhängig ist, stellt sich die seit dem Jahr 2000 weltweit schwache Konjunkturentwicklung neben der weitreichenden Sättigung der (traditionellen) Märkte in der EU, den USA und Japan als Herausforderung für die Automobilfirmen dar.

Im Hinblick auf diese Situation in der Automobilbranche kann sich BMW weltweit hervorragend behaupten: Die BMW Group hat Automobilwerke an den Standorten München, Dingolfing, Regensburg, Spartanburg (USA), Rosslyn (Südafrika) sowie Oxford und Goodwood (Großbritannien). Im Jahr 2005 startet außerdem das neue Werk in Leipzig mit der Serienpoduktion und in Berlin werden BMW Motorräder gefertigt. Mit den Motorenwerken in Hams Hall (Großbritannien), Steyr (Österreich) und Curitiba (Brasilien) sowie weiteren Montagewerken und Produktionsstätten weltweit umfasst das Produktionsnetzwerk der BMW Group insgesamt 23 Standorte. Die BMW Group ist mit 33 eigenen Vertriebsgesellschaften sowie einer Handelsorganisation von mehr als 2.000 selbstständigen Unternehmen mit rund 3.000 Betriebsstätten in mehr als 150 Ländern präsent. Die Handelsorganisation für die Marke MINI wurde im Jahr 2003 auf mehr als 1.400 Handelsbetriebe in rund 70 Ländern erweitert.

Die BMW Group konzentriert sich auf ausgewählte Premium-Segmente des Automobilmarktes. Sie ist damit der weltweit einzige Mehrmarken-Automobilhersteller, der nicht im Massengeschäft, d.h. in den Volumensegmenten des Automobilmarktes tätig ist. Ziel der Premium-Marken-Strategie ist es, höhere Erträge pro Fahrzeug zu erwirtschaften und zwar auf der Basis einer hochwertigen Produktsubstanz sowie eines unverwechselbaren Markenprofils. Die BMW Group verfolgt diese Premium-Marken-Strategie mit den Marken BMW, MINI und seit dem 1. Januar 2003 mit Rolls-Royce. Damit deckt sie die Premium-Segmente von der Kleinwagen- bis zur absoluten Luxusklasse ab.

1.3 Wirtschaftliche Leistung

Die BMW Group weist im Vergleich zu ihren Konkurrenten eine hervorragende wirtschaftliche Performance auf. Alle Kennzahlen haben sich in den letzten zehn Jahren positiv entwickelt. Im Jahr 1999 hatte die BMW AG einen signifikanten Gewinneinbruch als Folge der Desinvestition und Trennung von Rover. Inzwischen ist BMW aus dieser Krise gestärkt hervorgegangen.

Der Börsenkurs der BMW AG ist in den letzten zehn Jahren kontinuierlich angestiegen und liegt mit 250 Prozent Wertsteigerung über dem Durchschnitt der 300 größten europäischen Unternehmen (FTSE Eurotop 300 Index). Auch der Umsatz verzeichnet einen kontinuierlichen Anstieg um durchschnittlich 10 Prozent im Jahr:

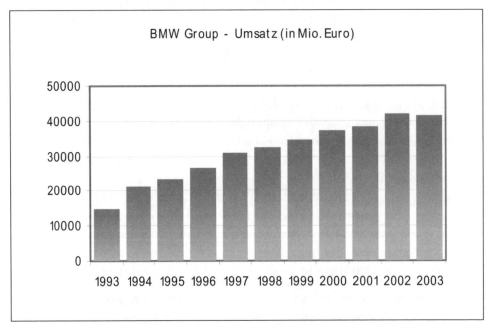

Abbildung II-1-1: Entwicklung der Umsätze der BMW Group zwischen 1993 und 2003 (Quelle: Bloomberg, 2004)

Die Rentabilität hat sich, mit Ausnahme der Sondereffekte im Jahr 1999, bedingt durch die Trennung von Rover, ebenfalls positiv entwickelt:

1. BMW Group

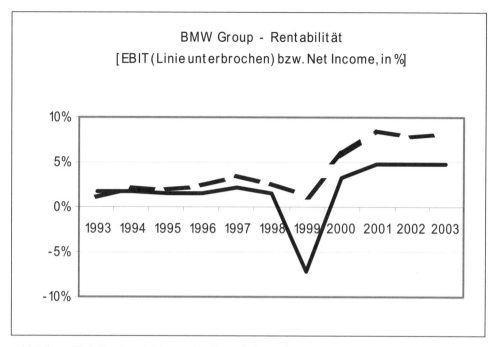

Abbildung II-1-2: Entwicklung der Rentabilität der BMW Group zwischen 1993 und 2003 (Quelle: Bloomberg, 2004)

Das Jahr 2003 war auf den internationalen Automobilmärkten durch ein teilweise schwieriges konjunkturelles Umfeld gekennzeichnet. Nachdem die weltwirtschaftliche Entwicklung zu Beginn des Jahres 2003 nur eine geringe Dynamik aufwies, hatte sich zwar im weiteren Verlauf des Jahres die Konjunktur allgemein belebt. Für das Gesamtjahr ergab sich jedoch lediglich ein verhaltenes Wachstum gegenüber dem Vorjahr.

1.4 Gelebte Unternehmenskultur

Die BMW Group zeichnet sich durch einen vorbildlichen und besonders verantwortungsbewussten Umgang mit ihren Mitarbeitern aus. Außergewöhnlich hoch sind die Identifikation der Mitarbeiter mit dem Unternehmen und die gemeinsame, klare Zielorientierung. Die BMW Group Kultur fördert die Leistungs- und Innovationsorientierung der Mitarbeiter, ohne soziale Komponenten aus dem Auge zu verlieren.

Die BMW Group hat Konzepte und Leitlinien zu Unternehmenskultur und Führungsverhalten entwickelt und kodifiziert. Die zentralen Werte, Einstellungen und Haltungen werden von den Mitarbeitern tatsächlich gelebt. Sichtbar wird dies auch an der Begeisterung der Mitarbeiter für die Produkte des Unternehmens. Das Rechercheteam hat die BMW Group im Rahmen der Recherche für den Carl Bertelsmann-Preis folgendermaßen bewertet:

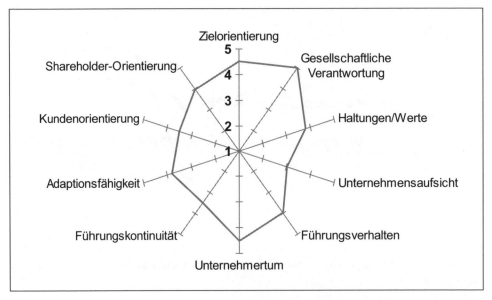

Abbildung II-1-3: Bewertung der zentralen Charakteristika der BMW Group Unternehmenskultur (1: nicht vorhanden – 5: maximale Ausprägung) (Quelle: Booz Allen Hamilton, 2003)

1.4.1 Gemeinsame Zielorientierung

Die starke Zielorientierung der BMW Group drückt sich in der gemeinsam getragenen Strategie und deren konsequenter Umsetzung sowie in der Loyalität der Mitarbeiter aus.

Die BMW Group hat ihre Strategie auf langfristiges profitables Wachstum ausgerichtet und bekennt sich insgesamt zu einer gesunden „Balance zwischen ökonomischen, ökologischen und sozialen Zielen". Dieser strategischen Ausrichtung folgend, leitet die BMW Group detaillierte Ziele für die Aufgabenfelder Umwelt, Wirtschaft und Soziales ab:

1. BMW Group

> **BMW Group Nachhaltigkeitsziele**
>
> **Wirtschaft**
> - Erfolgreichster Premium-Hersteller durch Premium-Marken-Strategie, überdurchschnittliche Rentabilität, überdurchschnittliches Wachstum
> - Langfristige Wertsteigerung in Sustainability (DJSGI, FTSE4Good)
> - Ausweitung der Spitzenpositionierung der Werke
> - Sicherung des Spitzenplatzes im Zulieferer-Zufriedenheitsindex SSI
> - Engagement in globalen und nationalen Nachhaltigkeitsinitiativen
> - Hohe Reportingqualität
> - Fortentwicklung des BMW Group Nachhaltigkeitsmanagements
>
> **Soziales**
> - Hohe Mitarbeiterzufriedenheit
> - Erhöhung der Mitarbeiterzufriedenheit durch Standardisierung der Personalprozesse
> - Verankerung der sozialen Standards in verschiedenen Prozessen zwischen Einkauf und Lieferanten/Partnern
> - Fokussierung auf ein ganzheitliches, prospektives Gesundheitsmanagement [...]
> - Stärkung einer gesundheitsfördernden Unternehmenskultur, Personalführung und Arbeitsorganisation durch Führungskräfte- und Mitarbeiterqualifizierung
> - Förderung der Selbstverantwortlichkeit von Auszubildenden durch neue Arbeitsstrukturen
> - Erhöhung des Anteils von Frauen in der technischen Ausbildung
>
> **Umwelt**
> - Reduzierung der CO_2-Emissionen
> - Umweltverträgliche Verwertung von BMW Group Fahrzeugen und Komponenten
> - Umweltorientierte Gestaltung von Neufahrzeugen
> - Steigerung der Kundenzufriedenheit durch mehr Fahrsicherheit und Komfort
> - Weiterentwicklung und Integration von Managementsystemen
> - Reduzierung der Umweltauswirkungen der Produkte in jedem Stadium des Lebenszyklus
> - Rücknahme gebrauchter Produkte
>
> *www.bmwgroup.com – Sustainable Value Report*

Die Ziele werden systematisch auf die einzelnen Ebenen heruntergebrochen, so dass Abteilungs-, Team- und Individualziele mit den übergeordneten strategischen Zielen im Einklang stehen. Die Operationalisierung der Zielfelder erfolgt konsequent bis in die kleinsten organisatorischen Einheiten; dadurch ist es jedem Mitarbeiter möglich, an der praktischen Umsetzung der strategischen Zielfelder mitzuwirken: „Strategie" und „Ziele" sind für BMW-Mitarbeiter daher keine leeren Worthüllen.

Umfassende interne Information und Kommunikation sorgen für unternehmensweite Transparenz von Strategie und Zielen und nutzen hierfür verschiedenste interne Kommunikationskanäle, z.B. web.TV, Intranet (inkl. Newsticker), Infoecken, die regelmäßige BMW Group-Zeitung, wöchentliche Pressespiegel, Management-Information für

Führungskräfte, Meisterbrief für Gruppenleiter und Meister, Broschüren und Info-Faltblätter.

Die Mitarbeiter zeigen eine ausgeprägte Identifikation mit dem Unternehmen: Einer internen Mitarbeiterbefragung zufolge lag sie im Jahr 2002 bei 94 Prozent, zwei Jahre zuvor sogar bei 96 Prozent. Hierfür spricht ebenfalls die sehr geringe Fluktuationsrate von jährlich 1,4 Prozent. Das Unternehmen ist auch als Arbeitgeber besonders beliebt: Im Jahr 2003 wurde die BMW Group auf der Grundlage einer Befragung von 11.000 Studenten bereits zum zweiten Mal in Folge von der „Wirtschaftswoche" zum beliebtesten Arbeitgeber ernannt; das „Manager Magazin" bezeichnet die BMW Group als attraktivsten Arbeitgeber für Young Professionals; im Rahmen einer Studie an 40 internationalen Business Schools durch das Marktforschungsinstitut „Universum" wählten MBA-Studenten die BMW Group zum mit Abstand beliebtesten deutschen Unternehmen und bei der ersten europaweiten Umfrage des „trendence – Institut für Personalmarketing" wählten über 20.000 Befragte aus Deutschland, Frankreich, Großbritannien, Italien und Spanien die BMW Group im Bereich „Engineering" auf den zweiten und bei „Business" auf den ersten Platz im „European Student Barometer 2003".[1]

1.4.2 Verantwortung gegenüber der Gesellschaft

Die BMW Group nimmt im Vergleich mit anderen Unternehmen die gesellschaftliche Verantwortung in überragender Weise wahr. Die Unternehmenspolitik ist am Prinzip „Sustainability" ausgerichtet, worüber der 2001 eingeführte „Sustainability Report", der die Themen „Umwelt, Mitarbeiter und Soziales" enthält, Auskunft gibt. Die BMW Group legt ihre Schwerpunkte u.a. auf die Schaffung und Sicherung von Arbeitsplätzen, die Förderung von Work-Life-Balance, Frauenförderung, multikulturelle Orietierung, gesellschaftliches Engagement und Umweltschutz.

Die BMW Group wurde am 15. November 2002 mit dem Arbeitsplatzinvestor-Preis ausgezeichnet. Mit 3.500 zusätzlichen Mitarbeitern im Zeitraum Juni 2000 bis Juni 2001 qualifizierte sich die BMW Group als der Arbeitgeber, der im Vergleich mit den anderen Unternehmen die meisten neuen Arbeitsplätze innerhalb Deutschlands geschaffen hat. Der Preis entstand auf Initiative des Wirtschaftsclubs Rhein-Main und wird gemeinsam mit der Bundesanstalt für Arbeit bereits im sechsten Jahr vergeben. Einstellungen erfolgen stets unter dem Gesichtspunkt, dass dem neuen Mitarbeiter langfristig ein Arbeitsplatz geboten werden kann. Auszubildende werden überwiegend bedarfsorientiert eingestellt, d.h. wer nach der Ausbildung beim Unternehmen bleiben

1. BMW Group

möchte, findet dort auch eine Stelle. Das Unternehmen hat mit 5,1 Prozent die höchste Ausbildungsquote in der Automobilindustrie.

Auch der Erhalt von Arbeitsplätzen hat im Unternehmen eine sehr hohe Priorität. So kam es in den vergangenen 39 Jahren zu keinen betriebsbedingten Entlassungen, auch nicht in Krisenjahren (1994–1995, 1999) und bei der Beendigung des Engagements bei Rover/Land Rover. Damit steht das Unternehmen einzigartig in der deutschen Automobilindustrie da. Durch eine Betriebsvereinbarung wurden im Gegenzug zu einer Beschäftigungsgarantie flexible Arbeitszeitmodelle und erhöhte Anforderungen an die Mobilität festgelegt. Ein Drittel der Belegschaft arbeitet in flexiblen Arbeitszeitmodellen. Dadurch gibt es innerhalb des Unternehmens über 300 verschiedene Arbeitszeitvereinbarungen. Job-Sharing und Telearbeit sind weitere Mittel zur flexiblen Gestaltung der Arbeitsbedingungen bei BMW.

Diese individualisierten Arbeitszeitvereinbarungen und die Möglichkeit zur Arbeit im „Homeoffice" zeigen auch, wie wichtig es der BMW Group ist, dass die Mitarbeiter genügend Zeit mit ihren Familien verbringen können. Daneben wurden eine Reihe weiterer Maßnahmen implementiert, um die Work-Life-Balance der Mitarbeiter zu fördern: Neben Sport-, Freizeit- und Gesundheitsprogrammen gibt es Kinderbetreuungseinrichtungen und Vermittlung von Babysittern, die je nach Standort angepasst werden. Der Verein „BMW Strolche e.V." zum Beispiel, eine Elterninitiative, die gemeinsam von der BMW Group, der Stadt München und engagierten Eltern getragen wird, schafft Betreuungsplätze für Mitarbeiter-Kinder im Alter von 0 bis 6 Jahren.

Lange Zeit wurden Frauen bei der BMW Group nicht explizit gefördert. Mittlerweile werden allerdings im Zuge der Einstellung neuer Mitarbeiter bei gleicher Eignung Frauen bevorzugt, ohne dabei „Quoten" festzulegen. Die Frauenpolitik wendet sich an unterschiedliche Zielgruppen: So veranstalten alle deutschen Werke und das Forschungs- und Innovationszentrum den jährlichen „Girls' Day". Dabei sind die Töchter von Mitarbeitern eingeladen, hinter die Kulissen des Automobilbaus zu schauen und sich von der Technik begeistern zu lassen. Daneben gibt es auch ein eigenes Technik-Camp für Mädchen. Im Programm MentorIng knüpfen junge Ingenieurinnen der BMW Group Kontakte zu Gymnasiastinnen sowie Studentinnen technischer Studienrichtungen und unterstützen diese beim Aufbau eines Netzwerkes, von dem dann beim Einstieg ins Unternehmen profitiert werden kann. Außerdem werden durch ein CrossMentoring-Programm junge weibliche Führungskräfte gefördert, indem sie ein Jahr von einem unternehmensexternen Mentor betreut werden. Der Frauenanteil bei den Führungskräften liegt bei BMW derzeit bei 6,2 Prozent. Im Jahr 2000 erhielt BMW den Frauenförderpreis des Landes Bayern als Anerkennung für seine Frauen- und Familienpolitik.

Der Betriebsrat der BMW Group toleriert keine politisch motivierten Auseinandersetzungen im Unternehmen. Das Unternehmen fördert explizit das Miteinander verschiedener Ethnien und gibt den Mitarbeitern Raum für unterschiedliche Religionen, etwa durch das Angebot von Gebetsräumen im Werk München. Für dieses Engagement erhielt das Unternehmen im Mai 2004 den Freundschaftspreis der Deutsch-Türkischen Freundschaftsföderation. Es wird jedoch an jedem Standort auf eine einheitliche Sprache Wert gelegt; am Standort München werden Informationen beispielsweise nicht in andere Sprachen übersetzt. Der internationale Austausch wird durch den Einsatz von Mitarbeitern und Führungskräften im Ausland gefördert.

Unter dem Motto „Wir tragen Verantwortung" engagiert sich die BMW Group vor allem in Programmen und Projekten, die nachhaltig für eine Hilfe zur Selbsthilfe stehen. Die Schwerpunkte des Engagements liegen dabei auf der Sicherheit im Straßenverkehr, der Völkerverständigung und Gewaltverhinderung, der Förderung hochbegabter Kinder und Jugendlicher und nachhaltiger Bildung. Die Projekte und Programme orientieren sich an den standortspezifischen Bedürfnissen und viele Aktivitäten entstehen durch die Initiative der Mitarbeiter an den einzelnen Standorten. Einige Beispiele dienen hierfür als Illustration:

- Im Juli 2002 spendeten im Werk Landshut Mitarbeiter und die BMW Group 95.000 Euro für das Projekt „Gemeinsam für Chancengleichheit", das benachteiligte Kinder und Jugendliche in der Region unterstützt.

- 430 Mitarbeiter des Werkes Landshut arbeiteten am Tag der offenen Tür freiwillig stundenweise und verzichteten auf das Entgelt für diese Arbeit. Die BMW Group spendete 200 Euro pro geleisteten Arbeitstag, so dass 45.000 Euro durch das Engagement der Mitarbeiter zustande kamen.

- Im Werk Dingolfing verzichteten im Mai 2003 Nachwuchsmeistergruppen auf eine große Abschlussfeier und spendeten das gesparte Budget (je 2000 Euro) an eine Selbsthilfegruppe für Familien mit behinderten Angehörigen sowie den Verein „Robin Hood e.V.", der krebs- und schwerkranke Kinder unterstützt. Nach der Vorstellung dieser Projekte vor der Werksleitung wurde der Spendenbetrag von der BMW Group verdoppelt.

Das Unternehmen ist Träger zweier Stiftungen. Im Rahmen der Stiftung Herbert Quandt[2] wird der Dialog zwischen Wirtschaft und Gesellschaft national und international gefördert, beispielsweise durch die Unterstützung des gesamteuropäischen Einigungsprozesses und der Beziehungen zwischen Europa und den aufstrebenden Wirtschaftsregionen Asiens und Russlands. Im Zentrum steht ein vertiefter Diskurs von Themen wie Globalisierung, Mobilität und Umwelt. In diesem Rahmen wird der Aufbau von globalen Netzwerken zwischen jüngeren Führungskräften aus Wirtschaft, Politik, Wissenschaft und Medien gefördert. Die Eberhard von Kuenheim Stiftung[3] hat sich zum Ziel gesetzt, unternehmerisches Handeln und den Diskurs über Grundsätze und Methoden der „Elitebildung" zu fördern.

Weiterhin engagiert sich die BMW Group in verschiedenen Projekten in den Bereichen Bildung, Technik, Wissenschaft, Sport und Umwelt und fördert unterschiedlichste internationale Kunst- und Musikveranstaltungen. Das Engagement des Unternehmens für junge Künstler wurde 1999 mit dem Angel Award der International Society for the Performing Art ausgezeichnet. Die Verantwortung der BMW Group gegenüber der Gesellschaft verdeutlicht sich auch in der Mitarbeit in zahlreichen Public-Private Partnerships und Verbänden, wie UN Global Compact,[4] UNEP Mobility Forum[5] und Econsense.[6] Das Unternehmen wurde in den Dow Jones Sustainability Index[7] (DJSI, Industry Leader) und den FTSE4Good[8] aufgenommen.

Bei ihren Produkten legt die BMW Group unter Umweltgesichtspunkten ein Hauptaugenmerk auf die Senkung des Flottenverbrauchs. Darüber hinaus integriert die BMW Group Umwelt- und Recyclinganforderungen von Anfang an mit in den Produktentstehungsprozess und setzt dabei auf die Instrumente „Design for Recycling" und „Life Cycle Assessment". Die Technologien zur Altautoverwertung werden ständig verfeinert, aber auch neu- und weiterentwickelt. Um eine umweltverträgliche Produktion zu gewährleisten, sind die Produktionswerke der BMW Group nach den internationalen Umweltmanagementsystemen ISO 14001[9] zertifiziert bzw. nach dem Öko-Audit der Europäischen Union EMAS[10] validiert. Damit ist die BMW Group der erste und bislang einzige Automobilhersteller, der alle seine Produktionswerke weltweit mit international einheitlichen Umweltstandards versehen hat. Diese Ausrichtung hat dem Unternehmen einen Spitzenplatz im Dow Jones Sustainability Index eingebracht. Der Führungsanspruch ist in den internationalen Umweltleitlinien der BMW Group verankert:

Umweltleitlinien der BMW Group

1. Ziele

Wir gehen verantwortungsvoll und effizient mit Ressourcen um und verpflichten uns zur nachhaltigen Sicherung unserer Umwelt. Sämtliche Unternehmensbereiche der BMW Group orientieren sich an der [...] internationalen Umweltcharta (ICC Charta für eine nachhaltige Entwicklung) und an den Grundsätzen der Agenda 21.

2. Unternehmen – Verpflichtung und Verantwortung

[...] Die Führungskräfte tragen die besondere Verantwortung dafür, die Umweltleitlinien umzusetzen und vorzuleben sowie die Mitarbeiterinnen und Mitarbeiter im Sinne dieser Aufgabe zu motivieren.

3. Verantwortungsbewusste Durchführung

Wir werden regelmäßig den Erfolg unserer Umweltmaßnahmen überprüfen und, wo immer erforderlich, weitere Verbesserungen vornehmen [...]. Wenn über den gesetzlichen Rahmen hinausgehende technisch-wissenschaftliche und organisatorische Erkenntnisse zur Reduzierung der Umweltbelastungen vorliegen und wirtschaftlich vertretbar sind, werden wir diese im Sinne der Agenda 21 anwenden.

4. Konzernweiter Umweltschutz

Bei Entwicklung, Konstruktion, Produktion, Betrieb von Anlagen und bei anderen Tätigkeiten sind angemessene technische und wirtschaftliche Möglichkeiten zu nutzen, um Ressourcen zu schonen und Belastungen der Umwelt zu minimieren [...]. Unser Ziel ist deshalb, entsprechend der ICC Charta, den sparsamen Einsatz von Energie und Rohstoffen, die nachhaltige Nutzung von erneuerbaren Ressourcen, die Minimierung von umweltschädlichen Auswirkungen, die Vermeidung von Abfällen sowie die gefahrlose umweltverträgliche Entsorgung des Restabfalls zu berücksichtigen.

5. Vorsorge für Notfälle

Im Falle einer Betriebsstörung ist dem Schutz von Gesundheit und Umwelt höchste Priorität einzuräumen. Für Störfälle haben wir Notfallpläne [...] entwickelt [...].

6. Umweltverträgliche Fahrzeuge

Im Bewusstsein unserer Verantwortung [...] setzen wir neueste Technologien zur Erhöhung der Sicherheit und zur Minderung der Abgasemissionen, der Geräuschemissionen und des Kraftstoffverbrauchs konsequent ein. Durch optimale Konstruktion unserer Produkte stellen wir sicher, dass die Auswirkungen auf die Umwelt möglichst gering sind [...].

7. Recycling

[...] Unser Ziel ist es, die recyclingoptimierte Produktgestaltung und den Einsatz von Sekundärrohstoffen weiter voranzutreiben, um damit den Gesamtverbrauch an Energie und Ressourcen aus Produktion und Betrieb zu vermindern und Stoffkreisläufe zu schließen.

8. Alternative Antriebskonzepte

Zur Schonung von Ressourcen und zur Verbesserung der Umweltverträglichkeit unserer Fahrzeuge entwickeln wir alternative Antriebskonzepte, die wir konsequent weiterverfolgen.

9. Mobilität für die Zukunft

[...] Deshalb entwickeln wir Verkehrskonzepte und Verkehrstechnologien, deren oberstes Ziel ist, die Mobilität der Menschen zu erhalten, ohne ihre Lebensqualität einzuschränken.

10. Lieferanten

In Verantwortung für einen effizienten Umgang mit Ressourcen und die nachhaltige Sicherung unserer Umwelt sehen wir uns verpflichtet, die Lieferanten der BMW Group in unsere umweltpolitische Zielsetzung einzubeziehen und sie dementsprechend zu motivieren und zu fördern [...].

www.bmwgroup.com – Umweltschutz

1.4.3 Haltungen, Überzeugungen und Werte

Die grundlegenden Überzeugungen der BMW Group, ihre Haltung gegenüber Mitarbeitern und die angestrebten Werte werden in klar kommunizierten Leitbildern für das Unternehmen, die Mitarbeiter und die Führungskräfte sowie in den Handlungsmaximen und in den Leitlinien der Personalpolitik deutlich.

> **Verantwortliches Engagement als Unternehmensphilosophie**
> Wir verstehen unsere Führungsposition als hohe Verpflichtung, unseren Unternehmenswert unter Berücksichtigung der Prinzipien der Nachhaltigkeit weiter zu steigern. Mit unserem Engagement wollen wir weiterhin Antworten auf Zukunftsprobleme liefern, Erwartungen erfüllen und Szenarien entwerfen – lokal und global, als Messlatte für Verantwortungsbewusstsein gegenüber Umwelt, Gesellschaft und Politik an allen unseren Standorten weltweit.
> *www.bmwgroup.com – Leitbild Nachhaltigkeit*

Die BMW Group verpflichtet sich in ihrem Leitbild explizit zur nachhaltigen Unternehmensführung. Verbindung von Umweltschutz und Technologie oder Konzepte intelligenter Verkehrslösungen sind hierbei ebenso charakteristisch für die BMW Group wie fortschrittliche Arbeitszeitmodelle, umfangreiche Sozialleistungen, intensive Förderung von Wissenschaft, Kultur und Nachwuchs sowie kritischer und offener Dialog mit internationalen Partnern aus Politik und Gesellschaft. Dass das Unternehmen damit Erfolg hat, wurde zum Beispiel durch die Schweizer Anlage- und Rating-Agentur „SAM Sustainability Group"[11] bestätigt, die 2003 in ihrem jährlichen Nachhaltigkeitsrating die BMW Group zum vierten Mal in Folge in den Dow Jones Nachhaltigkeitsindex, den weltweit bedeutendsten Aktienindex nur für nachhaltig wirtschaftende Unternehmen, gewählt hat. In allen drei Bereichen der Nachhaltigkeit – Ökonomie, Ökologie, Soziales – konnte die BMW Group Leistungen vorweisen, die in der Automobilbranche führend sind.

Die BMW Group hat bereits 1985 Verhaltensmaßstäbe in Form von Handlungsmaximen eingeführt. 2001/2002 wurde das Mitarbeiter- und Führungsleitbild „Wir bei BMW" entwickelt, in dessen Erarbeitung die Mitarbeiter intensiv eingebunden wurden. Das Mitarbeiterleitbild besteht aus sechs zentralen Leitsätzen:

> **Mitarbeiterleitbild**
> 1. Beste Ergebnisse durch dauerhaft hohe Leistung erzielen.
> 2. Verantwortung für seinen persönlichen Beitrag zum Erfolg des Unternehmens übernehmen.
> 3. Mitdenken und mitgestalten.
> 4. In unterschiedlichen Arbeits- und Organisationsstrukturen zusammenarbeiten.

> 5. Veränderungen als Chance und nicht als Gefahr empfinden.
> 6. Flexibilität beweisen und sich ständig weiterbilden.
>
> *www.bmwgroup.com – „Wir bei BMW" - Mitarbeiter- und Führungsleitbild*

Das Leitbild dient als Wegbereiter des Wechsels der Unternehmenskultur von einer „hierarchisch geprägten Kultur" hin zu einer team- und prozessorientierten „Vertrauens- und Teamkultur". Das BMW-Leitbild erhält jeder Mitarbeiter im Taschenformat und zusätzlich ist es an den Produktionsinseln ausgehängt. Auf diese Weise ist es im Unternehmen allgegenwärtig.

In den letzten Jahren wurde verstärkt versucht, die zentralen Leitbilder in allen Personalprozessen zu verankern. Die Personalpolitik umfasst acht Leitlinien:

> **Die acht Leitlinien der Personalpolitik der BMW Group**
> 1. Gegenseitige Wertschätzung – konstruktive Konfliktkultur.
> 2. Das Denken über nationale und kulturelle Grenzen hinaus ist für uns eine Selbstverständlichkeit.
> 3. Leistungsverhalten und Leistungsergebnis der Mitarbeiter sind konsequenter Maßstab für die Gegenleistung des Unternehmens.
> 4. Teamleistung ist mehr als die Summe der Einzelleistungen.
> 5. Sichere und attraktive Arbeitsplätze für engagierte und verantwortungsbewusste Mitarbeiter.
> 6. Die Achtung der Menschenrechte ist für uns selbstverständlich.
> 7. Sozialstandards auch für Zulieferer und Geschäftspartner.
> 8. Hervorragende Leistungen für Mitarbeiter und hohes Engagement in der Gesellschaft.
>
> *www.bmwgroup.com – Wertorientierte Personlapolitik*

Als zentraler Wert des Unternehmens wird die Marke gesehen. Für Führungskräfte gibt es beispielsweise sogar eigene Marken-Werte-Seminare. Insgesamt nimmt die Marke für alle Mitarbeiter einen zentralen Stellenwert ein; die Motivation der Mitarbeiter liegt zu einem beträchtlichen Teil in der Herstellung qualitativ hochwertiger Produkte begründet und in der Motivation, die Produkte des Unternehmens selbst fahren zu können. Die Werte und Haltungen, wie z.B. der kritische Dialog, werden aufgrund eingeübter Praxis im Arbeitsalltag tatsächlich gelebt.

1.4.4 Unabhängigkeit und Transparenz der Unternehmensaufsicht

Die Grundsätze der Unternehmensführung hat BMW im „Corporate Governance Kodex" festgelegt, der sich im Wesentlichen an den Empfehlungen des Deutschen Corporate Governance Kodex[12] orientiert. Hervorhebenswert sind folgende Aspekte aus dem BMW Kodex:

1. BMW Group

> **Grundsätze der Unternehmenführung**
>
> - Regelmäßige, zeitnahe und umfassende Informationspflicht des Vorstandes gegenüber dem Aufsichtsrat im Hinblick auf alle unternehmensrelevanten Fragen der Planung, Geschäftsentwicklung, Risikolage und des Risikomanagements.
> - Strenge Koppelung der variablen Vergütungsanteile der Mitglieder des Vorstandes und des Aufsichtsrates an Leistungskriterien sowie an die wirtschaftliche Lage des Unternehmens.
> - Bestellung der Vorstandsmitglieder ausschließlich durch den Aufsichtsrat.
> - Genehmigungspflicht für Nebentätigkeiten von Vorstandsmitgliedern durch den Aufsichtsrat.
> - Regelmäßige Beratungen zwischen den Vorsitzenden von Vorstand und Aufsichtsrat im Hinblick auf Strategie, Geschäftsentwicklung und Risikomanagement.
> - Verpflichtung des Vorstandes zur zeitnahen Kommunikation von wesentlichen Veränderungen in der Eigentümerstruktur des Unternehmens.
>
> *www.bmwgroup.com* – BMW Group Corporate Governance Kodex

Damit stellt BMW einen regelmäßigen, offenen Dialog zwischen Vorstand und Aufsichtsrat sowie Transparenz im Hinblick auf wesentliche unternehmensrelevante Vorgänge sicher.

Im Aufsichtsrat der BMW AG sind Arbeitnehmervertreter und Anteilseigner jeweils mit einem Anteil von 50 Prozent vertreten. Die Arbeitnehmervertreter vertreten Arbeiter und Angestellte genauso wie leitende Angestellte. Die Anzahl der Aufsichtsratsitzungen kann je nach wirtschaftlicher Lage und besonderen Anlässen von Jahr zu Jahr variieren, im Jahr 2002 gab es beispielsweise vier Sitzungen. Aber auch außerhalb der Sitzungen gibt es Gespräche zwischen dem Aufsichtsratvorsitzenden und dem Vorstandsvorsitzenden oder auch einzelnen Vorstandsmitgliedern, so dass eine kontinuierliche Kommunikation gewährleistet ist.

1.4.5 Partizipatives Führungsverhalten

Die BMW Group verfügt über ein klares Führungsleitbild, elaborierte Leistungsbeurteilungssysteme für die Führungskräfte und eine Reihe von Weiterbildungsprogrammen für die Mitarbeiter. Die Mitarbeiter werden durch regelmäßige Mitarbeiterbefragungen in Verbesserungsprozesse mit einbezogen.

Die Grundlage der Führung bei der BMW Group bildet ein klares Führungsleitbild mit den vier **Kernbotschaften:**[13]

- Zusammenarbeit fördern
- Vertrauenskultur erzeugen
- Orientierung geben
- Verantwortung übernehmen

Diese Kernbotschaften sind in zehn zentralen Leitsätzen ausformuliert.

Führungsleitbild

1. Führen ist eine persönliche Leistung, das Eingehen von Risiken, und nicht nur das Anwenden von Richtlinien, Vorschriften und Systemen.
2. Führungskräfte entwickeln „realistische" Visionen und können andere dafür begeistern.
3. Führungskräfte sind Vorbild und erarbeiten sich Anerkennung durch ihre Integrität und Glaubwürdigkeit. Sie setzen hohe Standards und lassen sich selbst daran messen.
4. Führungskräfte stellen die Aufgabe und nicht sich selbst in den Vordergrund.
5. Führungskräfte entwickeln Ziele, sorgen für konkrete Zielvereinbarungen und schaffen Freiräume für eigenverantwortliches Handeln ihrer Mitarbeiter. Sie fördern Initiative, Kreativität und Veränderungsbereitschaft. Führungskräfte korrigieren die Ziele, wenn sich die Rahmenbedingungen ändern.
6. Führungskräfte besitzen eine hohe Kommunikationsfähigkeit und schaffen belastbare Arbeitsbeziehungen.
7. Führungskräfte schaffen – trotz aller Kosten- und Ergebnisorientierung – ein Klima, das den Mitarbeitern Spaß an der Arbeit vermittelt.
8. Führungskräfte führen durch Vertrauen. Sie geben Sicherheit und Rückendeckung, ziehen aber auch entschieden Konsequenzen, wenn es notwendig ist. Dabei orientieren sie sich am Resultat. Sie übernehmen die Verantwortung und verzichten auf Ausreden.
9. Führungskräfte entwickeln effiziente Teams. Sie fordern und fördern, damit starke wie schwache Mitarbeiter zu ihrer höchsten Leistung im Team geführt werden. Gute Führungskräfte fördern besonders jene Mitarbeiter, die sie selbst „überholen" könnten.
10. Führungskräfte sind in der Lage, in unterschiedlichen Kulturräumen erfolgreich zu agieren und interkulturell besetzte Teams zu führen.

www.bmwgroup.com – „Wir bei BMW" – Mitarbeiter und Führungsleitbild

---

Auf der Basis dieses Leitbildes vollzog sich ein Wechsel von einer hierarchie- und funktionsgeprägten Arbeitsweise hin zu einer team- und prozessorientierten Zusammenarbeit. Eine Führungskraft soll in erster Linie Vorbild, Moderator und Coach sein, die wesentliche Führungsaufgabe liegt in der Information und Kommunikation. Die

Führungskräfte vereinbaren zusammen mit den Mitarbeitern Ziele, die auch einen individuellen Entwicklungsplan beinhalten.

Die Führungskräfte-Beurteilung erfolgt bei BMW in einem Portfolioprozess als eine Gesprächsrunde, die einmal jährlich stattfindet und der Einschätzung von Leistung und Potenzial sowie der zukünftigen Einsatz- und Entwicklungsmöglichkeiten von außertariflichen (AT-)Mitarbeitern im Vergleich mit anderen AT-Mitarbeitern gleicher Gehaltsgruppe dient. Die Beurteilung erfolgt dabei nach dem „Mehr-Augen-Prinzip" durch den direkten Vorgesetzten und andere Führungskräfte, die regelmäßig Kontakt und Arbeitsbeziehungen mit dem zu beurteilenden Mitarbeiter haben. Der direkte Vorgesetzte informiert sich vorab bei wichtigen Projekt- und Prozesspartnern des Mitarbeiters, die nicht Teilnehmer der Gesprächsrunde sind, über deren Einschätzung von Leistung und Persönlichkeit des Mitarbeiters.

Einheitliche Grundlage für die Leistungseinschätzung sind die Anforderungs- und Leistungskriterien für Führungskräfte („Managementhaus"). Von besonderem Gewicht ist das Leistungsergebnis bzw. die Zielerreichung im Beurteilungszeitraum: Die Messlatte hierfür sind vor allem die Zielvereinbarungen aus dem vorangegangenen Zielmanagementprozess. Diese orientieren sich an den Anforderungen der Funktion sowie an den Erwartungen an den Mitarbeiter in einer bestimmten Gehaltsgruppe. Zusätzlich werden die Kompetenzbereiche „Unternehmerisches Denken und Handeln", „Prozess- und Fachkompetenz" und „Führungs- und Teamverhalten" sowie die „Wirkung der Persönlichkeit" in die Beurteilung einbezogen. Erst aus dieser Gesamtbetrachtung wird die Leistung einer Führungskraft deutlich.

Auf persönliche Netzwerke wird bei der BMW Group großer Wert gelegt – es wird sogar erwartet, dass die Mitarbeiter Netzwerke aufbauen. Die Arbeit ist häufig projektbezogen organisiert, dabei herrschen flache Hierarchien vor. Im Rahmen der Projektarbeit wird auch das Prinzip der Rotation gefördert, wobei jedoch darauf geachtet wird, dass ein Mitarbeiter „seinen" Vorgesetzten als Ansprechpartner behält. Nach dem Ende des Projekts kehrt der Mitarbeiter wieder zurück in seine alte Abteilung und ist somit „nie heimatlos". Der Betriebsrat wird den deutschen Rahmenbedingungen entsprechend konstruktiv in Veränderungsprozesse eingebunden. Die Mitarbeiter sprechen von einem partnerschaftlichen Umgang, der von einer offenen Informationsteilhabe geprägt ist. Lösungen zum Arbeitsplatzerhalt in Krisen werden miteinander gesucht und gefunden.

Die BMW Group bietet diverse Aus- und Weiterbildungsmöglichkeiten an, die neben fachlichen auch persönlichkeitsbildende Themen behandeln. Insgesamt gibt BMW jährlich ca. 0,5 Prozent des gesamten Umsatzes für die Aus- und Weiterbildung der

Mitarbeiter aus, jeder Mitarbeiter ist jährlich im Durchschnitt 3,6 Tage in Weiterbildung oder Training.

Für Neulinge gibt es eine Reihe von Einsteigerprogrammen, beispielsweise das Nachwuchs-Förderungs-Programm (NFP) für Abiturienten, das Programm „Fastlane" für herausragende Praktikanten, die noch mindestens ein Jahr studieren, das „Drive Programm" für Hochschulabsolventen und Young Professionals und das Doktorandenprogramm für junge Wissenschaftler. Die BMW Group treibt die internationale Personalentwicklung voran, Aufgaben- und Ortsveränderungen innerhalb des Unternehmens werden aktiv unterstützt und sind wesentliche Voraussetzung für den beruflichen Aufstieg.

1.4.6 Unternehmer im Unternehmen

In einer vergleichsweise dezentralen, ergebnisverantwortlichen Struktur, wie sie sich beispielsweise in den Sparten findet, delegieren Führungskräfte ihren Mitarbeitern weitreichende Verantwortung und räumen ihnen großen Gestaltungsfreiraum bei der Ausführung ihrer Tätigkeiten ein. Die Mitarbeiter werden durch Zielvereinbarungen geführt und gefördert. Es gilt der Grundsatz: „Ziele bilden den Rahmen." Die Stärkung der unternehmerischen Einstellung ist bereits im Mitarbeiterleitbild verankert, das für alle Mitarbeiter gilt, unabhängig von Aufgabe und Hierarchie. Unternehmerische Verantwortung zu übernehmen ist bereits in der Berufsausbildung ein wichtiges Ziel und wird beispielsweise in den so genannten „Juniorfirmen" gefördert. In diesen nehmen die Auszubildenden verschiedene funktionale und leitende Aufgaben wahr und werden so an unternehmerische Aufgabenstellungen herangeführt.

Die BMW Group bekennt sich zu einer gezielten Einbindung ihrer Mitarbeiter in betriebliche Verbesserungsprozesse und lädt ihre Mitarbeiter explizit dazu ein, kreativ mitzuwirken. Frei nach dem Motto „Hierarchie ist nicht so entscheidend wie ein Argument" wurde im Unternehmen ein Verbesserungsmanagement, der Imotion-Prozess, implementiert, der allen Mitarbeitern – gleich welcher Ebene – die Möglichkeit zur Mitgestaltung gibt. Imotion ist ein dezentrales Führungsmodell und dient zur wesentlichen Unterstützung bei der Erreichung der Unternehmensziele: Jede Führungskraft muss Effizienzsteigerungspotenzial im eigenen Verantwortungsbereich identifizieren. Durch die gemeinsame Umsetzung von produktrelevanten Verbesserungsideen und der Verbesserung von Abläufen tragen aber alle Mitarbeiter – gleich weicher Ebene – systematisch zum Unternehmenserfolg bei. Im Jahr 2003 wurden bei der BMW Group weltweit pro 1.000 Mitarbeiter 555 Verbesserungsvorschläge eingereicht.

Das Prinzip „Leistung und Gegenleistung" dient als konsequenter Maßstab in allen Personalprozessen (Einstellung, Beurteilung, Entlohnung). Das Entgelt für Mitarbeiter ist „leistungsbezogen, teamorientiert und erfolgsabhängig". Bereits seit 1973 gibt es bei BMW Modelle für die Beteiligung von Mitarbeitern am Unternehmenserfolg auf allen Ebenen. Für das Geschäftjahr 2003 lag diese Erfolgsbeteiligung zusammen mit dem Urlaubs- und Weihnachtsgeld im Durchschnitt bei über drei Bruttomonatsgehältern eines Vollbeschäftigten. Über die Erfolgsbeteiligung hinaus wird die persönliche Leistung des einzelnen Mitarbeiters in Form von variablen Gehaltsbestandteilen oder Leistungszulagen honoriert. Außerdem bietet BMW den Mitarbeitern die Teilnahme an einem betrieblichen Vermögensbildungsmodell durch den vom Unternehmen bezuschussten Erwerb von BMW-Vorzugsaktien. Seine Wertschätzung gegenüber verdienten Mitarbeitern drückt das Unternehmen auch über eine Reihe nicht-monetärer Anerkennungen aus, wie z.B. der Möglichkeit für eine Testfahrt mit neuen Fahrzeugmodellen.

1.4.7 Führungskontinuität

Den Aspekt der Führungskontinuität berücksichtigt die BMW Group mittels interner Führungskräfterekrutierung und systematischer Führungskräfteentwicklung.

Man legt Wert darauf, dass die Vorstände im Unternehmen „heranwachsen" und daher „nach dem BMW-Geist ticken". Im Hinblick auf die Führungskräfteentwicklung gilt daher das Prinzip: Interne Qualifizierung vor externer Beschaffung.

Die BMW Group bietet den Nachwuchsführungskräften verschiedene Förderprogramme an, u.a. das Nachwuchsförderprogramm „NFP", ein System mit standardisierten und individuellen Bausteinen. Der Aufbau informeller Netzwerke für die persönliche Entwicklung hat eine große Bedeutung bei BMW. Beliebt sind im Rahmen von Führungskräfte-Seminaren auch die Kaminabende mit gemeinsamem Essen zur Sicherung der Kommunikation auch über Bereichsgrenzen hinweg. BMW bietet für alle Führungsebenen entsprechende Weiterbildungsprogramme.

Die Führungszyklen bei der BMW Group sind relativ lang: Seit 1945 ist mit Dr. Helmut Panke der fünfte Vorstandsvorsitzende im Amt.

1.4.8 Adaptions- und Integrationsfähigkeit

Im Hinblick auf diesen Aspekt sind die Netzwerkfähigkeit von BMW, die Fokussierung auf Verbesserungspotenziale, die Lernkultur sowie die Innovationskraft des Unternehmens hervorzuheben. Es lohnt sich aber auch eine nähere Betrachtung der Akquisition von Rover und der daraus von BMW gezogenen Schlussfolgerungen.

Die Akquisition von Rover führte zu einem Kulturschock und deckte Probleme im Umgang mit unternehmenskulturellen Unterschieden auf. Einige Beispiele für Kulturdifferenzen zwischen den beiden Unternehmen illustrieren dies:

- Bei der BMW Group wird eigenverantwortlich auf der Basis von Zielvereinbarungen gearbeitet; die Rover-Mitarbeiter hingegen waren vom Management by Objectives völlig überfordert, da sie gewohnt waren, klare und detaillierte Anweisungen zu erhalten.
- Die offene Kommunikation, wie sie bei der BMW Group gepflegt wird, war bei Rover nicht etabliert.
- Insgesamt wies die Rover-Kultur einen eher „alt-industriellen" Ansatz auf: große Hierarchieunterschiede zwischen Arbeitern und Angestellten, ein standardisiertes Entgeltsystem ohne individuelle Entgeltkomponenten und das Fehlen von Ideenmanagement-Initiativen demonstrieren dies.

Der Versuch, im Rahmen der Akquisition auf strategischer Ebene die Identität von Rover zu erhalten und lediglich auf operativer Ebene den BMW-Weg zu implementieren, stellte sich als Fehler heraus: Die Integration vollzog sich schleppend, die Folge war Resignation – und schließlich eine Desinvestition, die mit einem deutlichen Gewinneinbruch einherging. Die Rover-Krise führte letztlich jedoch zu einer Stärkung des Zusammenhalts der BMW-Belegschaft, was in der Schlussfolgerung zum Ausdruck kommt, man habe sich auf das konzentriert, was man könne, nämlich auf den Bau von Premium-Marken anstelle eines Massenproduktes wie Rover.

Die BMW Group arbeitet mit einem großen Netzwerk von Partner- und Zulieferfirmen. Das Unternehmen versteht sich als gestaltender Akteur in „Netzwerken von Märkten, Politik und Gesellschaft". Die BMW Group baut auch auf Innovationsnetzwerke wie etwa CIT, das „California Innovation Triangle", bestehend aus den drei BMW Group Büros „Technology Office" in Palo Alto, „Designworks" in Newbury Park und „Engineering and Emission Test Center" in Oxnard. Durch die unmittelbare Nähe zu den direkt benachbarten Elektronik- und Softwareunternehmen im Silicon Valley und den engen Kontakten zur University of California und zur Stanford University schafft die BMW Group die Basis, um sehr schnell neue Ideen aufgreifen zu können. Auch innerhalb des Produktionsnetzwerks setzt man auf enge Zusammenarbeit. So wurde das Prinzip der Schwesterwerke geschaffen – das heißt konkret, dass z.B. das Werk in Spartanburg, South Carolina, einen sehr engen Austausch mit seinem

Schwesterwerk in Leipzig pflegt. Nicht zuletzt werden Karrieren über ausgeprägte Netzwerke gemacht.

Prozessverbesserungen werden durch das in Abschnitt 6 vorgestellte systematische Vorschlagswesen „Imotion" und „Kontinuierliche Verbesserungsprozesse" (KVP) gefördert. Die BMW Group folgt dem „Prinzip der Selbstanzeige". Die Fehlertoleranz ist ausgeprägt, solange Fehler rechtzeitig kommuniziert werden, so dass negativen Konsequenzen gegengesteuert werden kann. Die lernende Kultur der BMW Group findet ihre Manifestation in der Verpflichtung zur „Arbeit an Wissenskultur", einem Konzept, das über eine gut funktionierende Informationstechnologie hinausgeht. Das Prinzip „Wissen teilen" wird gegenüber dem Prinzip „Wissen ist Macht" gefördert. Um einen Erfahrungsaustausch über Abteilungs- und Werkgrenzen zu ermöglichen, hat die BMW Group Kommunikationsplattformen in Form von Intranet und Face-to-face-Veranstaltungen etabliert. So wird zum Beispiel auch bei Führungskräfte-Seminaren darauf geachtet, dass Mitarbeiter aus unterschiedlichsten Abteilungen in einer Weiterbildungsmaßnahme zusammenkommen.

Eine große Stärke des Unternehmens liegt im Bereich der Produktinnovationen, wie die Entwicklung und Nutzbarmachung der Wasserstofftechnik („Clean Energy") beweist. Die F&E-Quote lag im Jahr 2003 bei 5,2 Prozent des Umsatzes. Auch in der Modellpolitik gilt BMW als Trendsetter, beispielsweise beim „MINI". Die BMW Group-Mitarbeiter werden aktiv in die Weiterentwicklung des Unternehmens eingebunden. Wissen über neue Technologien wird durch die enge Zusammenarbeit mit Firmen und Universitäten frühzeitig ausgetauscht. Im Jahr 2003 wurde das BMW-Werk Dingolfing mit dem Bayerischen Qualitätspreis für seine innovativen Lösungen bei unternehmensweiten Qualitätssicherungskonzepten ausgezeichnet.

1.4.9 Kundenorientierung

Die BMW Group besticht durch eine starke Individualisierung im Kundenservice. Kundenzufriedenheit ist entsprechend eine wichtige Messgröße, an der man sich orientiert: „Wenn der Kunde nicht zufrieden ist, sind es die anderen auch nicht."

Die BMW Group bietet ihren Kunden ein dichtes, weltweites Servicenetzwerk mit Garantie- und Mobilitätsservice. Mitentscheidend für den Erfolg von Automobilunternehmen im weltweiten Wettbewerb ist heute mehr denn je die Beherrschung komplexer Logistik- und Produktionsprozesse, besonders dann, wenn es sich um einen Anbieter von Premium-Fahrzeugen handelt. Drei Fragen spielen dabei eine wichtige

Rolle: Wie schnell wird das Premium-Produkt entwickelt? Wie schnell wird es produziert? Wie schnell ist es beim Kunden?

Die BMW Group setzt erfolgreich auf den „Kundenorientierten Vertriebs- und Produktionsprozess" – kurz KOVP: Nicht das vom Unternehmen geplante Fahrzeug bestimmt den Prozess, sondern das Automobil, das der Kunde sich wünscht und bestellt. Der Nutzen für den Kunden liegt auf der Hand: optimale Kaufberatung und Berücksichtigung all seiner individuellen Wünsche sowie sofortige Gewissheit über den Auslieferungstermin, in Deutschland zurzeit mit weit über 80-prozentiger Sicherheit, wie es eine seitens Dritter durchgeführte Kundenbefragung belegt. Mit KOVP kann die BMW Group zukünftig noch schneller und flexibler auf Entwicklungen des Marktes und Wünsche der Kunden eingehen und damit die vom Kunden erfahrbare Leistung des Unternehmens steigern. Agilität in Produktion und Vertrieb ist für die BMW Group eine entscheidende Prämisse zum Erfolg.

Weltweit wurde in der BMW Group ein Standard-System für Customer Relationship Management eingeführt. Für den Kunden bringt dies den Vorteil einer individuellen Ansprache und Betreuung. Der Service ist schnell und unbürokratisch, jedes Serviceelement hat sich an der Annahme zu orientieren, dass die Kunden prinzipiell „keine Zeit haben".

1.4.10 Shareholder-Orientierung

Die BMW AG ist zu 46,6 Prozent im Besitz der drei Großaktionäre Stefan Quandt, Johanna Quandt und Susanne Klatten; der Rest von 53,4 Prozent ist Streubesitz.

Die BMW Group konzentriert sich auf ausgewählte Premium-Segmente des Automobilmarktes. Diese Premium-Marken-Strategie schafft somit für das Unternehmen die Voraussetzung für weiteres profitables Wachstum. Die BMW Group strebt auch für die Zukunft profitables Wachstum an, und zwar in der Reihenfolge „profitabel" und „Wachstum".

Das Unternehmen bekennt sich insgesamt zu einer gesunden „Balance zwischen ökonomischen, ökologischen und sozialen Zielen" und richtet ihre Unternehmenspolitik entsprechend am Prinzip „Sustainability" aus. Darüber gibt der 2001 eingeführte „Sustainability Report" ausführlich Auskunft, der die Themen „Umwelt, Mitarbeiter und Soziales" enthält. Damit verfolgt die BMW Group keine einseitige Shareholder-Orientierung. Vielmehr ist der hohe Shareholder-Value Ergebnis hervorragender Arbeitsprozesse und hoher Kunden- und Mitarbeiterzufriedenheit.

Die Unternehmenskultur der BMW Group:

Gesellschaftliche Verantwortung, gemeinsame Werte und Ziele, Innovation und Unternehmergeist

Die Unternehmenskultur der BMW Group ist besonders gekennzeichnet durch eine ausgeprägte Verantwortung gegenüber der Gesellschaft und der Umwelt, wie die zahlreichen Aktivitäten der Stiftungen des Unternehmens sowie die Initiativen der Mitarbeiter selbst eindrucksvoll beweisen. Auf die Sicherung der Arbeitsplätze wird großen Wert gelegt, was Auszeichnungen wie der Arbeitsplatzinvestor-Preis und die Bezeichnung des Unternehmens als „Jobmaschine Nummer 1" zeigen.

Eine weitere Stärke des Unternehmens liegt in der klaren, gemeinsamen Zielorientierung und der überaus hohen Identifikation der Mitarbeiter mit ihrem Arbeitgeber. Dies geht nicht nur aus Mitarbeiterbefragungen, sondern aus der tatsächlich gelebten Unternehmenspraxis hervor. Die spezifisch gelebte Unternehmenskultur gewährt Mitarbeitenden im Rahmen der vereinbarten Ziele Freiraum für Initiative und Unternehmergeist, was sich letztendlich auch in der Innovationsstärke der BMW Group zeigt.

Anmerkungen

1. www.trendence.de
2. www.bmwstiftunghq.com
3. www.kuenheim-stiftung.de
4. www.unglobalcompact.org
5. www.uneptie.org
6. www.econsense.de
7. www.sustainability-indexes.com
8. www.ftse.com/ftse4good/
9. www.iso.ch
10. europa.eu.int/comm/environment/emas
11. www.sam-group.de

12 Regierungskommission Deutscher Corporate Governance Kodex: www.corporate-governance-code.de

13 www.bmwgroup.com – „Wir bei BMW" –Mitarbeiter und Führungsleitbild

2. Deutsche Lufthansa AG

Das Unternehmen im Überblick	
Stammsitz/Land:	Köln, Deutschland
Rechtsform:	Aktiengesellschaft
Anzahl Mitarbeiter (2003):	93.200
Umsatz (2003):	16.000 Millionen Euro
Nettogewinn/Jahresüberschuss (2003):	-900 Millionen Euro
Produkte/Services:	Internationale Luftfahrt, sechs strategische Geschäftsfelder: – Passage: Deutsche Lufthansa AG – Logistik: Lufthansa Cargo AG – Technik: Lufthansa Technik AG – Catering: LSG Sky Chefs Gruppe – Touristik: Thomas Cook AG – IT-Services: Lufthansa Systems Group GmbH
Absatzmärkte/Umsatzanteile nach Regionen (2003):	– Europa (59 %) – Americas (23 %) – Sonstige Regionen (18 %)

2.1 Unternehmensgeschichte – Prägende Einflüsse

1926 Gründung
Am 6. Januar entsteht durch den Zusammenschluss des Deutschen Aero Lloyd (DAL) mit dem Junkers Luftverkehr die „Deutsche Luft Hansa Aktiengesellschaft".

1934 Interkontinental-Luftverkehr
Als erste Luftverkehrsgesellschaft der Welt richtet Lufthansa über dem Südatlantik einen nur auf den Luftweg abgestellten Transozean-Postflugdienst ein.

1939–1945 Kriegsbedingte Rückschritte
Der Kriegsluftverkehr beschränkt sich auf einige europäische Länder. Der vollständigen Einstellung des Flugbetriebes 1945 folgt die Liquidation der Lufthansa.

1951–1955 Neubeginn
Der Bundesverkehrsminister beruft 1951 einen „Vorbereitungsausschuss Luftverkehr" ein. Am 6. Januar 1953 entsteht in Köln die „Aktiengesellschaft für Luftverkehrsbedarf" (Luftag), die 1954 den Traditionsnamen „Deutsche Lufthansa Aktiengesellschaft" übernimmt. Am 1. April 1955 wird der Linienluftverkehr wieder aufgenommen.

1960 Die ersten Düsenflugzeuge
Mit der Indienststellung der Boeing 707 beginnt für Lufthansa der Düsenluftverkehr, zunächst auf Langstrecken. Die Umstellung auf Düsengerät setzt sich mit der Boeing 727 und der Boeing 737 fort, deren Bau weitgehend von der Lufthansa initiiert wurde. 1970 beginnt mit der Boeing 747 die Ära der Großraumflugzeuge.

1965 Die Privatisierung der Lufthansa beginnt. Ab April 1966 werden Lufthansa-Aktien an den deutschen Wertpapierbörsen gehandelt.

1990 Lufthansa fliegt wieder nach Berlin
Die Wiedervereinigung Deutschlands ermöglicht Lufthansa 45 Jahre nach Ende des Zweiten Weltkrieges, erstmals wieder Berlin anzufliegen.

1991–1992 Die große Krise
Bedingt durch die deutsche Wiedervereinigung verzeichnet Lufthansa 11 Prozent Anstieg im Verkehrsaufkommen. Infolge dieses Erfolges, der durch eine Sondersituation bedingt ist, wird die allgemeine wirtschaftliche Situation falsch eingeschätzt: Der Golfkrieg und die weltweite wirtschaftliche Flaute treffen die gesamte Luftfahrtbranche hart und 1991 geht der Passagierverkehr weltweit um 9 Prozent zurück. Lufthansa, deren Aktien sich größtenteils im Besitz der Öffentlichen Hand befinden, schreibt 1991 einen Verlust von 444 Millionen DM, im folgenden Jahr sogar 730 Millionen DM. Im September 1991 wird Jürgen Weber zum Vorstandsvorsitzenden berufen.

1992–1997 Krisenbewältigung
Im Rahmen eines vierwöchigen Change-Management-Programms wird die Einleitung umfassender Maßnahmen zur Krisenbewältigung getroffen. In mehreren Workshops werden unter der persönlichen Leitung des Vorstandsvorsitzenden Jürgen Weber mit fast 200 Führungskräften äußerst ehrgeizige

Ziele gesetzt und 131 Maßnahmenpakete beschlossen, darunter eine Reduktion von Arbeitsplätzen und der Flugzeugflotte. Die Umsetzung dieser Maßnahmen ist durch große Offenheit zwischen Führungskräften und Mitarbeitern geprägt. Diese zeigt sich besonders auf den zahlreichen Town Meetings, die von den Vorgesetzten in ihren Abteilungen gehalten werden und mit deren Hilfe sukzessive sämtliche Unternehmensbereiche und Hierarchieebenen in die Sanierung involviert werden.

Die Implementierung der Sanierungsmaßnahmen und die zahlreichen von den Mitarbeitern gebrachten persönlichen Opfer zeigen bald Wirkung: Schon im November 1993, nur 18 Monate nach dem ersten Krisenmanagement-Meeting, kann ein Anstieg der Passagierzahlen und Umsätze sowie ein Rückgang der Kosten verzeichnet werden. Dennoch ist man sich bewusst, dass weitere Schritte folgen müssen, besonders im Hinblick auf systematische Kosteneinsparungen, Privatisierung und Organisationsstruktur.

1994–1997 Privatisierung
Ab 1994 wird daher das bislang im Besitz der Öffentlichen Hand befindliche Unternehmen in mehreren Schritten privatisiert. Im Jahr 1997 ist mit dem letzten Schritt die Privatisierung vollständig vollzogen.

1997 Gründung der Star Alliance
Lufthansa, Air Canada, SAS, Thai Airways und United Airlines schaffen mit „Star Alliance" das erste multilaterale Bündnis im Weltluftverkehr, dem sich später weitere Fluggesellschaften anschließen.

2001 Vermeidung einer neuen Krise
Die Terroranschläge vom 11. September führen die Luftfahrtbranche in Kombination mit einer weltweiten Wirtschaftsflaute an den Rand einer Krise. Lufthansa hat aus der Golf-Krise gelernt und kann daher durch sofortige Maßnahmen gegensteuern: Geplante Investitionen werden verschoben, Einstellungsstopps verhängt und die Gehälter des Top-Managements werden auf Initiative des Vorstandsvorsitzenden Jürgen Weber gekürzt; er selbst verzichtet auf 10 Prozent seines Gehalts. Für viele Mitarbeiter gibt es hinsichtlich der Bezüge Sonderregelungen wie eine Verkürzung der Arbeitszeit oder freiwillige Sabbaticals. Dank dieser in nur neun Wochen umgesetzten Sofortmaßnahmen braucht Lufthansa – als einziges Luftfahrtunternehmen – keine Entlassungen vorzunehmen.

seit 2001   Umstrukturierung und Ausbau
Als Reaktion auf die Billigfluglinien reorganisiert Lufthansa die regionalen Märkte im Rahmen des Programms „Zukunft Kont", während neue Partner das globale Netz der Star Alliance erweitern. Reisende erwartet eine neu gestaltete Business Class, und mit „FlyNet" wird künftig Breitband-Internet an Bord angeboten.

2003   Führungswechsel
Am 18. Juni 2003 übergibt Jürgen Weber die Position des Vorstandsvorsitzenden an Wolfgang Mayrhuber, der seit 1970 für Lufthansa arbeitet und während der Krisenbewältigung in den 1990er-Jahren das Lufthansa-Sanierungsteam geleitet hat.

2.2   Branche und Unternehmensumfeld

Bedingt durch die starke Beeinflussung der Luftfahrtindustrie durch Konjunkturschwankungen und exogene Schocks in der Vergangenheit (Golfkrieg, Anschläge des 11. September, Irakkrieg, SARS) mussten Unternehmen im Luftfahrtsektor seit ihrer Privatisierung lernen, schnell und flexibel zu reagieren. Lufthansa hat dies nach dem ersten, durch den Golfkrieg bedingten Schock, im Vergleich zu Wettbewerbern sehr gut gelernt flexibel zu reagieren und konnte damit kurzfristig auftretende, starke Umsatzschwankungen auffangen, ohne sich dabei auf Subventionen zu verlassen. Dieses in der Regel plötzlich notwendige Manövrieren am Rand von Krisen und der starke Druck, ein Höchstmaß an Sicherheit und Qualität zu liefern, prägen auch die Unternehmenskultur von Lufthansa.

Durch die Gründung und den Ausbau der Star-Alliance hat sich Lufthansa als Vorreiter in Sachen weltweiter Kooperationen profiliert. Im harten Wettbewerb mit den so genannten Billigfluglinien (z.B. Germanwings, Ryanair, Germania, Deutsche BA, Air Berlin) war Lufthansa in jüngerer Vergangenheit wiederholt in juristische Auseinandersetzungen über Preise, Lande- und Startrechte (Kartellrechtsvorwürfe) sowie Werbekampagnen involviert.

Der Luftfahrt-Konzern Lufthansa belegt in der internationalen Luftfahrtindustrie eine Spitzenposition. Ihm gehören über 400 selbstständige Konzern- und Beteiligungsgesellschaften an. Im weltweiten Passagierverkehr steht die Lufthansa AG – gemessen an ihrer Verkehrsleistung – an dritter Stelle. Im grenzüberschreitenden, internationalen Luftfrachtverkehr ist sie seit Jahren auf Platz eins.

2.3 Wirtschaftliche Leistung

Zwischen 1992, dem Jahr des großen krisenbedingten Turnaround, und 2003 sind die Umsätze des Luftfahrtkonzerns deutlich angestiegen. Auch die weltweite Krise der gesamten Branche in den Jahren 2001/2002 führte dank rascher Implementierung von Gegensteuerungsmaßnahmen nur zu einem vergleichsweise geringen Umsatzrückgang.

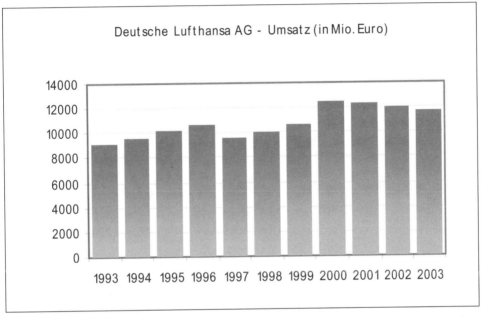

Abbildung II-2-1: Entwicklung der Umsätze der Deutschen Lufthansa AG zwischen 1993 und 2003 (die Umsatzzahlen beziehen sich auf den Unternehmensbereich Passenger, Freight, Mail) (Quelle: Bloomberg, 2004)

Im selben Zeitraum ist auch die Rentabilität gestiegen. Für das Jahr 2001 zeigt sich ein deutlicher Rückgang, der bereits im Jahr 2002 durch einen deutlichen Anstieg kompensiert werden konnte. Aufgrund der fortwährenden schwierigen Entwicklung zahlreicher exogener Faktoren musste Lufthansa erneut einen Einbruch der Rentabilität im Jahr 2003 hinnehmen.

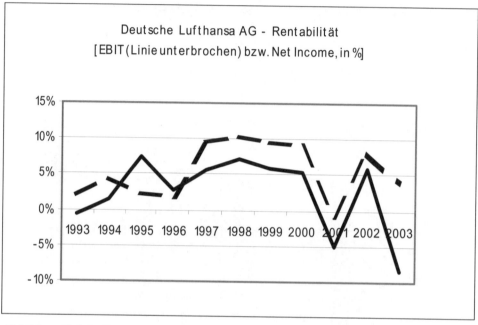

Abbildung II-2-2: Entwicklung der Rentabilität der Deutschen Lufthansa AG zwischen 1993 und 2003 (die Zahlen beziehen sich auf den Unternehmensbereich Passenger, Freight, Mail) (Quelle: Bloomberg, 2004)

2.4 Gelebte Unternehmenskultur

Wie die nachfolgende Bewertung zeigt, ist Lufthansa insbesondere durch einen hohen Grad an Flexibilität und gesellschaftlicher Verantwortung nach innen und außen gekennzeichnet. Das Unternehmen hat in einem dynamischen Marktumfeld gelernt, auf Veränderungen und Ereignisse schnell und wirksam zu reagieren. Besonders bemerkenswert sind der erfolgreiche Aufbau der Star Alliance, das vorbildliche Krisenmanagement und die interne Flexibilität insbesondere gegenüber den Mitarbeitern.

Durch die Privatisierung ist eine starke Shareholder-Orientierung entstanden, mit Konzentration auf die Steigerung des Unternehmenswertes, jedoch kombiniert mit dem klaren Bekenntnis zu ökologischen, ökonomischen und sozialen Zielen. Das Rechercheteam hat Lufthansa im Rahmen der Carl Bertelsmann-Preis-Recherche folgendermaßen bewertet:

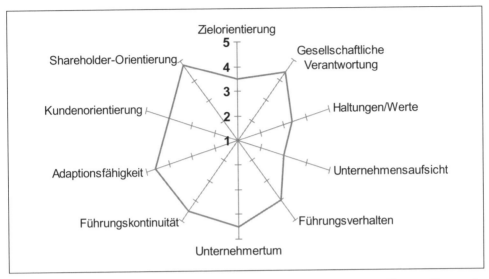

Abbildung II-2-3: Bewertung der zentralen Charakteristika der Lufthansa Unternehmenskultur (1: nicht vorhanden – 5: maximale Ausprägung) (Quelle: Booz Allen Hamilton, 2003)

2.4.1 Gemeinsame Zielorientierung

Lufthansa hat einen nachvollziehbaren Unternehmenszweck und verfolgt eine klare Strategie, die im „Strategischen Leitbild" 1998 kodifiziert und 2002 überarbeitet wurde. Dieses enthält Aussagen zur Strategie, den Geschäftsfeldern und der Haltung gegenüber den Stakeholdern:

Strategisches Leitbild des Aviation-Konzerns Lufthansa

Der Aviation-Konzern – Motor einer mobilen Gesellschaft

[...] Unsere Basis ist das weltweite Management von Passagier- und Frachtluftverkehr alleine und im Partnerverbund. Unser Heimatmarkt ist Europa. Über die reine Beförderungsleistung hinaus bieten wir unseren Kunden integrierte Gesamtlösungen entlang der Servicekette, indem wir Synergiepotenziale konsequent ausschöpfen. [...]

Spitzenleistungen anbieten – Werte schaffen – Maßstäbe setzen

[...] Unser Unternehmens- und Geschäftsfeldportfolio ist stabil, aber nicht statisch. Änderungen der Rahmenbedingungen antizipieren wir konsequent und mit Augenmaß durch Portfolioanpassungen. [...]

> **Verantwortung zeigen – Balance halten**
>
> Dienstleistung ist unsere Profession. Unsere Mitarbeiter sind unsere wichtigste Ressource. [...]
>
> Unseren Kapitalgebern sind wir zur dauerhaften und nachhaltigen Wertschaffung verpflichtet. Die Messlatte hierfür setzt der Kapitalmarkt. Wir wollen mit unserer Leistung Maßstäbe für die europäische Airline-Industrie setzen.
>
> Wirtschaftlicher Erfolg und eine an Nachhaltigkeit und Umweltschutz orientierte Unternehmenspolitik schließen sich nicht aus. Balance halten ist für uns Verpflichtung. [...]
>
> *konzern.lufthansa.com – Management/Strategie*

Das strategische Leitbild stellt damit eine gemeinsame, übergeordnete Zielorientierung sicher, die durch das Verhalten vor allem der oberen Führungskräfte vermittelt wird. Die Ziele des Unternehmens werden auf vielfältige Weise kommuniziert, etwa durch das Intranet, die wöchentliche Mitarbeiterzeitschrift „Lufthanseat" oder in den „Town Meetings", vor allem aber durch das konsequente Vorleben der Zielumsetzung durch die obersten Führungskräfte. Lufthansa zeichnet sich durch den Stolz der Mitarbeiter auf die Zugehörigkeit zu einer professionell arbeitenden, qualitativ hochwertigen Fluglinie und den in Krisenzeiten gestärkten Teamgeist aus. So wirken etwa noch vielfach die Ereignisse der Krisenüberwindung in den Jahren 1992–1997 nach.

Der Zusammenhalt des Konzerns bzw. die gemeinsame Zielausrichtung erfolgt in Übereinstimmung mit dem so genannten „magischen Dreieck", das die gleichzeitige Berücksichtigung der Interessen der drei Anspruchsgruppen Kunden, Mitarbeiter und Shareholder erfordert. Verbunden mit dem festen Vertrauen in die Führungsspitze, Lufthansa auch durch stürmische Zeiten sicher und mitarbeiterorientiert zu steuern, trägt der Vorbildcharakter der Führungskräfte wesentlich zur Glaubwürdigkeit der Unternehmensphilosophie bei, die ihren Wert nicht aus kodifizierten Führungsleitbildern bezieht, sondern einzig und allein durch das authentische Vorleben der Entscheidungsträger.

Ein weiteres herausragendes Merkmal der Lufthansa-Mitarbeiter ist deren Faszination für und Identifikation mit den Dienstleistungen des Unternehmens. Dieser gemeinsame Nenner diszipliniert und schweißt die Belegschaft zusammen – mitarbeiternah geführt vom langjährigen Vorstandsvorsitzenden als Identifikationsfigur. Dies zeigt sich in den Ergebnissen der letzten Mitarbeiterbefragung, bei der sich 72,5 Prozent der Mitarbeiter mit dem Unternehmen identifizieren, sowie in der im Branchendurchschnitt sehr geringen Fluktuation von jährlich nur etwa 2,7 Prozent. Die neue Personal-Marketing-Kampagne „Be Lufthansa" soll zur weiteren Stärkung der Identifikation der Mitarbeiter mit dem Unternehmen Lufthansa beitragen.

2.4.2 Verantwortung gegenüber der Gesellschaft

Die Verantwortung gegenüber der Gesellschaft äußert sich bei Lufthansa nicht nur im „Strategischen Leitbild", sondern wird auch gelebt. Beispiele hierfür sind die Arbeitsplatzsicherheit, die Frauen- und Familienförderung, die Offenheit für Vielfalt, das gesellschaftliche Engagement und der Umweltschutz, die im Branchenvergleich als vorbildlich bezeichnet werden können.

In ihrem Strategischen Leitbild bekennt sich Lufthansa unter anderem zu seiner Verantwortung gegenüber den Mitarbeitern.

Verantwortung zeigen – Balance halten

[...] Unsere Mitarbeiter sind unsere wichtigste Ressource. Als attraktiver Arbeitgeber für heutige und zukünftige Mitarbeiter ist unser Bemühen auf Arbeitsplatzsicherheit, gute Arbeitsbedingungen, Weiterentwicklungsmöglichkeiten und eine ausgeprägte Unternehmensethik gerichtet.

konzern.lufthansa.com – Management/Strategie

Lufthansa setzt sich beispielhaft für die Schaffung und Erhaltung von Arbeitsplätzen ein. Während der wirtschaftlich schwierigen Lage nach den Ereignissen des 11. September 2001 konnte durch eine Reihe von Maßnahmen, darunter ein teilweiser Lohnverzicht seitens des Vorstandes und der Führungskräfte, aber auch durch Kurzarbeit, Sabbaticals und den Abschluss eines Krisentarifvertrages mit den Gewerkschaften, auf betriebsbedingte Kündigungen verzichtet werden. Eine weitere Möglichkeit zur Arbeitsplatzsicherung wurde mit der so genannten „JobAlliance" geschaffen: Lufthansa tauscht im Rahmen dieses Abkommens für einen begrenzten Zeitraum Arbeitnehmer mit anderen Unternehmen in der Region (z.B. Degussa, Deutsche Bank, Fraport).

Lufthansa unterstützt flexible Arbeitszeitmodelle mit familienfreundlicher Ausgestaltung. Beispiele sind Teilzeitarbeit (18 Prozent der Mitarbeiter im Konzern) oder umfassende Regelungen bei der Eltern- und Erziehungszeit. Lufthansa gewährt seinen Mitarbeitern bis zu acht Jahren Erziehungszeit unter der Bedingung einer entsprechenden Weiterqualifizierung. Darüber hinaus wird über einen externen Familienservice Unterstützung bei der Kinderbetreuung geboten. Das neue Elternzeit-Gesetz der Bundesregierung hat Lufthansa durch eine Betriebsvereinbarung „Lufthansa und Familie" ergänzt. Danach haben alle Beschäftigten Anspruch auf ein Jahr unbezahlten Urlaub zur Betreuung pflegebedürftiger Angehöriger.

Die gezielte Förderung von Frauen ist Lufthansa ein wichtiges Anliegen: Der Frauenanteil in Managementfunktionen liegt derzeit bei etwa 12,7 Prozent und hat sich somit seit 1990 versechsfacht. Für ihr Engagement in Sachen Chancengleichheit wurde Lufthansa bereits mehrfach ausgezeichnet. Mit speziellen Mentoring-Programmen, z.B. Managerinnen-Mentoring oder Nachwuchs-Mentoring, werden gezielt hoch qualifizierte Frauen unterstützt. Im Mai 2003 veranstaltete Lufthansa einen Girls' Day, bei dem Mädchen ab 11 Jahren spielerische Einblicke in die Technik-, IT- und Logistikwelt der Lufthansa erhielten, um sie für die technischen Berufe bei Lufthansa zu begeistern. Lufthansa drückt auch älteren Arbeitnehmern gegenüber Wertschätzung aus: Die „Senior Professionals" werden beispielsweise mit dem Programm „Pro 40" gefördert, um so ihre Expertise für das Unternehmen zu erhalten. Mit staatlicher Unterstützung richtet Lufthansa behindertengerechte Arbeitsplätze ein.

Ihr Engagement für die Gesellschaft demonstriert Lufthansa neben vielfältigen Aktivitäten durch zahlreiche Mitgliedschaften, beispielsweise beim UN Global Compact,[1] der die freiwillige Verständigung global agierender Unternehmen auf wesentliche Grundsätze zu Menschenrechten, Arbeit und Umwelt zum Ziel hat, beim „econsense-Forum Nachhaltige Entwicklung"[2] und beim Deutschen Netzwerk Wirtschaftsethik.[3] Neben einer Spitzenposition im Dow Jones Sustainability Index World und im pan-europäischen Dow Jones Sustainability Index STOXX[4] kann Lufthansa auch auf die Aufnahme in den Index FTSE4Good[5] sowie auf die Auszeichnung mit dem Umwelt-Online-Award[6] in Gold für ihre Nachhaltigkeitsseiten im Internet verweisen.

Die Nachbarschaftsinitiative „Wir für Rhein-Main" verfolgt das Ziel, soziale, kulturelle und sportliche Aktivitäten zu fördern. Im Rahmen dieser Initiative unterstützt die Lufthansa laufend die verschiedensten Bereiche. So stiftete Lufthansa für den Frankfurter Katastrophenschutz einen neuen Einsatzwagen, der künftig als mobile Sanitätsstation genutzt werden und so die freiwilligen Helfer bei ihren Einsätzen unterstützen soll. Weitere Beispiele für die Initiative „Wir für Rhein-Main" sind die Förderung der Kinderklinik Hoechst, eines Erlebnisgartens für Alzheimer-Patienten in einem Seniorenzentrum und einer Wiesbadener Initiative zur Qualifizierung arbeitsloser Jugendlicher.

Lufthansa fördert das soziale Engagement der Mitarbeiter im Rahmen der Initiative „HelpAlliance", einer privaten, politisch und konfessionell unabhängigen Initiative von Lufthansa- und Thomas-Cook-Beschäftigten. Es werden Projekte unterstützt, die Menschen aus den ärmsten Schichten der Dritten Welt zugute kommen. Auch bei Katastrophen setzt sich die HelpAlliance für schnelle und unbürokratische Hilfe ein. So sammelte sie beispielsweise 2002 für die Opfer des Hochwassers in Ostdeutschland binnen kürzester Zeit über 100.000 Euro im Unternehmen.

Des Weiteren unterstützt Lufthansa medizinische Forschungsvorhaben: Unter dem Titel „Gesundes Fliegen – Forum für Reisemedizin" veranstaltete Lufthansa im November 2003 ein Ärztesymposium, auf dem unter anderem Ernährung, Entspannung und körperliches Wohlbefinden auf Flugreisen thematisiert wurden.

Das Thema Umweltschutz nimmt bei Lufthansa eine zentrale Stellung ein und ist daher auch im „Strategischen Leitbild" verankert.

> **Verantwortung zeigen – Balance halten**
> [...] Wirtschaftlicher Erfolg und eine an Nachhaltigkeit und Umweltschutz orientierte Unternehmenspolitik schließen sich nicht aus. Balance halten ist für uns Verpflichtung. Die Schonung der Umwelt ist deshalb ein vorrangiges Unternehmensziel, dem wir uns aus voller Überzeugung stellen.
> *konzern.lufthansa.com – Management/Strategie*

1996 wurden Umweltleitlinien für den gesamten Konzern beschlossen, in denen Umweltvorsorge als eines der vorrangigen Unternehmensziele festgeschrieben wurde. Die Konzerngesellschaften Lufthansa CityLine und Lufthansa Technik wurden erfolgreich nach der europäischen Öko-Audit-Verordnung (EMAS II)[7] revalidiert und nach ISO 14001[8] rezertifiziert. Im September 2003 wurden die Anstrengungen der Lufthansa zu Umweltschutz und Nachhaltigkeit von der Schweizer SAM Sustainable Asset Management Indexes GmbH[9] erneut mit der Spitzenposition im Dow Jones Sustainability Index World als auch im pan-europäischen Dow Jones Sustainability Index STOXX[10] gewürdigt. Im Umweltbereich gilt Lufthansa als führend in der Luftfahrtindustrie. Seit 1991 ist der Treibstoffverbrauch um 27 Prozent gesunken und alle Lufthansa-Flugzeuge genügen den weltweit strengsten Lärmstandards.

Lufthansa übernimmt Verantwortung in Sachen Umweltschutz auch durch die Unterstützung der internationalen Arbeit vieler Umweltschutzorganisationen. So setzt sich Lufthansa für sein Wappentier, den Kranich, ein und unterstützt das Projekt „Living Lakes", ein Netzwerk von Organisationen, die den Erhalt von Seen unterstützen. Zusätzlich beteiligt sich die Lufthansa an einer Reihe von Forschungsprogrammen, die die Reduktion der Belastung der Umwelt durch den Flugbetrieb zum Ziel haben. Weitere Initiativen der Lufthansa bestehen in der Unterstützung der Mitarbeiter, umweltverträglich zur Arbeit zu gelangen. Dazu gehören Zuschüsse zu Zeitkarten für den öffentlichen Verkehr, die Unterstützung von Fahrgemeinschaften sowie der Betrieb eines internen Busverkehrs.

2.4.3 Haltungen, Überzeugungen und Werte

Eine explizite Kodifizierung der Unternehmenskultur und -werte liegt, bis auf das „magische Dreieck" (Kunden, Mitarbeiter, Shareholder), das „Strategische Leitbild" und einen „Leadership Compass", der vorwiegend als Führungsinstrument genutzt wird, bei Lufthansa nicht vor. Die Unternehmenskultur wird somit zwar kaum explizit beschrieben, ist aber dennoch stark ausgeprägt und wird vor allem in der täglichen Unternehmenspraxis spürbar.

Die Deutsche Lufthansa AG steht mit ihrer nach außen hin sicht- und spürbaren Unternehmenskultur für Qualität, Sicherheit, Zuverlässigkeit und Professionalität, aber auch für Tradition. Unternehmensintern ist die Lufthansa-Kultur gekennzeichnet durch einen starken Zusammenhalt und eine hohe Identifikation der Mitarbeiter mit dem Unternehmen. Dem Lufthansa-Ausweis kommt in diesem Zusammenhang ein hoher Symbolcharakter zu. Er symbolisiert die Zugehörigkeit zum Unternehmen und wird von den Mitarbeitern mit Stolz getragen. Vertrauen, Treue, Loyalität und Solidarität, Offenheit sowie ein ausgeprägter Teamgeist sind jene entscheidenden Dimensionen, die zu einer starken Identifikation der Mitarbeiter mit der „Lufthansa-Familie" maßgeblich beitragen. Mitarbeiter erfahren Anerkennung und Wertschätzung durch die Führungskräfte, die durch ihr Verhalten bemüht sind, ihnen das Gefühl zu vermitteln, einen Sinn in ihrer Arbeit und Leistung zu sehen.

Bedingt durch die Unterschiede in der Art der Arbeit der einzelnen Geschäftsfelder, bestehen in den verschiedenen Konzernteilen Passage, Cargo, Technik, Catering, Touristik und IT zum Teil eigene Subkulturen. Bei Lufthansa Technik wird dies z.B. durch äußerst kurze Entscheidungswege und eine Hands-on-Mentalität deutlich. Auch zwischen dem Bodenpersonal und dem fliegenden Personal bestehen arbeits- und ausbildungsbedingte kulturelle Unterschiede.

Das im Jahr 1998 kodifizierte und 2002 überarbeitete „Strategische Leitbild" des Konzerns enthält neben Aussagen zur Strategie, den Geschäftsfeldern und der Haltung gegenüber den drei Stakeholder-Gruppen auch Informationen zu den Selbstverpflichtungen von Lufthansa.

> **Spitzenleistungen anbieten – Wert schaffen – Maßstäbe setzen**
> [...] Wir treten am Markt sowohl unter der Kernmarke Lufthansa als auch mit anderen Marken auf. Sie alle stehen für unsere Verpflichtung, dem Kunden Sicherheit, Zuverlässigkeit, Pünktlichkeit, technische Kompetenz, Qualität, Flexibilität und Innovation zu bieten.

> **Verantwortung zeigen – Balance halten**
> Dienstleistung ist unsere Profession. Unsere Mitarbeiter sind unsere wichtigste Ressource. Als attraktiver Arbeitgeber für heutige und zukünftige Mitarbeiter ist unser Bemühen auf Arbeitsplatzsicherheit, gute Arbeitsbedingungen, Weiterentwicklungsmöglichkeiten und eine ausgeprägte Unternehmensethik ausgerichtet. Unsere Mitarbeiter honorieren das durch kundenorientierte Dienstleistung und sichern damit unser Wachstum.
> *konzern.lufthansa.com – Management/Strategie*

2.4.4 Unabhängigkeit und Transparenz der Unternehmensaufsicht

Die Lufthansa AG nutzt hier das „Europäische Modell" mit paritätischer Besetzung im Hinblick auf Kapitalgeber- und Arbeitnehmervertreter. Weitgehend wird den Empfehlungen der „Regierungskommission Deutscher Corporate Governance Kodex"[11] entsprochen. Der Aufsichtsrat berät und überwacht den Vorstand, er bestellt und entlässt die Vorstandsmitglieder. Bestimmte Entscheidungen, wie Unternehmensgründungen, Anteilserwerbe und -veräußerungen oder Investitionen in Anlagevermögen ab 25 Millionen Euro, müssen vom Aufsichtsrat bewilligt werden. Dem Lufthansa-Aufsichtsrat gehören 20 stimmberechtigte Mitglieder an, jeweils die Hälfte sind Vertreter der Anteilseigner und der Arbeitnehmerschaft. Von den zehn Vertretern der Anteilseigner sind acht unabhängige Externe. Die Eigenkapitalvertreter im Aufsichtsrat werden alle fünf Jahre gemäß einer Vorschlagsliste des amtierenden Aufsichtsrats von der Hauptversammlung gewählt. Der Lufthansa-Aufsichtsrat hat drei Ausschüsse gebildet – das Präsidium (Personalausschuss), den Vermittlungsausschuss und den Prüfungsausschuss (Audit Comittee). Die Mitglieder der Aufsichtsgremien treten pro Jahr jeweils fünf Mal zusammen.

Investoren, Analysten und die Öffentlichkeit werden von Lufthansa gleichberechtigt und zeitgleich informiert. Daher sind Geschäfts- und Zwischenberichte, alle Informationen und der Finanzkalender im Internet verfügbar. Zur Information des Kapitalmarktes und der Öffentlichkeit werden zu den Veröffentlichungsterminen der Quartals- und Jahresergebnisse Analysten- und Pressekonferenzen durchgeführt. Neue Tatsachen, die den Kurs der Lufthansa-Aktie beeinflussen könnten, werden sofort veröffentlicht. Alle Informationen werden zugleich auch in englischer Sprache publiziert, um den Erwartungen der internationalen Anleger gerecht zu werden.

2.4.5 Partizipatives Führungsverhalten

Das Führungsverhalten bei Lufthansa ist durch eine große Mitarbeiternähe, ein hohes Maß an Kommunikation, eine ausgeprägte Offenheit sowie durch umfangreiche Aus- und Weiterbildungsmaßnahmen gekennzeichnet.

Zur Orientierung der Führungskräfte dienen vom Unternehmensleitbild abgeleitete Führungsgrundsätze, die allerdings nicht den Status expliziter Regeln haben. Hierzu gehören Grundsätze wie unternehmerisches Denken und Handeln, Dialog mit den Mitarbeitern und Gewerkschaften, Förderung der Mitarbeiter und Fordern von Leistungen, das Tragen sozialer Verantwortung und das Tragen persönlicher Verantwortung für das Unternehmen. Das Lufthansa-typische Führungsmerkmal lässt sich durch „Management by walking around" charakterisieren. Die zu erledigende Aufgabe ist handlungsbestimmend und lässt Hierarchie und Status in den Hintergrund treten. Bescheidenheit wird durch den Verzicht auf Statussymbole und Mitarbeiternähe vorgelebt. So gibt es etwa keinen separaten Vorstandsbereich und der Vorstand ist für die Mitarbeiter nah und greifbar.

Führungskräfte werden mithilfe des so genannten „Leadership Compass" geführt und beurteilt. Dieser besteht aus dem zentralen Baustein „Passion for Business", um den die sechs Dimensionen „Kommunikation/Einflussnahme", „Problemlösungskompetenz", „Antrieb und persönliche Haltung", „Menschenführung" (Nachwuchsentwicklung ist Kernaufgabe des Managements), „Unternehmerische Führung" und „Geschäfts- und Funktionskompetenz" gruppiert sind. Die Beurteilung des Zielerreichungsgrades erfolgt für Führungskräfte durch ein 360°-Feedback, wobei die Evaluation von einem unabhängigen Unternehmen durchgeführt wird, um größtmögliche Objektivität zu gewährleisten. Das Führen über Zielvereinbarungen ist für außertarifliche Mitarbeiter verpflichtend. Für Führungskräfte gilt ein Zielvereinbarungssystem, „LH Bonus", das die leistungsorientierte variable Vergütung mit der Wertschöpfung des Unternehmens verknüpft. Leistungsdaten werden mittels „Executive Asset Management" (eXam) erfasst. Das Management am Boden wird seit 2000 mit der Steuerungsgröße „Cash Value Added" (CVA) variabel vergütet, für die Piloten ist neben der Seniorität der Operating Profit entscheidend. Zunehmend erfolgt auch die Einführung variabler, leistungsabhängiger Gehaltsteile für Mitarbeiter ohne Führungsverantwortung.

Über 50 Prozent der Mitarbeiter erhalten einen jährlichen Trainings- und Entwicklungsplan. Die durchschnittliche Anzahl von Weiterbildungs- bzw. Trainingstagen pro Mitarbeiter und Jahr liegt bei 3,6 Tagen. Insgesamt verzeichnet Lufthansa etwa 210.000 Trainingstage pro Jahr. Der Anteil der Weiterbildungskosten einschließlich

Ausbildungskosten liegt bei 1 Prozent des Umsatzes. Für das Management steht z.B. im „Lufthansa College" eine breite Palette innerbetrieblicher Ausbildungsgänge und Schulungen zur Verfügung. Neben fachlicher Ausbildung gibt es Kurse zur Erweiterung der persönlichen Kompetenz oder zur Diskussion strategischer Unternehmensthemen. Die Lufthansa AG investiert in jede Führungskraft jährlich durchschnittlich acht Trainingstage.

In der Aus- und Weiterbildung der Mitarbeiter ist auch das im Konzern stark ausgeprägte Umweltbewusstsein verankert. So lernen z.B. angehende Piloten in der Verkehrsfliegerschule, was sie tun können, um möglichst umweltverträglich zu fliegen. In der Performance-Schulung der CityLine Piloten ist das Thema „Umweltschutz" fester Schulungsbestandteil. Auszubildende der Lufthansa Cargo sowie der Catering-Gesellschaft der Lufthansa werden informiert über umweltrelevante Aspekte ihres Lehrberufes. Mitarbeitern der Lufthansa Technik und der Condor Cargo Technik werden Kenntnisse in Abfall- und Wasserwirtschaft, Immissionsschutz, Gefahrguthandling sowie Arbeits- und Umweltschutzaspekte bei der Materialauswahl vermittelt. Führungskräften aus allen Konzerngesellschaften gibt die Vortragsreihe „Luftverkehr im Spannungsfeld zwischen Ökonomie und Ökologie" Einblick in die Umweltpolitik und Umweltziele des Lufthansa Konzerns.

Führungskräfte werden an der „Lufthansa School of Business" trainiert, die als beste Corporate University in Europa gilt und im Jahr 2000 mit dem „Corporate University Xchange Award" ausgezeichnet wurde, der von der Financial Times und dem amerikanischen Beratungsunternehmen „Corporate University Xchange"[12] vergeben wird. Der Schulungsort Seeheim dient neben seiner eigentlichen Funktion im gleichen Maße als Ort für die Identifikation und für den Beginn von informellen Netzwerken für In-House-Karrieren. Aktuell wird die Möglichkeit einer Verkürzung der Karriereleiter über alle Berufsbilder hinweg geprüft, z.B. die Beförderung zum Kapitän schon mit 35 Jahren statt mit 40 Jahren. Auch die Verbesserung des gegenseitigen Verständnisses zwischen Piloten und Bodenpersonal wird in jüngster Zeit verstärkt gefördert, beispielsweise durch die Besetzung von Managementpositionen mit qualifizierten Piloten.

Unternehmensinterne Information und Kommunikation findet umfassend und einheitlich statt. Vorwiegend genutzte Medien sind die wöchentlich erscheinende Mitarbeiterzeitschrift „Lufthanseat", das State-of-the-Art-Intranet „eBase" (mit integrierten Video-Streams von Reden des Vorstands), die berufsgruppenspezifischen Ticker „Management Aktuell", „Lufthansa Aktuell" sowie „Crew TV" über spezielle Terminals für das fliegende Personal. Der Umgang mit den Mitarbeitern ist informell: So kann es durchaus sein, dass der Vorstandsvorsitzende im Cockpit mitfliegt und während des Fluges mit den Piloten diskutiert. Seit der großen Krise 1991/1992 sind die so genannten „Town Meetings" üblich, bei denen z.B. der Vorstandsvorsitzende einzelne Einheiten besucht und sich in getrennten Sitzungen sowohl von den Mitarbeitern als auch den Führungskräften die aktuelle Lage schildern lässt. Im Jahr 2002 gab es im Rahmen des „Employee Feedback Management" die erste konzernweite systematisch ausgewertete Mitarbeiterbefragung mit einer Rücklaufquote von 94 Prozent.

2.4.6 Unternehmer im Unternehmen

Unternehmerisches Denken der Mitarbeiter wird im Rahmen von Verbesserungsprogrammen, Konzepten der variablen Vergütung und der Möglichkeit zur finanziellen Beteiligung am Unternehmen gefördert.

Eigeninitiative der Mitarbeiter zur kontinuierlichen Verbesserung ist bei Lufthansa sehr gefragt. Die Mitarbeiter sind in Optimierungsmaßnahmen, wie etwa das „D-Check"-Programm zur Effizienzsteigerung, eingebunden und aufgefordert, Inhalte aktiv mitzugestalten. Die Umsetzung entsprechend der vereinbarten Schritte wird jederzeit für alle transparent kommuniziert. Die Einrichtung einer eigenen Management-Funktion „Change Management und Diversity" und einer Abteilung zur Förderung von Diversity dient einer verstärkten Partizipation durch die Mitarbeiter. Im Jahr 2002 wurden von Lufthansa-Mitarbeitern insgesamt über 3000 Verbesserungsvorschläge eingereicht. Das 2001 überarbeitete „Denk Mit Programm" soll Mitarbeiter dazu anregen, speziell im Hinblick auf den Umweltschutz Verbesserungsvorschläge einzubringen. Dazu hat die Lufthansa ein eigenes Ideenportal im Intranet eingerichtet, über das die Mitarbeiter jederzeit eigene Ideen eingeben und den Stand der eigenen eingereichten Ideen sehen können. Als besonderer Anreiz werden herausragend gute Ideen prämiert. Da der Konzern in weitgehend eigenständige Sparten geteilt ist, die jeweils eigene Geschäfts- und Ergebnisverantwortung haben, schätzt man bei Lufthansa kurze Entscheidungswege, die rasches Handeln und Umsetzen von nützlichen Verbesserungen auf unbürokratische Weise ermöglichen.

Seit den 1960er-Jahren werden Sonderzuwendungen im Sinne von Ergebnisbeteiligungen und Boni an die Mitarbeiter ausgeschüttet. Heute erhalten alle tariflichen Mitarbeitergruppen (Boden, Kabine, Cockpit) bei entsprechenden Unternehmensergebnissen eine Erfolgsbeteiligung, die üblicherweise als Bestandteil eines Tarifabschlusses vereinbart bzw. in ihren Konditionen festgelegt wird. Für Führungskräfte wird vom individuellen Zielerreichungsgrad ein variabler Vergütungsbestandteil abgeleitet und mit der Wertschöpfung des Unternehmens verknüpft. In Zukunft soll dies auf allen Ebenen implementiert werden.

Mit „Lufthansa Chance" wurde ein zinsloses Darlehen für Mitarbeiter zur Finanzierung eines Lufthansa-Aktienpaketes geschaffen, für Führungskräfte gibt es das „LH-Performance"-Aktien-Bonus-Programm. Obwohl etwa 5 Prozent der Aktien mittlerweile von der Belegschaft gehalten werden und Prämien in Abhängigkeit vom Unternehmenserfolg gezahlt werden, hängt die Motivation zur Leistung bei den Mitarbeitern nur zu einem geringen Teil von diesen besonderen finanziellen Anreizen ab. Die Identifikation mit dem Unternehmen und die von den Dienstleistungen ausgehende Faszination sind wohl die entscheidenderen Kriterien.

2.4.7 Führungskontinuität

In den letzten 25 Jahren wurde Lufthansa von drei Vorstandsvorsitzenden geführt. Die Übergabe des Vorstandsvorsitzes von Jürgen Weber an Wolfgang Mayrhuber war gut geplant und wurde bereits ein Jahr im Voraus angekündigt – ein Zeichen für Kontinuität sowie transparente und offene Kommunikationspolitik. Bestellungen, Wiederbestellungen und Verlängerungen von Vorstandsverträgen, bei denen das 60. Lebensjahr des Vorstands überschritten wird, sollen bei Lufthansa traditionell nur bis zum 62. Lebensjahr vorgenommen werden. Nach Ablauf dieser Verlängerung ist nur noch eine einmalige Prolongation möglich.

Generell hat jede Führungskraft bei Lufthansa die Aufgabe, Leistungsträger zu identifizieren. Da für viele Positionen Spezialwissen notwendig ist, werden Karrieren hauptsächlich „in-house" gemacht, es gibt also kaum externe Quereinsteiger auf höheren Ebenen. Zur stärker individuellen Förderung von Führungskräften wurde ein neues Führungskräfte-Entwicklungsprogramm („Executive Asset Management") eingeführt. Lufthansa führt verschiedenste spezielle Förder- und Entwicklungsprogramme durch. So gibt es etwa für hoch qualifizierte Hochschulabsolventen ein zweijähriges Traineeprogramm namens „ProTeam", für High Potentials zwischen 25 und 35 Jahren das einjährige Programm „Explorers 21" und für die besten Nachwuchsführungskräfte das „Pioneers"-Programm. Für die unterschiedlichen Führungskreise, die nach dem Ausmaß an Verantwortung für Mitarbeiter differenziert sind (A: 25 Mitarbeiter, B: 75 Mitarbeiter, C: 700 Mitarbeiter), gibt es individuelle Förderungen. Für herausragende C-Führungskräfte gibt es einen vierwöchigen konzernweiten Kurs, den so genannten „F-Kurs", der dem Networking und dem gegenseitigen Erfahrungsaustausch dient sowie weitere Perspektiven eröffnen soll. Auch wird dieser für die Selektion von B-Führungskräften genutzt.

2.4.8 Adaptions- und Integrationsfähigkeit

Eine der ganz großen Stärken von Lufthansa liegt in seiner Integrationsfähigkeit, seiner Adaption von Neuem sowie in der herausragenden Netzwerkfähigkeit.

Aus dem Turnaround als notwendige Reaktion auf die Krise im Jahr 1992 hat Lufthansa nachhaltig und umfassend gelernt. Dass im Krisenbewältigungsprozess trotz vieler harter Maßnahmen Streiks im Wesentlichen ausblieben, ist der Unternehmensführung zu verdanken, ihrer großen Offenheit und dem hohen Grad an Einbindung aller Stakeholder – besonders auch der Gewerkschaft – in Fragen und Entscheidungen der strategischen Unternehmensführung. Diese überaus starke Konsensorientierung ist bis heute ein bemerkenswertes Kennzeichen der Lufthansa-Kultur. Die für die Krisenbewältigung implementierten „Town Meetings" werden noch heute durchgeführt. Im Besonderen hat Lufthansa gelernt, selbst schwache Alarmsignale zu orten, ernst zu nehmen und Probleme tiefgehend und nachhaltig zu bearbeiten, anstatt sich mit oberflächlichen Lösungen zufrieden zu geben.

Des Weiteren hat Lufthansa die Kunden- und Serviceorientierung, das Kostenbewusstsein und betriebswirtschaftliche Denken seit der Golfkrise wesentlich verbessert, gemeinsam mit herausragenden Fähigkeiten zum Krisenmanagement. Sie drücken sich vor allem aus in der Offenheit für Veränderungen und der Fähigkeit, auf veränderte Umfeldbedingungen rasch und wirkungsvoll zu reagieren. Damit konnte Lufthansa 2001 auf die weltweite Krise der Luftfahrtbranche wesentlich besser als die Wettbewerber reagieren. Auch für künftige herausfordernde Entwicklungen scheint Lufthansa dank dieser hohen Adaptionsfähigkeit gut gerüstet zu sein. Nach der 1997 abgeschlossenen Privatisierung hat sich Lufthansa vorbildlich positioniert. Die Aufstellung als „Aviation Group" mit mehreren Geschäftsfeldern hatte eine stabilisierende Wirkung.

Netzwerkfähigkeit hat Lufthansa im Rahmen des Aufbaus der „Star Alliance" zum weltweit erfolgreichsten Kooperationsverbund bewiesen. Als weltweit größter Airline-Verbund besteht die Star Alliance derzeit aus 16 Mitgliedern. Zudem ist Lufthansa Mitglied im größten deutschen Bonus-Programm „Payback" mit zahlreichen anderen Partnern. Wie wichtig das Networking für Lufthansa ist, beweist die Einrichtung einer eigenen Abteilung für strategische Allianzen innerhalb des Konzerns.

Wissensmanagement wird zum einen über Kommunikationsmedien, vor allem über das neue Intranet-Konzept „e-Base", realisiert. Der persönliche Wissensaustausch findet formalisiert über die Lufthansa School of Business und Vorschlagsprogramme wie „Denk-Mit" statt. Ein Beispiel für informelle Netzwerke zum Wissensaustausch stellt der Piloten-Chatroom dar. Lufthansa verfügt über eine hohe Innovationskraft bei Dienstleistungen, als Beispiele können die Einführung von Internet an Bord („Fly-

Net") sowie W-Lan in den Lounges (in Kooperation mit Vodafone) und der Priority-Check-In angeführt werden. Im Hinblick auf Innovationen herrscht auch im Technikbereich eine enge Zusammenarbeit, vor allem mit Triebwerk- und Flugzeugherstellern.

2.4.9 Kundenorientierung

Laut dem früheren Vorstandsvorsitzenden Jürgen Weber steht der Kunde an der Spitze eines „magischen Dreiecks", dessen Basis die Kapitalgeber und Mitarbeiter bilden.

Die große Bedeutung der Kunden für Lufthansa äußert sich in der expliziten Einbeziehung der Kunden in die Entwicklung neuer Produkte und Dienstleistungen durch regelmäßige Kundenbefragungen, wie etwa die Verteilung von Fragebögen in Flugzeugen, persönliche Interviews, Gruppendiskussionen, Konzepttests und Praxistests.

Kundenbeziehungsmanagement (CRM) geht für Lufthansa jedoch noch weiter. So hat das Unternehmen einen individualisierten Kundenservice entwickelt und dafür ein modernes CRM-System inklusive einer zentralen Datenbank für über 8 Millionen Kunden geschaffen. Zusätzlich wurde das Kundenbindungsprogramm „Miles & More" mit Erweiterung auf weitere Partner für Prämiensammlung und -einlösung etabliert.

Die Kunden danken es Lufthansa mit einer steigenden Tendenz bei Zufriedenheitsbefragungen: Im Jahr 2003 gaben 73 Prozent der Kunden an, sie würden die Lufthansa uneingeschränkt weiterempfehlen. Die Kundenorientierung von Lufthansa wurde mit zahlreichen Auszeichnungen gewürdigt, so zum Beispiel vom Onboard Service Magazine für den besten Onboard Service und die beste Ausstattung; von Business Traveller Deutschland mit dem Business Traveller Award 2003 „Sicherste Fluggesellschaft innerdeutscher und europäischer Flugverkehr, Flugverkehr nach Nord- und Südamerika sowie Flugverkehr nach Fernost und Australien"; von der American Academy of Hospitality Sciences mit dem Five Star Diamond Award 2003 und 2004, jeweils für hervorragende Qualität und Serviceleistung und vom Manager Magazin in den „Imageprofilen" 2004 mit dem 1. Platz in der Kategorie „Transport und Touristik".[13]

2.4.10 Shareholder-Orientierung

Die Haltung des Unternehmens gegenüber seinen Shareholdern ist im Strategischen Leitbild verankert.

> **Verantwortung zeigen – Balance halten**
> [...] Unseren Kapitalgebern sind wir zur dauerhaften und nachhaltigen Wertschaffung verpflichtet. Die Messlatte hierfür setzt der Kapitalmarkt. Wir wollen mit unserer Leistung Maßstäbe für die europäische Airline-Industrie setzen.
>
> *konzern.lufthansa.com – Management/Strategie*

Die Deutsche Lufthansa AG bekennt sich offen in seinem Leitbild zu einer „Balance von Ökonomie, Ökologie und sozialer Verantwortung". Daraus folgt das Ziel, die Interessen der drei Anspruchsgruppen des „magischen Dreiecks", also der Kunden, Mitarbeiter und Shareholder, permanent neu in Einklang zu bringen.

Die Steigerung des Unternehmenswertes liegt im Fokus der Konzernstrategie und ist oberste Priorität bei allen Aktivitäten. Der Cash-Value-Added (CVA) wird als Steuerungsgröße verbindlich und klar kommuniziert. Auf Konzern- und Geschäftsfeldebene ist ein geschlossenes Wertmanagementsystem etabliert.

Die Bereitstellung von umfangreichen Informationen und eine ausführliche Kommunikation erfolgen über eine eigene Finanz-Site innerhalb der Website des Konzerns. Diese enthält detaillierte Informationen über die Aktienentwicklung, einen Finanzkalender und die Möglichkeit der Online-Anmeldung zur Hauptversammlung. Die Wertsteigerung für Lufthansa-Aktionäre lag über mehrere Jahre betrachtet über dem Index und deutlich über dem europäischen Konkurrenten British Airways.

Die Unternehmenskultur der Deutschen Lufthansa AG:

Adaptionsfähigkeit und Kundenorientierung

Vor dem Erfahrungshintergrund der großen Krise und des erfolgreichen Turnarounds in den 1990er-Jahren hat Lufthansa nicht nur herausragende Fähigkeiten zur Bewältigung von Krisen, sondern auch im strategischen Denken und Handeln entwickelt. Durch eine ausgeprägte Netzwerkfähigkeit, gepaart mit einem Gespür für sinnvolle, an Kundenbedürfnissen orientierten Innovationen, gelingt es dem Luftfahrtkonzern, sich strategische Wettbewerbsvorteile zu erschließen und damit die Leistungsfähigkeit des Unternehmens zur Zufriedenheit der Kunden, Shareholder und Mitarbeiter nicht nur zu erhalten, sondern kontinuierlich zu steigern.

Anmerkungen

1. www.unglobalcompact.org
2. www.econsense.de
3. www.dnwe.de
4. www.sustainability-indexes.com
5. www.ftse4good.com
6. www.umwelt-online-award.de
7. europa.eu.int/comm/environment/emas
8. www.iso.ch
9. Die SAM Sustainable Asset Management Indexes GmbH berät als unabhängiger Vermögensverwalter private und institutionelle Anleger. Ziel der SAM Anlagestrategie ist die Investition in weltweit führende Unternehmen, die einen ökonomischen, ökologischen und sozialen Mehrwert schaffen und dadurch Wettbewerbsvorteile erzielen. www.sam-group.com
10. www.sustainability-indexes.com
11. www.corporate-governance-code.de

12 www.corpu.com
13 Siehe: www.manager-maagazin.de/unternehmen/imageprofile [8. August 2004]

3. Grundfos A/S

Das Unternehmen im Überblick	
Stammsitz/Land:	Bjerringbro, Dänemark
Rechtsform:	A/S
Anzahl Mitarbeiter (2003):	11.700
Umsatz (2003):	1.500 Millionen Euro (11.152 Millionen DKK)
Nettogewinn/Jahresüberschuss (2003):	52 Millionen Euro (673 Millionen DDK)
Produkte/Services:	Vier Marktsegmente: – Gebäudetechnik: Pumpen für Heizung, Klima und Lüftung, Wasserversorgung, Druckerhöhung, Feuerlöschanlagen, Entwässerung und Abwassertransport – Industrie: Komponenten für die OEM (Original Equipment Manufacturer, Erstausrüstung), Dosier- und Kreiselpumpen für Kesselspeisung, Druckerhöhung, Reinigungsverfahren, thermische Prozesse – Pumpen für die private, gewerbliche und kommunale Wasserversorgung und -entsorgung, Feldberegnung und Treibhäuser, Wasserversorgung im Haushalt – digitale Dosierung von Pumpen
Absatzmärkte/Umsatzanteile nach Regionen (2003):	– Nordeuropa – Deutschland – Osteuropa – Südeuropa – Nordamerika – Südamerika – Australien und Neuseeland – Asien und Pazifischer Raum – Japan

3.1 Unternehmensgeschichte – Prägende Einflüsse

1945 Gründung

Im Jahr 1945 gründet der Ingenieur Poul Due Jensen in Bjerringbro (Dänemark) das Unternehmen als „Bjerringbro Pressestøberi og Maskinfabrik" mit zunächst nur zwei Mitarbeitern. Von diesem Zeitpunkt an vergrößert sich das Unternehmen kontinuierlich auf einer stets sicheren finanziellen Basis.

1960 Gründung eines Standortes in Deutschland

Seit 1960 hat Grundfoss einen Sitz in Deutschland. Am Standort Wahlstedt unterhält die Gruppe heute eine Produktionsgesellschaft, die sich auf die Herstellung und Montage großer Umwälzpumpen für die Heizungs-, Klima- und Lüftungstechnik sowie Hochdruck-Kreiselpumpen und Druckerhöhungsanlagen für die Wasserversorgung spezialisiert hat.

Zur deutschen Vertriebsgesellschaft von Grundfos, die ihren Sitz seit 2001 in Erkrath bei Düsseldorf hat, gehören mit den 6 Niederlassungen heute ca. 150 regionale und lokale Außenstellen.

1967 Umbenennung

Der seit längerem währende Konflikt um die Ähnlichkeit des Namens mit dem Konkurrenten Danfoss wird für beide Seiten akzeptabel gelöst, indem Grundfoss das letzte „s" in seinen Namen weglässt und in Grundfos ändert.

1975 Gründung der Poul-Due-Jensen-Stiftung

Die unabhängige Poul-Due-Jensen-Stiftung wird gegründet. Nach einem Mitarbeiteraktienprogramm im Jahr 2003 hält die Poul-Due-Jensen-Stiftung 86 Prozent des Aktienkapitals des Grundfos-Konzerns. 12 Prozent verbleiben bei der Familie Jensen, 2 Prozent halten nunmehr die Grundfos-Mitarbeiter. Ziel der Stiftung ist die Erweiterung der finanziellen Basis der Grundfos-Gruppe. Das Kapital und die Gewinne der Stiftung sollen einzig für die Re-Investition in die Grundfos-Gruppe verwendet werden.

1977 Tod des Unternehmensgründers

Nachdem er das Unternehmen über 30 Jahre lang erfolgreich geführt und weiterentwickelt hat, stirbt der visionäre und sehr beliebte Gründer Poul Due Jensen im Alter von 65 Jahren. Der Vorstandsvorsitz geht auf seinen erst 34 Jahre alten Sohn Niels über, den er in den letzten Jahren gewissenhaft auf diese verantwortungsvolle Aufgabe vorbereitet hat. Dieser treibt in den folgenden 25 Jahren die Internationalisierung des Unternehmens voran und vergrößert die Anzahl der Niederlassungen der Grundfos-Gruppe von zehn auf weltweit fast 60.

1985 Start der konzerneigenen Produktion von Elektromotoren
Mit dem Einstieg in die Elektronikforschung beginnt für Grundfos eine neue Ära. Das Unternehmen legt damit den Grundstein für die Präsenz in neuen, zukunftsträchtigen Marktsegmenten.

1990 Eröffnung des Technologiezentrums
Mit der Eröffnung eines Technologiezentrums für eigene Forschungs- und Entwicklungsaktivitäten macht Grundfos einen wichtigen Schritt zur Absicherung und zum Ausbau seiner Marktposition.

1991 Ausgründung der „Grundfos Electronics"
Im Rahmen der Forschungs- und Entwicklungsinitiativen eröffnet Grundfos eine eigene Elektronikfabrik mit Reinraumproduktion.

1995 Beginn der Implementierung von TQM
Auf der Grundlage eines uneingeschränkten Bekenntnisses sämtlicher Führungsebenen und Einbindung aller Mitarbeiter sowie der Implementierung des „Business-Excellence-Modells" entscheidet sich Grundfos A/S für die Einführung von Total Quality Management. Seither konnte das Unternehmen in vielfältiger Weise davon profitieren: So verbesserte sich der Austausch von Wissen zwischen einzelnen Standorten und Abteilungen, die Anzahl der von Mitarbeitern gemachten Verbesserungsvorschläge vergrößerte sich, und sowohl Kunden als auch Mitarbeiter berichten über eine noch größere Zufriedenheit mit dem Unternehmen und seinen Produkten als zuvor.

1998/1999 Weltweite Kommunikation der Mission und Vision
Im Zuge des erfolgreich eingeführten TQM-Konzepts werden nun weltweit die Mission und Vision sowie grundlegenden Werte des Unternehmens systematisch kommuniziert.

2002 Einstieg in ein neues Geschäftsfeld
Mit dem Einstieg in das Geschäftsfeld „Digitale Dosierung" erschließt sich das Unternehmen ab 2002 einen weiteren Markt. Damit ist Grundfos in vier Marktsegmenten tätig: Gebäudetechnik, Industrie, Wasserversorgung und -entsorgung sowie Digitale Dosierung.

2003   Führungswechsel, Preisverleihung

Im Januar 2003 gibt Niels Due Jensen, der Sohn des Gründers Poul Due Jensen, den Vorstandsvorsitz an den bereits 28 Jahre für Grundfos arbeitenden Jens Jørgen Madsen ab und übernimmt selbst den Aufsichtsratsvorsitz.

Am 9. Oktober 2003 wird Grundfos von der Europäischen Stiftung für Qualitätsmanagement (EFQM) der Spezialpreis für Führung und Beständigkeit der Zielsetzung verliehen.

Grundfos hat sich seit seiner Gründung zum Innovationsführer in der Pumpenindustrie und Pumpensteuerungstechnik entwickelt. Das heute weltweit agierende Unternehmen ist für seine qualitativ hochwertigen Produkte von Kunden und Mitbewerbern anerkannt.

3.2 Branche und Unternehmensumfeld

Die wichtigsten Wettbewerber von Grundfos sind KSB (Deutschland), ITT Industries (USA) sowie Ebara (Japan). Die Branche der Pumpenhersteller sieht sich mit einem stetig fortschreitenden Konsolidierungsprozess konfrontiert, während sich gleichzeitig bei ihren Kundengruppen bedeutende Veränderungen abzeichnen, wie etwa Privatisierungstendenzen im Bereich der kommunalen Wasserversorgung sowie Konzentrations- und Globalisierungstendenzen in der Papier- und Zellstoffindustrie. Diese Entwicklungen hin zu einer stärkeren Position der verbleibenden Unternehmen gegenüber ihren Zulieferern bringen letztlich auch für die Pumpenhersteller selbst eine Verstärkung des Wettbewerbsdruckes mit sich. Neben Kosten- und Qualitätsüberlegungen werden für die Kunden bei der Wahl ihres Zulieferers zunehmend auch Kriterien der Umweltverträglichkeit der Produkte relevant. Nicht zuletzt ist dies auf international verbindliche Umweltrichtlinien zurückzuführen.

Mit einem Produktionsvolumen von mehr als 10 Millionen Pumpen jährlich ist Grundfos der weltweit zweitgrößte Pumpenhersteller und mit einem Marktanteil von etwa 50 Prozent bei Heizungspumpen weltweit unangefochtener Marktführer. Grundfos besitzt Produktions- und Vertriebsniederlassungen auf allen Kontinenten und ist damit weltweit stärker vertreten als seine Mitbewerber.

3.3 Wirtschaftliche Leistung

Seit der Unternehmensgründung im Jahr 1945 hat Grundfos bisher in keinem einzigen Jahr rote Zahlen geschrieben und ist kontinuierlich gewachsen. Auch in den letzten Jahren konnte das Unternehmen seine Umsätze kontinuierlich steigern. So hat sich der Umsatz von 1994 bis 2003 trotz schwieriger wirtschaftlicher Situation in den Jahren 2002 und 2003 mehr als verdoppelt:

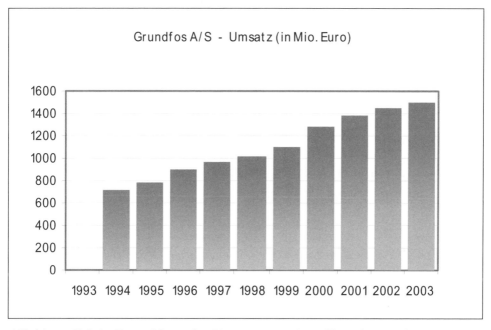

Abbildung II-3-1: Entwicklung der Umsätze von Grundfos A/S zwischen 1994 und 2003 (die Umsatzzahl für 1993 liegt nicht vor) (Quelle: Booz Allen Hamilton 2003 und Unternehmensangaben)

Im selben Zeitraum ist die Rentabilität – nach einem konjunkturbedingten Einbruch im Jahre 2001 – leicht angestiegen:

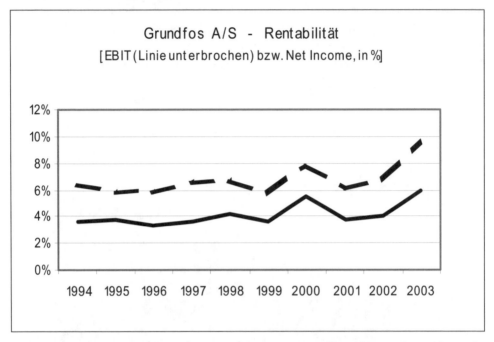

Abbildung II-3-2: Entwicklung der Rentabilität von Grundfos A/S zwischen 1994 und 2003 (Quelle: Booz Allen Hamilton 2003 und Unternehmensangaben)

3.4 Gelebte Unternehmenskultur

Geprägt durch persönliche Erfahrungen gelang es dem Gründer, eine bis heute spürbare Unternehmenskultur zu formen. Dies zeigt sich besonders in einer tiefen Verankerung im Umfeld des Unternehmens, in der Fürsorge für die Mitarbeiter und im Auftreten als respektierter gesellschaftlicher Akteur und manifestiert sich in der besonderen Wertorientierung und gesellschaftlichen Verantwortung.

Weitere herausragende Merkmale der Unternehmenskultur von Grundfos betreffen die in den Werten des Unternehmens verankerte Innovationsorientierung, die gemeinsame Zielorientierung sowie die Führungskontinuität. Das Rechercheteam hat Grundfos im Rahmen der Carl Bertelsmann-Preis-Recherche folgendermaßen bewertet:

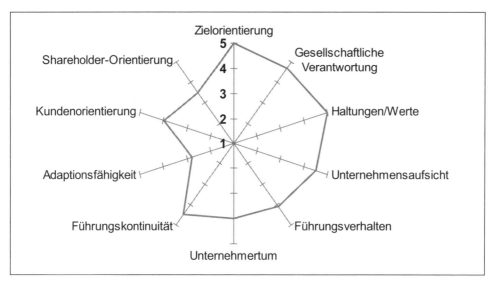

Abbildung II-3-3: Bewertung der zentralen Charakteristika der Grundfos A/S Unternehmenskultur (1: nicht vorhanden – 5: maximale Ausprägung) (Quelle: Booz Allen Hamilton, 2003)

3.4.1 Gemeinsame Zielorientierung

Mission und Vision sind Basis einer gemeinsamen Zielorientierung, die bei Grundfos durch leicht verständliche und im gesamten Unternehmen allgegenwärtige Zielsetzungen und eine eindrucksvoll offene Informationspolitik seitens des Managements erreicht wird. Mit öffentlicher Anerkennung und einer hohen Identifikation der Mitarbeiter wird dies gewürdigt.

Grundfos hat sich zu folgendem Mission-Statement verpflichtet:

The Mission

Grundfos is one of the world's leading pump manufacturers.
It is our mission – the basis of our existence – to successfully develop, produce and sell high-quality pumps and pumping systems world-wide, contributing to a better quality of life and a healthy environment.

www.grundfos.com – The Mission

Mit dem einprägsamen Leitspruch „Be responsible – Think ahead – Innovate" hat das Unternehmen seinen Unternehmenszweck formuliert, in nachhaltiger und verantwortlicher Art und Weise der Innovationsführer in der Pumpenindustrie zu sein. Diese leicht verständliche und einprägsame Mission ist bei den Mitarbeitern verankert. Der Leitspruch läuft wie ein roter Faden durch sämtliche Kommunikationskanäle. Der Slogan findet sich beispielsweise in Produktionshallen und auf Visitenkarten wieder. Zusätzlich werden als Kommunikationsinstrumente Infowände auf Fluren und vor den Kantinen, das Intranet, die Mitarbeiterzeitschrift, Meetings und unternehmenseigene Ausbildungseinrichtungen genutzt. Den Mitarbeitern wird durch eine konsequent auf alle Ebenen heruntergebrochene Balanced Scorecard verdeutlicht, welchen Beitrag sie zur Erreichung dieses übergeordneten Ziels leisten können. Ein kontinuierlicher Dialog zwischen den Unternehmensebenen sorgt dafür, dass Mitarbeiter und Führungskräfte in engem Kontakt miteinander bleiben und stetig Informationen ausgetauscht werden. Der Vorstandsvorsitzende informiert das Group- und National-Top-Management über Strategie und Unternehmensziele in einem monatlich erscheinenden elektronischen Newsletter. Quartalsergebnisse werden den Mitarbeitern in mehreren Gesprächsrunden bekannt gegeben, wobei die Mitarbeiter immer auch die Möglichkeit haben, direkt Fragen zu stellen.

Die in jährlichen Mitarbeiterzufriedenheitsumfragen erhobene Identifikationsquote mit dem Unternehmen von regelmäßig nahezu 98 Prozent sowie die Auszeichnung als einer der Top-10-Arbeitgeber in Europa[1] bestätigen die Umsetzung der Unternehmensziele auf breiter Basis.

Im Hinblick auf die wirtschaftliche Leistung hat sich Grundfos sehr ehrgeizige Ziele gesetzt: Ein jährliches Wachstum von mindestens 10 Prozent des Umsatzes wird angestrebt, bis 2007 soll ein Umsatz von 2 Milliarden Euro erreicht werden. Hierzu wurde von der Konzernspitze der Slogan „Make a strong company stronger" geprägt.

Am 9. Oktober 2003 erhielt Grundfos von der Europäischen Stiftung für Qualitätsmanagement (EFQM)[2] den Sonderpreis für „Führung und Beständigkeit der Zielsetzung". Dieser Preis ist für Manager gedacht, die mit ihrem Vorbild den Mitarbeitern eine klare Vorstellung von Strategien und Zielen des Unternehmens vermitteln. Das EFQM-Gremium hob besonders hervor, dass die Mission und Strategie von Grundfos erfolgreich an die gesamte Belegschaft vermittelt werden konnte, dass die leitenden Angestellten selbst in Verbesserungsprojekte eingebunden sind und dass sie Verantwortung an ihre Mitarbeiter delegieren, beispielsweise in Form von selbstständigen Produktionseinheiten.

3.4.2 Verantwortung gegenüber der Gesellschaft

Die Verantwortung gegenüber der Gesellschaft nimmt bei Grundfos einen wichtigen Stellenwert ein. Sie manifestiert sich gegenüber den Mitarbeitern in Form von Arbeitsplatzsicherheit, Arbeitsbedingungen, Offenheit für Vielfalt und Unfallprävention wie auch im Umweltschutz, der Forschungsförderung und im Sportsponsoring.

Grundfos hat auch in den Company Values festgeschrieben, wie sehr sich das Unternehmen den Mitarbeitern gegenüber verantwortlich fühlt:

Focus on People
[...] Regarding our own employees, we will strive to treat them as we would treat family members and good friends. [...]
When people put forth ideas, wishes and needs, we will listen. When we meet a sense of commitment, responsibility and skills, we will provide opportunities. When we discover problems, we will offer help – to the extent that the workplace is able to help, solve or lessen the problem.

Responsibility
[...] We are convinced that as a company we have a social responsibility towards both our employees and the local communities. [...]

Quelle: www.grundfos.com – Company Values

Grundfos bietet keine Arbeitsplatzgarantie und ist aufgrund der globalen Präsenz den Schwankungen des Marktes und speziell einzelner Regionen ausgesetzt. So führte die Irak-Krise zu einem Einbruch im Auftragseingang, der über eine Anpassung der Kapazität und auch die Reduktion um 250 Arbeitsplätze aufgefangen werden musste. Hierbei werden eine Reihe von freiwilligen Regelungen angewandt, wie z.B. das Versprechen, keine altgedienten Mitarbeiter zu entlassen, Sozialpläne aufzustellen und auch darauf zu achten, dass aus einer Familie nicht mehr als ein Mitarbeiter von der Freistellung betroffen ist. Bei einem Arbeitgeber, der wie kein zweiter die Wirtschaft in der Region bestimmt, ist dies eine volkswirtschaftlich sinnvolle und ethisch vorbildliche Leistung. Die Mitarbeiter danken Grundfos diese Haltung: Auch freigesetzte Mitarbeiter würden gemäß eigener Aussagen sofort wieder für Grundfos arbeiten und werden tatsächlich auch wieder eingestellt, wenn es die Auftragslage erlaubt.

Grundfos bekennt sich offen zur Chancengleichheit bei der Vergabe von Arbeitsplätzen. So verfügt das Unternehmen beispielsweise über einen hohen Anteil an behinderten Arbeitnehmern und hat sich hier als Zielgröße einen Anteil von 3 Prozent der Belegschaft gesetzt. Dabei versucht man nicht, um der Quote willen Arbeitsplätze zu schaffen, sondern es geht vielmehr um eine weitgehende Integration der behinderten Arbeitnehmer in die normale Arbeitswelt. Über geschützte Arbeitsplätze wird ihnen eine entsprechende Sicherheit gewährleistet. Jenseits des direkten Engagements für Mitarbeiter sind im Bereich der gesellschaftlichen Verantwortung die Mitgliedschaft in der UN Global Compact Initiative[3] sowie die Integration von Flüchtlingen in Dänemark hervorhebenswert. Immigranten werden im Rahmen des „Job-Integration"-

Projekts zur Hälfte im Betrieb beschäftigt, während sie in der zweiten Hälfte der Arbeitszeit direkt bei Grundfos Sprachunterricht erhalten. Nach 18 Monaten können sie sich in der Regel für eine volle Stelle bei Grundfos oder auch einem anderen Unternehmen bewerben. Für Flüchtlinge stellt Grundfos zusätzlich einen Mentor zur Verfügung, der ihnen zu Beginn bei der Bewältigung ihres Alltags zur Seite steht. Für sein herausragendes Engagement für behinderte Arbeitnehmer und Integration von Immigranten erhielt das Unternehmen am 23. November 2003 bereits zum zweiten Mal in Folge den Spezialpreis für „Diversity Management", der in Verbindung mit einer Umfrage über „The Best Companies to Work for in Denmark 2003", durchgeführt durch das Oxford Research Institute, vergeben wurde. Flexible Arbeitszeitmodelle und Telearbeitsplätze sind bei Grundfos selbstverständlich. Damit leistet das Unternehmen einen wertvollen Beitrag zur Förderung der Work-Life-Balance seiner Mitarbeiter und unterstützt sie darin, Arbeit und Familienleben miteinander zu vereinbaren.

Grundfos ist überzeugt, dass eine im weitesten Sinne „gute" Arbeitsumgebung wichtig ist. Gesundheit und Sicherheit am Arbeitsplatz werden daher aktiv gefördert. Das Unternehmen ist ständig bemüht, in der Produktion die Menge an verwendeten Chemikalien, die Anzahl der Arbeitsunfälle und die unfallbedingten Fehlzeiten kontinuierlich zu reduzieren. Hierfür wird eine Reihe von Initiativen durchgeführt, obwohl z.B. die Fehlzeiten im Branchenvergleich geringer sind. So werden Arbeitnehmer über die Häufigkeit von Arbeitsunfällen, über den in jeder einzelnen Fabrik zuletzt vorgekommenen Arbeitsunfall und die eingeleiteten Maßnahmen zur Verhinderung einer Wiederholung desselben Unfalles offen informiert. Die amerikanische Produktionsstätte hat das Konzept „behavioral based safety" eingeführt, in dessen Rahmen eine Reihe von Mitarbeitern zu Sicherheitsbeauftragten („Observers") ausgebildet wurden. Konzernweit konnte die Häufigkeit von Arbeitsunfällen zwischen 2000 und 2003 von 30,25 auf 19,5 Arbeitsunfälle pro eine Million Arbeitsstunden reduziert werden, also um ein Drittel innerhalb von nur zwei Jahren. Weitere angestrebte Verbesserungen der Arbeitsbedingungen betreffen die Lärmreduktion in den Produktionsstätten sowie die Verminderung von Monotonie, was durch systematisches Rotieren der Mitarbeiter zwischen verschiedenen Arbeitsstationen (Job Rotation) erreicht wird.

Die ausgeprägte Umweltschutzorientierung findet bei Grundfos in vielerlei Hinsicht ihren Ausdruck. In den Company Values heißt es hierzu:

Sustainable Development
[...] It is vital that our pumps demonstrate respect for the environment, especially in terms of energy consumption and use of materials. [...] it is vital that our production facilities are organized so that they place as little strain as possible on our surroundings and the environment. [...].

3. Grundfos A/S

> **Responsibility**
> [...] Our growth and presence shall harmonize with the environment [...] We will explore new methods to protect the environment – and we will use our influence to encourage customers, suppliers and other interest groups to think of environment-friendly solutions [...].
> *www.grundfos.com – Company Values*

Seit 1996 etwa sind sämtliche Produktionsstätten des Konzerns zertifiziert. So ist man sehr stolz auf die Erteilung des Umweltgütesiegels nach ISO-Norm 14001[4] und auf die Erfüllung der Anforderungen zur EMAS-Eintragung[5] für Umwelt-Management und Umwelt-Betriebsprüfung. Im Rahmen jährlicher Audits werden laufend neue Zielvereinbarungen zum Umweltschutz festgelegt und Best Practices in organisationsübergreifenden Meetings ausgetauscht. Grundfos unternimmt laufend Anstrengungen, noch umwelt- und ressourcenschonender zu produzieren, als dies bis zum heutigen Stand schon erreicht wurde. So konnte von 2000 bis 2003 der Energieverbrauch um 10 Prozent und das Volumen an chemischen Abfällen um 5 Prozent gesenkt werden. Am 30. Oktober 2002 erhielt Grundfos in Dänemark für seine vorbildliche Leistung im Umweltschutz eine Auszeichnung für den landesweit besten Umweltbericht.

Umweltbewusstes Denken beeinflusst auch Produktinnovationen im Unternehmen. So ist die in Heizungssystemen häufig installierte Kleinpumpe durch eine elektronische Steuerung so weit verbessert worden, dass etwa die Hälfte der Energie für den Betrieb eingespart werden kann. Bei einer einzelnen kleinen Pumpe ist der Einspareffekt relativ gering, über die installierte Basis von 100 Millionen Stück in Europa ergeben sich jedoch erhebliche Auswirkungen auf Energiebilanz und Umweltschutz. Am 18. März 2004 wurde Grundfos einer der weltweit angesehensten Designerpreise, der „iF Design Silver Award 2004"[6] verliehen. Ausgezeichnet wurde damit das Wasserversorgungssystem SQFlex als Beitrag zur umweltverträglichen Wasserversorgung. Neben dem Design hob die Jury besonders die Umweltfreundlichkeit, Materialwahl, Innovation und Funktionalität hervor. Auch die Pumpenfabrik in Wahlstedt wurde mit einem Umweltpreis ausgezeichnet: Bereits 2002 überzeugte sie die Jury durch umweltorientierte Unternehmensführung (gesetzliche Grenzwerte werden speziell im Hinblick auf Emissionen teilweise weit unterschritten), umweltverträgliche Produkte (Energieeinsparungen von bis zu 47 Prozent gegenüber Pumpen anderer Hersteller) und besonders ressourcenschonende Produktion sowie eine hohe Recyclingquote der Pumpen, die zwischen 90 und 98 Prozent liegt.

Auch die Forschungsförderung ist Grundfos ein Anliegen. So vergibt die Poul-Due-Jensen-Stiftung seit 2001 jährlich den „Grundfos Prize" an innovative und vorausschauende Lösungsansätze in den Ingenieur- oder Sozialwissenschaften. Der Grundfos-Preis 2003 ging an eine Forschergruppe, die sich mit der Förderung der Wissensgesellschaft in Dänemark durch Initiativen in Forschung und Bildungswesen auseinandergesetzt hat.

Seit 1989 finden in Dänemark alle vier Jahre unter dem Namen „Grundfos Olympics" internationale Wettkämpfe zwischen den Sportgemeinschaften aller Grundfos-Gesellschaften statt, die auch zur Teambildung über nationale Grenzen hinweg beitragen. Auch die unternehmenseigenen Aus- und Weiterbildungsstätten verfügen über Freizeit- und Sporteinrichtungen für die Mitarbeiter. Die Unterstützung von sportlichen Aktivitäten durch das Unternehmen kommt aber auch im Sponsoring, beispielsweise durch die Förderung der dänischen Sportler bei den Olympischen Spielen 2004 in Athen, zum Ausdruck.

3.4.3 Haltungen, Überzeugungen und Werte

Im Mission Statement von Grundfos ist der Anspruch fest verankert, von Lieferanten, Kunden, Wettbewerbern und der Öffentlichkeit als vorbildliche Unternehmung wahrgenommen zu werden.

Zu den herausragenden und in der Unternehmenskultur fest verankerten Werthaltungen von Grundfos zählen der Umweltschutz, das Qualitätsbewusstsein, Innovations- und Zukunftsorientierung, die Integration von behinderten Mitarbeitern und Flüchtlingen sowie substanzielle Investition in die Qualifizierung der Mitarbeiter. Dem gemäß konzentrieren sich die „Company Values" auf folgende zentrale Bereiche:

- Sustainable Development
- Focus on People
- Global Thinking
- Open and Credible Conduct
- Leadership
- Partnership
- Responsibility
- Independence

Das so genannte „Business-Excellence-Model" von Grundfos basiert auf einer Differenzierung von drei Stakeholdern und auf zwei Grundphilosophien. Als Stakeholder, die sich auch in der Vision des Unternehmens wiederfinden, werden Kunden, Mitarbeiter und die Gesellschaft fokussiert. Die beiden Grundphilosophien sind „Total Quality Management (TQM)" sowie „Lernende Organisation". Das TQM-Verständnis von Grundfos beruht auf dem Fundament der Selbstverpflichtung des Managements und drei Säulen: Fokus auf Fakten, Fokus auf Kunden und Mitarbeiter sowie auf der Beteiligung aller Mitarbeiter an kontinuierlichen Verbesserungen.

Als Ziel wird eine gesteigerte Wettbewerbsfähigkeit angegeben. Um eine Lernkultur sicherzustellen, werden jährlich Evaluationen durchgeführt und auf dieser Basis Fokusbereiche identifiziert. So wird die Lancierung von Initiativen zur permanenten Verbesserung von Prozessen ermöglicht.

Das von Innovationsorientierung und Verantwortungsbewusstsein geprägte Leitbild lässt sich über den Slogan „Be (responsible) – Think (ahead) – Innovate" charakterisieren, der überall im Unternehmen präsent ist. Der folgende kurze Auszug aus den Group Policies von Grundfos illustriert die starke Einbindung der Innovationsorientierung in die Werthaltungen des Unternehmens deutlich:

BE responsible: Being responsible is our foundation
- Be accountable: Responsibility also means sustainability
- Be aware: Responsibility begins right here
- Be tolerant: Make room and make it happen
- Be smart: Getting the most out of it
- Be adaptable: Adapting to local customs and cultures
- Be open: Responsibility spells o-p-e-n-n-e-s-s

THINK ahead: Think ahead makes it possible
- Think new: We depend on good ideas
- Think group: Group thinking
- Think learning: Learning is a life long project
- Think partners: Partners all the way
- Think service: We are serious about service
- Think customers: Thinking ahead with the customers

IINNOVATE: Innovation is the essence
- Don't imitate: Let the others imitate
- Development: Important stages in the development of the circulation
- Co-operation: Innovation also means co-operation
- Innovate the history: A history of innovation
- Innovate new possibilities: Innovation offers new possibilities
- Innovate ease of use: Good design means ease of use

www.grundfos.com – Group Policies

Ein Großteil der Werthaltungen, die für Grundfos zentral sind und immer noch gelten, gehen noch auf den Unternehmensgründer Poul Due Jensen zurück, dessen Denken im täglichen Handeln der Mitarbeiter von Grundfos stark verankert ist. Werte wie „Loyalität", „gegenseitige Verantwortung", „Verantwortung gegenüber Mitarbeitern, Gesellschaft, Umwelt und Kunden", „respektvolle Behandlung von Menschen" und die starke geistige Verbundenheit mit dem Unternehmensgründer sind bei Grundfos daher nicht nur offiziell kodifiziert, sondern auch bis in die Produktionshallen hinein spürbar. Dazu hat die Omnipräsenz des Leitspruches „Be (responsible) – Think (ahead) – Innovate" ganz wesentlich beigetragen, aber auch die Vorbildwirkung der Führungskräfte, die sich deutlich sichtbar der Maxime „Walk the talk" verschrieben haben.

Bemerkenswert ist auch das unternehmensweit etablierte Verständnis der Mitarbeiter als „Familienmitglieder und Freunde". Bei jährlichen Meetings werden die Werte des Unternehmens wiederholt und so der gesamten Grundfos-Belegschaft in Erinnerung gerufen und erneut gefestigt. Zudem bereist Niels Due Jensen, der Sohn des Unternehmensgründers, in seiner neuen Rolle als Aufsichtsratsvorsitzender als „Kulturbotschafter" regelmäßig die Tochtergesellschaften, um den Wertekanon der Grundfos-Kultur international zu festigen. Damit will er sicherstellen, dass die Werte des Unternehmens in allen Standorten auf der ganzen Welt verstanden und auch in der täglichen Arbeit umgesetzt werden.

3.4.4 Unabhängigkeit und Transparenz der Unternehmensaufsicht

Im Hinblick auf Transparenz verpflichtet sich Grundfos zu einer offenen und ehrlichen Informationspolitik, Offenlegung seiner Haltungen und Aktivitäten und zur aktiven und verantwortungsvollen Teilnahme an der öffentlichen Diskussion relevanter Themen.

Der Grundfos-Konzern ist zu 86 Prozent im Besitz der 1975 gegründeten unabhängigen Poul-Due-Jensen-Stiftung, weitere 12 Prozent gehören der Familie Jensen und 2 Prozent halten die Grundfos-Mitarbeiter selbst. Der Vorstand der Stiftung ist paritätisch mit vier externen Experten und vier Mitgliedern der Familie Jensen besetzt. Die vier externen Experten der Stiftung bilden zusammen mit Niels Due Jensen, dem Sohn des Unternehmensgründers, den fünfköpfigen Aufsichtsrat des Unternehmens, dem Jensen vorsteht. Eine Dominanz und Übernahme des Unternehmens durch die Familie Jensen mittels Änderung der Satzung ist theoretisch möglich, praktisch aber äußerst unwahrscheinlich.

Zwischen dem Vorstand und dem Aufsichtsrat des Unternehmens besteht eine klare Aufgabenverteilung. Der ehemalige CEO Niels Due Jensen und nunmehrige Aufsichtsratsvorsitzende und sein Nachfolger Madsen haben sich mittels „Gentlemen Agreement" darauf verständigt, dass Jensen sich schwerpunktmäßig für die konzernweite Verbreitung der Unternehmenskultur von Grundfos in allen Niederlassungen weltweit als „Kulturbotschafter" engagiert, während Madsen die operative Verantwortung für den Konzern trägt.

Potenzielle Mitglieder des Aufsichtsrates werden vorrangig nach der Kompatibilität ihrer persönlichen Werthaltungen mit denen des Unternehmens ausgewählt, ein zweites Kriterium stellt die fähigkeitsbasierte Eignung dar. Jährlich finden zwischen den Mitgliedern des Aufsichtsrats vier bis sechs jeweils etwa zweitägige Treffen statt, davon eines außerhalb von Dänemark in einer Tochtergesellschaft.

3.4.5 Partizipatives Führungsverhalten

Die Führungskultur von Grundfos ist geprägt durch die Schaffung von Freiräumen für die Mitarbeiter zur Entwicklung von Eigeninitiative, einen ausgeprägten Fokus auf die Qualifizierung und Weiterentwicklung der Mitarbeiter und einen kontinuierlichen, zielorientierten Dialog zwischen Mitarbeitern und ihren Vorgesetzten.

Für Grundfos-Führungskräfte gilt der Grundsatz „People before product", der das Bewusstsein verdeutlicht, dass eine hohe Produktqualität und Marktführerschaft erst durch ein entsprechendes Investment in das Humankapital erreicht werden können.

Grundfos betont die Bedeutung von lebenslangem Lernen; die Trainingsausgaben des Unternehmens beliefen sich im Jahr 2001 beispielsweise auf ca. 11 Millionen Euro für 11.300 Mitarbeiter. Täglich werden durchschnittlich 125 Mitarbeiter in den vier Trainingszentren weitergebildet, allein in Bjerringbro selbst befinden sich im Durchschnitt täglich 2 bis 3 Prozent aller Mitarbeiter auf Fortbildung. Ein besonderer Stellenwert kommt dabei der am 26. Oktober 2001 eröffneten, nach dem Unternehmensgründer benannten „Poul Due Jensen Academy"[7] zu, die vor allem für die im Verkauf tätigen Mitarbeiter entwickelt worden ist und diese in den Bereichen Produktentwicklung, Verkauf und Markenpflege unternehmensspezifisch aus- und fortbildet. Grundfos betont die Wichtigkeit der kontinuierlichen Weiterbildung seiner Mitarbeiter, von denen erwartet wird, auch künftig die Erwartungen der Kunden erfüllen zu können. Die Ausbildung in der Academy besteht für Mitarbeiter im Verkauf aus drei Modulen: Das erste vermittelt grundlegende Fähigkeiten, die das Unternehmen von Mitarbeitern erwartet, die das Unternehmen beim Kunden nach außen hin repräsentieren. Die anderen beiden Module sind optional und für besonders motivierte und ehrgeizige Mitarbeiter gedacht. An die Ausbildung vor Ort schließt sich eine virtuelle Weiterbildung an, die die Ausbildung zu einem kontinuierlichen Prozess macht und garantiert, dass die Mitarbeiter stets auf dem neuesten Stand sind.

Für seine vorbildlichen Investitionen in die Qualifikationen der Mitarbeiter hat die Elektronikfabrik Grundfos Electronics im Juni 2003 eine Zertifizierung im Rahmen der Einführung des britischen Konzepts IIP (Investors in People) in Dänemark erhalten. Der Erhalt dieses Zertifikats basiert auf der Erfüllung von vier Prinzipien:

- Organisationsweite Unterstützung und Commitment der Führungskräfte zur Weiterentwicklung der Mitarbeiter, so dass diese zur Erreichung der Organisationsziele beitragen können.

- Kontinuierliche Identifikation der Entwicklungsbedürfnisse und Sicherstellung entsprechender Initiativen.

- Sicherstellung, dass alle Mitarbeiter für die gesamte Dauer ihrer Unternehmenszugehörigkeit entsprechende Weiterbildungsmöglichkeiten erhalten.

- Evaluation des Erfolges der Weiterbildungsinitiativen.

Bei allen Aus- und Weiterbildungsmaßnahmen liegt der Fokus stark auf der Entfaltung individueller Neigungen und Stärken: Um jedem Mitarbeiter gerecht zu werden, werden im Rahmen eines begleitenden Career Development an die Fähigkeiten angepasste, herausfordernde Aufgaben definiert. Aber auch die Entwicklung zukünftig gefragter, strategisch wichtiger Kompetenzen hat bei Grundfos einen wichtigen Stellenwert. Im Rahmen eines Strategic Competence Development (SCD)-Programms wird die Ausbildung und Mitarbeiterentwicklung auf den Aufbau dieser Fähigkeiten ausgerichtet. „On-the-Job" wird die Kompetenzentwicklung der Mitarbeiter durch Job Rotation gefördert, wobei eine bis zu drei Jahren dauernde Rotation möglich ist, sowie durch die Arbeit in flexiblen, selbstgesteuerten Arbeitsgruppen. Für Einsteiger gibt es neben informellem Mentoring ein zweijähriges Trainee-Programm mit vier Projekten zu jeweils sechs Monaten in verschiedenen Ländern.

Leistungsorientierung ist bei Grundfos stark an Zielsetzungen gebunden. Auf Produktionsteamebene stellen Balanced Scorecards das konkrete, quantitative Komplement der Wertekodifizierung dar und ermöglichen die Leistungsbeurteilung und Bemessung von Boni, auf die grundsätzlich alle Mitarbeiter einen Anspruch haben. Die Boni für Mitglieder des Top-Managements sind neben Leistungs- und Verhaltenskriterien von der Zufriedenheit der Mitarbeiter und der Kunden abhängig. Mitarbeitergespräche (Employee Development Interviews) finden konsequent einmal jährlich statt. Dabei wird Erreichtes evaluiert, es werden neue Ziele gesetzt, Möglichkeiten und Wünsche zur Kompetenzentwicklung sowie die Anpassung des individuellen Gehalts an den Grad der Zielerreichung besprochen. Führung erfolgt bei Grundfos weniger hierarchisch, sondern vielmehr auf der Basis von realistischen und erreichbaren Zielvereinbarungen und – vor allem – im Dialog. Der CEO fasst Kommunikation und Erläuterung der Ziele als seine Hauptaufgabe auf.

Im Hinblick auf die Information der Mitarbeiter hat Grundfos in den Company Values Folgendes festgeschrieben:

> **Open and Credible Conduct**
> At all times, we strive to act according to the principle that our employees always come first. We will never communicate something to the outside world before our employees are fully informed. In addition, we will continually strive to communicate honestly about conditions and circumstances, both those that are good and those that are less good.
> *www.grundfos.com* – Company Values

Der kontinuierliche Dialog zwischen Mitarbeitern und Vorgesetzten und insbesondere das Feedback der Mitarbeiter an die Führungskräfte werden seit 1997 über regelmäßige, mindestens einmal jährlich durchgeführte Mitarbeiterbefragungen sichergestellt. Im Rahmen der letzten Mitarbeiterbefragungen zeigten sich 90 Prozent der Mitarbeiter zufrieden mit ihrer Arbeit, die Bewertung lag auf einer Skala von 1–5 bei durchschnittlich 4,2. Das Verhältnis des Managements zum Betriebsrat ist entspannt, konstruktiv und kooperativ – so werden beispielsweise die Fünfjahrespläne vor ihrer endgültigen Verabschiedung und Veröffentlichung mit den Arbeitnehmervertretern diskutiert und abgestimmt.

3.4.6 Unternehmer im Unternehmen

Das unternehmerische Denken der Mitarbeiter wird durch Schaffung von Handlungsspielräumen, intensive Einbindung in Qualitätsmanagement-Aktivitäten, Förderung von Umweltbewusstsein sowie die Möglichkeit, sich auch finanziell am Unternehmen und seinen Erfolgen zu beteiligen, gefördert.

Ein wichtiger Grundsatz bei Grundfos lautet „Freedom and responsibility". Damit wird eine Verbindung zwischen Verantwortung und Freiheit zur Gestaltung des Arbeitsumfelds hergestellt. Der Fokus auf Gestaltungsfreiheit kommt auch in der Ermutigung der Mitarbeiter zur Äußerung von Verbesserungsvorschlägen zum Ausdruck. Schautafeln im Produktionsbereich geben beispielsweise Auskunft über den aktuellen Bearbeitungsstand von schriftlich eingebrachten Verbesserungsvorschlägen. Im Rahmen des Business-Excellence-Modells wird die Anzahl der von den Mitarbeitern vorgeschlagenen Verbesserungsvorschläge auch entsprechend dokumentiert. Die den Mitarbeitern gegebene Möglichkeit zur eigenständigen Projektplanung und Zeitsouveränität ist ein weiterer Indikator für die Führungsphilosophie von Grundfos. Die Einbindung von Mitarbeitern erfolgt jedoch nicht nur auf der operativen, sondern auch strategischen Ebene: So arbeitet jeder Mitarbeiter in zwei Aufgabengebieten: Neben dem Tagesgeschäft sind die Mitarbeiter zusätzlich in einen strategischen Aspekt des Unternehmens involviert. Mit der Initiative „Grundfos Talents" werden überdurchschnittlich talentierte Mitarbeiter gefördert, indem Freiräume zur Selbstverwirklichung und Weiterbildung aus eigenem Antrieb geschaffen werden.

Auf Mitarbeiterinitiative hin wurde das Business-Excellence-Programm zunächst in Pilotversuchen getestet und dann konzernweit übernommen. Die Implementierung soll bis 2005 abgeschlossen sein. Die Einführung dieses Business-Excellence-Programms hat zu einer verbesserten Mitarbeiterbeteiligung, einem größeren Kundenfokus sowie verstärktem Austausch von Ideen und Best Practices innerhalb der Konzernsparten geführt. Über 260 Total-Quality-Beauftragte unterstützen bei Grundfos ihre Kollegen bei den jährlichen Qualitäts-Audits. Etwa 50 Mitarbeiter wurden als EFQM-Assessoren ausgebildet und nehmen als solche an den betriebsübergreifenden jährlichen Qualitätskontrollen teil.

Grundfos ist es in vorbildlicher Weise gelungen, Verantwortung für die Umwelt zu einer gemeinsamen Aufgabe für alle Mitarbeiter zu machen. Die Mitarbeiter engagieren sich überdurchschnittlich stark für Umweltschutzbelange. So ist beispielsweise die Menge an jährlich eingereichten Vorschlägen allein zur Förderung des Umweltschutzes rekordverdächtig: Im Jahr 2003 haben die etwa 3.700 Mitarbeiter allein in der dänischen Produktionsfirma 10.914 Vorschläge eingebracht. Der Vorstandsvorsitzende Madsen ist stolz auf das damit bewiesene hohe Umweltbewusstsein der Mitarbeiter. Hierfür zeichnet das Grundfos-Management durch seine permanenten Bemühungen zur Förderung der Eigeninitiative seiner Mitarbeiter mit verantwortlich.

Seit 2001 besteht für die Mitarbeiter die Möglichkeit, sich als Miteigentümer am Unternehmen zu beteiligen. Seit der Auflage des Aktienprogramms haben sich 6.400 von den etwa 11.700 Mitarbeitern für diese Möglichkeit entschieden.

3.4.7 Führungskontinuität

Führungskontinuität zeigt sich bei Grundfos durch lange erfolgreiche Führungsperioden der Vorstandsvorsitzenden sowie umfangreiche Maßnahmen zur Identifikation und Förderung von High Potentials.

Bei der Besetzung von Führungspositionen haben konzerninterne Mitarbeiter Vorrang. So hatte sich etwa Jens Jørgen Madsen seit 1975 als Mitarbeiter für Grundfos engagiert, als er im Dezember 2002 zum Nachfolger des bis dahin amtierenden Vorstandsvorsitzenden ernannt wurde. Bis zu diesem Zeitpunkt hatte Niels Due Jensen, der Sohn des Unternehmensgründers Poul Due Jensen, das Unternehmen 25 Jahre lang geführt. Er selbst war im Jahr 1977 nach dem Tod seines Vaters, von diesem seit langem darauf vorbereitet, mit 34 Jahren an die Spitze des Unternehmens gekommen. Das nunmehr seit fast 60 Jahren bestehende Unternehmen wird also derzeit erst von seinem dritten Vorstandsvorsitzenden geführt. Dies spricht für eine äußerst stark ausgeprägte Führungskontinuität bei Grundfos, aber auch für die hervorragenden Leistungen der obersten Unternehmensführer.

Für seinen Führungskräftenachwuchs setzt sich das Unternehmen mit zahlreichen unternehmensintern durchgeführten Aus- und Weiterbildungsaktivitäten ein. Im Nachwuchsbereich werden High Potentials systematisch gefördert. So gibt es die Initiative „Grundfos Talents". In Kooperation mit dem IMD[8] in Lausane werden gezielt die als High Potentials identifizierten Mitarbeiter weiter entwickelt, die zudem durch Mentorensysteme weiter unterstützt werden. Die frühzeitige Übergabe von operativer Verantwortung rundet die intensive Förderung von Führungsnachwuchskräften ab.

3.4.8 Adaptions- und Integrationsfähigkeit

Die Adaptions- und Integrationsfähigkeit des Unternehmens kommt in seiner Lernkultur, Innovationsorientierung und Netzwerkfähigkeit zum Ausdruck.

Auf der Basis des konzernweit erfolgreich implementierten Business-Excellence-Modells werden jährlich Evaluationen durchgeführt und in Statusberichten dokumentiert. Auf der Basis dieser Berichte werden für die kommenden Jahre jeweils Fokusbereiche identifiziert, so dass ein kontinuierliches Lernen in der gesamten Organisation gewährleistet ist. Dieses ermöglicht die Lancierung von Initiativen zur permanenten Verbesserung von Prozessen und somit der Gesamtleistung des Unternehmens. Lernen als zentrales Element der Unternehmenskultur wird auch durch die Poul Due Jensen Academy gefördert. Dabei hat stets auch die Entwicklung zukünftig gefragter, strategisch wichtiger Kompetenzen einen zentralen Stellenwert. Mit Hilfe des Strategic Competence Development (SCD)-Programms wird die Ausbildung und Mitarbeiterentwicklung auf den Aufbau dieser Fähigkeiten ausgerichtet.

Die Innovationsorientierung ist bei Grundfos ein zentrales Element des Unternehmensleitbildes. Grundfos besitzt das größte Forschungs- und Entwicklungszentrum innerhalb der Branche der Pumpenfabrikation weltweit. So wurden im Jahr 2003 etwa 62 Millionen Euro in Forschung und Entwicklung investiert, etwa die gleiche Summe wie 2002, das sind etwa 4,2 Prozent des jährlichen Umsatzes.

Grundfos bekennt sich explizit zur kontinuierlichen Verbesserung seiner Produkte. Das Hinterfragen von technischen Normen und Prozessen zum Zweck der Optimierung ist ebenso Ausdruck der Innovationskultur. Die Strategie von Grundfos ist insgesamt klar auf Innovation und hochqualitative Produkte ausgerichtet, für die auch ein Preisaufschlag am Markt durchgesetzt werden kann. Die permanente Innovation lässt sich durch das folgende Zitat von CEO Madsen belegen: „Kein Produkt wird entwickelt oder auf den Markt gebracht, das nicht eine wesentliche Verbesserung gegenüber dem Vorgängermodell beinhaltet". Grundfos versteht sich als Trendsetter und vermeidet Herstellung und Vertrieb von „Me too"-Produkten. Mittels der ausgeprägten Innovationsorientierung strebt Grundfos die Beibehaltung seiner Position als Marktführer an:

> **Leadership**
> The Grundfos Group is and always will be growth-oriented and we continually strive to maintain our position as one of the world's leading and most successful manufacturers of pumps and water supply, heating and waste water systems. [...].
> *www.grundfos.com – Company Values*

Lieferanten werden bei Grundfos auf der Basis ethischer Standards und Verhaltensweisen geprüft und ausgewählt. Das Unternehmen bemüht sich im Rahmen der Total-Quality-Management-Orientierung um eine enge Zusammenarbeit mit Lieferanten und Kunden. Zur besseren Integration der Kunden und Lieferanten und somit zur Optimierung des Supply-Chain-Managements wurde ein E-Business-Projekt initiiert. Eine ebenso enge Zusammenarbeit besteht durch das Partnering mit EDS und SAP im Rahmen integrierter IT-Lösungen.

Wirtschaftlich schwierigen Zeiten wird mit großer Voraussicht begegnet: Bereits die Budgetplanung für 2002 basierte auf der Annahme einer unvorhersehbaren globalen Entwicklung, weshalb die Konzernleitung eine Reihe alternativer Szenarien und Pläne entwickelte. Als sich die Umsatzentwicklung Anfang 2002 verlangsamte, brauchte lediglich einer der schon entwickelten Aktionspläne in die Tat umgesetzt zu werden. Die schnelle Intervention zeigte Wirkung, so dass bereits zum Ende des Jahres 2002 nicht nur die Balance zwischen Umsatz und Gewinn wiederhergestellt, sondern sogar eine Verbesserung erreicht wurde. Diese konnte trotz anhaltend schwieriger wirtschaftlicher Situation im Jahr 2003 weiter gesteigert werden.

Auch in Zeiten, die von einer schwierigen Geschäftslage geprägt sind, hält Grundfos an strategisch wichtigen Projekten sowie Investitionen in Forschung und Entwicklung fest: Hierzu zählen besonders die weitere geographische Expansion nach Russland und Indien, Branding-Projekte, das E-Business-Projekt zur Bildung eines Lieferanten- und Kundennetzwerkes sowie die Verankerung von lebenslangem Lernen in der Unternehmenspraxis. Im Budget für das Jahr 2004 wurden insgesamt 4 Prozent des Gesamtumsatzes für F & E veranschlagt.

Grundfos beweist auch im Hinblick auf Expansion eine gute Voraussicht und Adaptionsfähigkeit. So lag in den letzten Jahren das Hauptaugenmerk auf der Sicherung großer Wachstumsanteile in den neuen osteuropäischen Absatzmärkten und im Nahen Osten, wo 40 Prozent des Gesamtumsatzzuwachses erzielt wurden. Damit konnte zum Teil die schwierige Entwicklung in den großen Absatzmärkten wie Deutschland, Japan und den USA ausgeglichen werden. Im Hinblick auf Expansion verfolgt Grundfos eine selektive Akquisitionsstrategie: Es werden vor allem kleine Spezialunternehmen zugekauft, z.B. im Januar 2002 die indische Dansteel Engineering India Pvt. Ltd., ein Hersteller von Software und Steuerungssystemen für die Stahlindustrie, im Mai 2002 die Schweizerische Firma Arnold, die auf Tauch- und Dauerumlaufpumpen spezialisiert ist, im Januar 2004 die Deutsche Hilge-Gruppe, Spezialist für Pumpen mit strengen Hygienestandards für die Lebensmittel- und pharmazeutische Industrie, oder auch Pumpenhersteller in Wachstumsmärkten, z.B. Chung Suk in Südkorea (Januar 2002) oder Mark Peerless in Brasilien (Januar 2003).

In seinem gesamten Bemühen, seine globale Präsenz auszubauen, strebt Grundfos aber auch eine Anpassung an lokale Rahmenbedingungen an:

> **Global Thinking**
> Grundfos is an international Group with a global mindset. [...] And we wish to continue to increase our presence in new markets.
> [...] we also customize our solutions to meet local requirements. Moreover, we have established ourselves all over the world because we believe that it is impossible to operate and manage a global organization from one centralized point. [...]
> *www.grundfos.com – Company Values*

3.4.9 Kundenorientierung

Die Kundenorientierung von Grundfos ist durch eine partnerschaftliche Perspektive und großes Verantwortungsbewusstsein für die Produkte über den gesamten Produktlebenszyklus hinweg gekennzeichnet. Für Grundfos heißt „Kundenorientierung" in erster Linie „exzellente Produktqualität und Innovation".

Grundfos möchte von seinen Kunden als verlässlicher langfristiger Partner angesehen werden, nicht bloß als Lieferant. Neben einer kundenspezifischen Entwicklung und Einbindung der Kunden zur Anpassung der Produkte an deren Bedürfnisse legt Grundfos auch ein großes Augenmerk auf die Unterweisung der Kunden im Umgang mit den

Produkten. Damit werden auch Grundfos-Kunden zu einem verantwortungsvollen Verhalten speziell im Bereich des Umweltschutzes motiviert. Im Sinne eines umfassenden Qualitätsmanagements tauscht das Unternehmen, besonders im Hinblick auf die Produktentwicklung und Verbesserung der Umweltfreundlichkeit der Produkte, Wissen und Erfahrungen mit Schlüsselkunden und Zulieferern aus.

Die Verantwortungsübernahme für die Produkte erstreckt sich bei Grundfos über den gesamten Produktlebenszyklus, umfasst neben der Auslieferung somit auch laufende Wartungsarbeiten sowie Unterstützung bei der Entsorgung. Umfassende Produktbeschreibungen und -dokumentationen kennzeichnen das Verantwortungsbewusstsein von Grundfos genauso wie der umfangreiche After-Sales-Service und die Zehn-Jahres-Garantie auf alle Produkte. Vorbildlich ist hier auch die hohe Recyclingrate der Produkte von Grundfos, die zwischen 90 und 98 Prozent liegt.

Grundfos wendet seinen Leitsatz „Be – Think – Innovate" auch speziell auf den Servicebereich an. Die Service-Grundsätze des Unternehmens, die sich eng an die Grundsätze des Unternehmens anlehnen, zeigen dies:

Mission – die Grundlage unserer Arbeit
Grundfos als erstklassiger Service-Dienstleister
- weltweit flächendeckendes Servicenetz
- effiziente Schulung und Weiterbildung unserer Kunden
- flexible und gezielte Serviceleistungen
- hochwertige und produktspezifische Ersatzteile
- direkte und schnelle Unterstützung unserer Kunden
- ausgeprägtes Kostenbewusstsein
- motivierte und kompetente Servicemitarbeiter

Vision – unsere Zukunft
Grundfos als führender Service-Dienstleister
- das zuverlässigste Service-Angebot
- dauerhafte Kundenzufriedenheit

Verantwortung ist unser Ursprung
Grundfos Pumpen zeichnen sich durch einen geringeren Energieverbrauch und bestmögliche Leistung während ihres gesamten Produktlebens aus. Um dies zu gewährleisten, werden Ersatzteile und Austausch-Kits bereits in der Entwicklungsphase definiert.

Vorausdenken bestimmt unser Handeln
Hervorragende Serviceleistungen und Lösungen sind die Basis für dauerhafte Kundenbindung und Partnerschaft und deshalb ein unverzichtbarer Bestandteil unseres Engagements.

> **Innovation ist unsere Zukunft**
> Wir sehen in einem Problem eine neue Chance. Grundfos dokumentiert alle auftretenden Fehler und informiert die hiervon betroffenen Mitarbeiter schnell und effektiv. Dies ermöglicht die effiziente Bestimmung und Vermeidung von Fehlern in der Produktion.
>
> *www.grundfos.com – Unsere Service Grundsätze*

Grundfos verfügt über einen Online-Produktkatalog mit Online-Zeichnungen und Spezifikationen in 26 Sprachen. Im Jahr 2001 wurde das Unternehmen aufgrund seines „Weltklasse-Service" gegenüber externen und internen Kunden mit dem Dänischen Logistikpreis ausgezeichnet.

3.4.10 Shareholder-Orientierung

Grundfos ist kein börsennotiertes Unternehmen und daher auch keinem starken Druck seitens der Shareholder ausgesetzt. Mit 86 Prozent besitzt die 1975 als unabhängige Institution gegründete Poul-Due-Jensen-Stiftung den bei weitem größten Unternehmensanteil, gefolgt von der Familie des Gründers, die 12 Prozent hält. Die restlichen 2 Prozent befinden sich im Besitz der Mitarbeiter.

Das erklärte Ziel der Stiftung liegt in der Weiterentwicklung der Firma – der Expansion und der stetigen Vermehrung des für das Unternehmen verfügbaren Kapitals, so dass Gewinne zu über 90 Prozent reinvestiert werden, und das vor allem in Forschung und Entwicklung. Bei all dem fühlt sich Grundfos zwei wesentlichen Stakeholdern verpflichtet: den Kunden und den Mitarbeitern und sieht sich als verantwortlich agierendes Mitglied der Gesellschaft. Diese Haltung ist in der Vision des Unternehmens verankert.

> **The Vision**
> Our vision – the future we are striving for – is that:
> - Our customers acknowledge us as the leading producer and partner when it comes to high-quality pumps - both in terms of performance and the environment.
> - Our employees thrive and demonstrate their satisfaction because their jobs and working conditions provide them with great opportunities for professional and personal growth and development. [...]
> - The rest of society recognizes and regards Grundfos with respect as a result of our responsible conduct. [...]
>
> *www.grundfos.com – The Vision*

Seine Eigentümerstruktur bietet Grundfos im Vergleich zu börsennotierten Unternehmen ein hohes Maß an finanzieller Stabilität. Grundfos-Mitarbeiter haben seit 2001 weltweit die Möglichkeit, Unternehmensanteile zu einem Sonderpreis zu erwerben.

Dies mag mit ein Grund für die stark ausgeprägte Loyalität und Bindung der Mitarbeiter gegenüber ihrem Arbeitgeber sein.

Die Unternehmenskultur von Grundfos A/S:

Zielorientierung, Werte, Innovation und gesellschaftliche Verantwortung

Die herausragendsten Merkmale der Unternehmenskultur von Grundfos sind die spezifische Haltung bzw. Werteorientierung, das gemeinsame Zielverständnis, die Führungskontinuität und gesellschaftliche Verantwortung sowie die Innovationsorientierung, die nicht nur im Leitbild beschrieben ist, sondern auch mit 4 Prozent Investitionsvolumen vom Gesamtumsatz gefördert wird. Im Hinblick auf die Mitarbeiter sind die Bemühungen um Arbeitsplatzsicherheit, Verbesserung von Arbeitsbedingungen sowie die Integration von Behinderten und Immigranten zu nennen, auf der gesamtgesellschaftlichen Ebene besticht das Unternehmen durch ein ausgeprägt verantwortungsvolles Verhalten im Umweltschutz. Abgerundet wird das beeindruckende Unternehmensprofil durch eine umfangreiche Infrastruktur zur Aus- und Weiterbildung der Mitarbeiter. Eine Identifikationsquote von nahezu 98 Prozent der Mitarbeiter mit ihrem Unternehmen ist ein Beweis für die gemeinsame Zielorientierung und ein wesentlicher Faktor für den großen Erfolg des Unternehmens.

Anmerkungen

1 Moskowitz/Levering, 2003
2 European Foundation for Quality Management: www.efqm.org
3 www.unglobalcompact.com
4 www.iso.org
5 europa.eu.int/comm/environment/emas
6 www.ifdesign.de
7 www.grundfos.com/web/pdjacademy.nsf
8 www.imd.ch

4. Henkel KGaA

Das Unternehmen im Überblick	
Stammsitz/Land:	Düsseldorf, Deutschland
Rechtsform:	KGaA (Kommanditgesellschaft auf Aktien)
Anzahl Mitarbeiter (2003):	48.600, davon – Deutschland (23,1 %) – Europa/Afrika/Nahost (47,2 %) – Lateinamerika (8,1 %) – Nordamerika (8,6 %) – Asien/Pazifik (13,0 %)
Umsatz (2003):	9.400 Millionen Euro
Nettogewinn/Jahresüberschuss (2003):	530 Millionen Euro
Produkte/Services:	Markenartikel – Wasch-/Reinigungsmittel (33 %) – Kosmetik/Körperpflege (22 %) – Klebstoffe (14 %) Technologies (28 %) – Industrie-/Konstruktionsklebstoffe – Oberflächentechnik Corporate (Dienstleistungen) (3 %)
Absatzmärkte/Umsatzanteile nach Regionen (2003):	– Deutschland (21 %) – Übriges Europa/Afrika/Nahost (52 %) – Nordamerika (12 %) – Lateinamerika (4 %) – Asien/Pazifik (8 %) – Corporate (3 %)

4.1 Unternehmensgeschichte – Prägende Einflüsse

1876 **Gründung der Henkel & Cie**
Am 26. September 1876 gründet Fritz Henkel in Aachen die Waschmittelfabrik Henkel & Cie.

1878 **Umzug nach Düsseldorf**
Mit „Henkel's Bleichsoda" beginnt die Erfolgsgeschichte. 1886 erste internationale Geschäfte in Österreich, 1889 in den Niederlanden und der Schweiz.

1907 **Markteinführung von „Persil"**
Das erste selbsttätige Waschmittel der Welt kommt am 6. Juni auf den Markt: Persil (benannt nach seinen Bestandteilen Perborat und Silikat).

1922 **Beginn der Klebstoffproduktion**
Zuerst für den Eigenbedarf, ab 1923 auch für den Markt, stellte Henkel Klebstoffe für Papier und Karton her.

1929 **Erste Reiniger für Industrie und Handwerk**

1948 **Erste flüssige Haarfarbe „Polycolor"**

1951 **Erste Henkel-Tochergesellschaft außerhalb Europas – in Südafrika**

1954 **Markteinführung der „Fa"-Feinseife**

1956 **Henkel-Werbung im Fernsehen**
Als erster Werbespot überhaupt im deutschen Fernsehen läuft die Werbung von Persil.

1960 **Erste Henkel-Tochergesellschaft in den USA**

1969 **Markteinführung „Pritt"-Klebe-Stift**

1975 **Henkel wird Kommanditgesellschaft auf Aktien (KGaA)**

1979 **Spezialist für nachwachsende Rohstoffe**
Mit der Rohstoffbasis Palmöl, Kokosöl, Raps und Soja wird Henkel zum führenden Anbieter von Chemieprodukten aus nachwachsenden Rohstoffen. Henkel beschreibt seine Identität als „Spezialist für angewandte Chemie".

1980 **Erster familienfremder Vorsitzender der Geschäftsführung**
Dr. Konrad Henkel zieht sich von der operativen Verantwortung zurück und übergibt den Chefsessel an Prof. Dr. Helmut Sihler. Verstärkung der Internationalisierung und Produkt-Diversifizierung.

4. Henkel KGaA

1985 **Erfolgreicher Börsengang der Henkel KGaA**
Die Einführung von Henkel-Aktien an der Börse rückt das Unternehmen stärker in den Fokus der internationalen Financial Community. Professionelle Investor Relations werden entwickelt. Mit den Unternehmensbereichen Wasch-/Reinigungsmittel, Chemieprodukte, Hygiene/Technische Reinigung, Klebstoffe/Chemisch-technische Markenprodukte sowie Kosmetik/Körperpflege setzt Henkel in diesem Jahr 9.224 Millionen DM um, davon 68 Prozent außerhalb Deutschlands.

1989 Henkel forciert die ökologische Verträglichkeit aller Produkte und Produktionsprozesse; so sind jetzt zum Beispiel alle Henkel-Waschmittel in Deutschland phosphatfrei, alle Pritt-Klebstoffe lösemittelfrei. Der Begriff Sustainability, Nachhaltigkeit, wird zunehmend zu einem wichtigen Kriterium der Unternehmensentwicklung.

1991 **Business Charter for Sustainable Development**
Als eines der ersten Unternehmen bekennt sich Henkel zur Business Charter for Sustainable Development der Internationalen Handelskammer.

1992 Dr. Hans-Dietrich Winkhaus löst Helmut Sihler als Vorsitzender der Geschäftsführung ab. Sihler tritt in den Gesellschafterausschuss von Henkel ein.
Henkel veröffentlicht seinen ersten Umweltbericht.

1994 **Ökologische Führerschaft**
Henkel erklärt zur technologischen nun auch die ökologische Führerschaft zum Bestandteil der Unternehmensphilosophie.

1997 **Weltweite Spitzenposition bei Klebstoffen**
Mit dem Erwerb des US-basierten Klebstoffherstellers Loctite wird Henkel der weltweit führende Hersteller von Klebstoffen.
Zusammen mit der Shanghaier Jiao Tong Universität gründet Henkel China das Jiao Tong Management Training Center.

1998 **Einstieg in den US-Kosmetik-Markt**
Mit dem Erwerb der DEP Corporation, Los Angeles, Kalifornien, engagiert sich die Henkel-Kosmetik auf dem amerikanischen Markt.

1999 Verselbstständigung der Chemiesparte unter dem Namen Cognis.

2000 Prof. Dr. Ulrich Lehner wird neuer Vorsitzender der Geschäftsführung. Winkhaus tritt in den Gesellschafterausschuss ein.

2001 **Ausrichtung der Henkel-Gruppe auf „Brands" and „Technologies"**
Im Jahr des 125-jährigen Bestehens definiert Henkel seine Kerngeschäftsfelder neu: Cognis wird an eine Gruppe internationaler Finanzinvestoren verkauft. Die Anteile am Joint-Venture Henkel-Ecolab werden an Ecolab verkauft. Henkel konzentriert sich auf Markenartikel – Wasch-/Reinigungsmittel, Kosmetik/Körperpflege, Klebstoffe für Konsumenten und Handwerk – sowie unter der Bezeichnung Technologies auf industrielle Kleb- und Dichtstoffe und Systeme und Produkte der Oberflächentechnik.

Mit einem neuen Slogan – „A Brand like a Friend" – und neu gefassten „Vision und Werte" sowie einem neu gestalteten Corporate Design geht Henkel in diese neue Phase.

Das 125-jährige Jubiläum feiert Henkel, indem es 125 internationale Kinder-Hilfsprojekte unterstützt.

2002 Mit einem neuen Corporate Design tritt Henkel weltweit als einheitliches Unternehmen auf.

2004 Zum ersten Mal in der Unternehmensgeschichte betritt Henkel nennenswert mit Markenartikeln den US-amerikanischen Markt.

Henkel schließt den Erwerb der Dial Corp., Scottsdale, Arizona, und der ARL Advanced Research Laboratories, Costa Mesa, Kalifornien, ab. Die beiden Akquisitionen – ein Hersteller von Wasch- und Körperpflegemitteln, ein Hersteller von Haarkosmetik – stellen einen strategisch sehr wichtigen Schritt zur weiteren Internationalisierung des Markengeschäfts dar.

4.2 Branche und Unternehmensumfeld

Henkel hat sich aus dem einstigen „Spezialisten für angewandte Chemie" zu einem internationalen Marken- und Technologie-Konzern entwickelt. Drei strategische Geschäftsfelder – Wasch-/Reinigungsmittel, Kosmetik/Körperpflege und Kleb-/Dichtstoffe/Oberflächentechnik – werden in vier weltweit operierenden Unternehmensbereichen bearbeitet: Wasch-/Reinigungsmittel, Kosmetik/Körperpflege, Klebstoffe für Konsumenten und Handwerker und Henkel Technologies.

Mit einem Auslandsumsatz von nahezu 80 Prozent und 77 Prozent im Ausland tätiger Mitarbeiter gehört Henkel seit langem zu einem der internationalsten Unternehmen in Deutschland. Mit vielen seiner Produkte zählt Henkel zu den international führenden Anbietern. So sind sowohl die Unternehmensbereiche Klebstoffe für Konsumenten und Handwerker und Henkel Technologies jeweils Weltmarktführer, der Unternehmensbereich Wasch-/Reinigungsmittel ist führend in Kontinentaleuropa und weltweit die Nummer drei; Kosmetik/Körperpflege gehört zu den Top 10 weltweit und ist die Nummer vier in Europa. Durch organisches Wachstum und durch gezielte Akquisitionen will Henkel seine globalen Marktpositionen ständig verbessern.

4.3 Wirtschaftliche Leistung

Der Umsatz ist zwischen 1993 und 2001 kontinuierlich gestiegen. Der Rückgang im Jahr 2002 ist auf den Verkauf von Cognis (ehemals Unternehmensbereich Chemieprodukte) und die Abgabe der Henkel-Anteile an dem Joint Venture Henkel-Ecolab zurückzuführen; beides sind Konsequenzen der strategischen Entscheidung, den Konzern auf „Brands" und „Technologies" zu fokussieren.

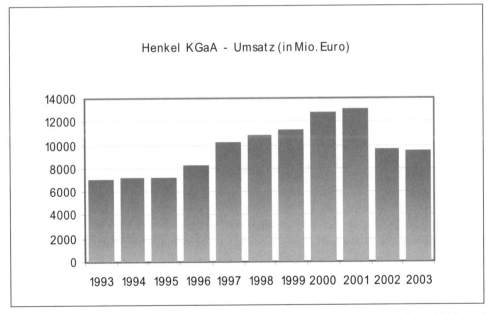

Abbildung II-4-1: Entwicklung der Umsätze der Henkel KGaA zwischen 1993 und 2003 (Quelle: Bloomberg, 2004)

Auch die Rentabilität hat sich seit 1993 insgesamt positiv entwickelt:

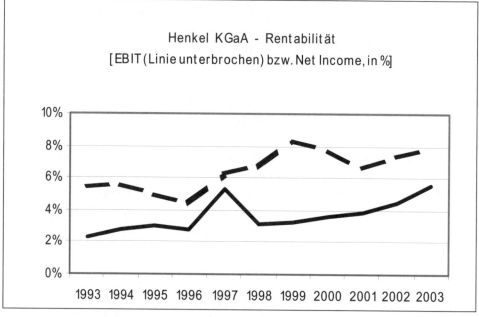

Abbildung II-4-2: Entwicklung der Rentabilität der Henkel KGaA zwischen 1993 und 2003 (Quelle: Bloomberg, 2004)

4.4 Gelebte Unternehmenskultur

Seit langem gilt Henkel als Unternehmen mit einer stark ausgeprägten Unternehmenskultur. In Umfragen aus den vergangenen Jahrzehnten wurden sowohl von Mitarbeitern wie von der Öffentlichkeit als wesentliche Merkmale Verlässlichkeit und Solidität, umfassende Betreuung der Mitarbeiter, respektvoller Umgang mit Mitarbeitern, Kunden und Lieferanten, hohe Identifikation der Mitarbeiter mit dem Unternehmen, aber auch Führungskontinuität genannt.

Grundsätzlich ist die Unternehmenskultur von Henkel auf Konsens, Vertrauen und Teamorientierung ausgerichtet. Dies beinhaltet auch das Äußern von individuellen Meinungen.

Im Unternehmen ist eine mitarbeiterorientierte und familientradierte, sachbezogene Atmosphäre zu spüren. Die Mitarbeiter fühlen sich im Unternehmen Henkel „wie in einer großen Familie". Sie nehmen die Unternehmenskultur positiv wahr, dennoch lassen ihre unterschiedlichen Interpretationen durch die einzelnen Mitarbeiter den Schluss zu, dass sie nicht auf allen Mitarbeiterebenen gleichermaßen verankert ist.

Das Rechercheteam hat Henkel im Rahmen der Carl Bertelsmann-Preis-Recherche folgendermaßen bewertet:

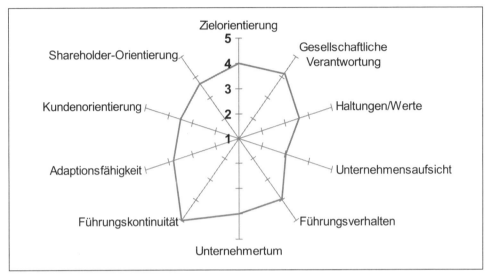

Abbildung II-4-3: Bewertung der zentralen Charakteristika der Henkel KGaA Unternehmenskultur (1: nicht vorhanden – 5: maximale Ausprägung) (Quelle: Booz Allen Hamilton, 2003)

4.4.1 Gemeinsame Zielorientierung

Im Geschäftsbericht von 2003 hat Henkel seine Vision folgendermaßen formuliert:

Unsere Vision

Henkel ist führend mit Marken und Technologien, die das Leben der Menschen leichter, besser und schöner machen.

www.henkel.de – Vision & Werte

Henkel begegnet den Stakeholdern, also den Aktionären, Mitarbeitern, Kunden und Lieferanten, Meinungsführern und der Öffentlichkeit mit einer wertorientierten Unternehmensführung. So wurde bereits 1991 die so genannte Öko-Leadership als Unternehmensziel aufgenommen. Henkel strebt danach, Produkte zu entwickeln, die für Mensch und Umwelt gleichermaßen verträglich sind.

Die Unternehmensziele von Henkel werden in einem Wertekodex, zwölf Leitlinien zu Zusammenarbeit und Führung und in einem Verhaltenskodex (Code of Conduct) konkretisiert und den Mitarbeitern als eine Art Grundgesetz nahegebracht. Der Firmensong „We together" greift diese Inhalte in komprimierter Form auf. Dieser Kodex ist – nicht zuletzt durch das rasche Wachstum und die Neustrukturierung des Unternehmens – im Unternehmensalltag noch nicht vollständig durchgesetzt.

Die Zielgenerierung ist in unterschiedlichen Funktions- und Hierarchieebenen angesiedelt. Langfristige strategische Ziele werden von Gesellschafterausschuss, Gechäftsführung und Ressortleitung definiert. Mittelfristige Ziele werden von den Ressortleitern und den Leitern der Strategischen Geschäftseinheiten (SGE) festgelegt (und rollierend überprüft). Die operativen Jahresziele werden bottom-up von den Strategischen Geschäftseinheiten erstellt.

4.4.2 Verantwortung gegenüber der Gesellschaft

Henkel hat, nicht zuletzt aufgrund der hohen Internationalität seiner Geschäfte, das Leitbild des „Corporate Citizenship" übernommen. Gesellschaftliche Verantwortung wird nicht nur postuliert, sondern auch intensiv gelebt. Beispiele hierfür sind die Arbeitsplatzsicherheit, Familienförderung, gesellschaftliches Engagement weltweit mit festgelegten Schwerpunktthemen und das frühe Bekenntnis zum Umweltschutz, die im Branchenvergleich vorbildlich sind.

Im Wertekanon von Henkel hat die Sicherung der Arbeitsplätze einen hohen Stellenwert. Dennoch kann sich das Unternehmen aus Wettbewerbsgründen notwendigen Restrukturierungen nicht entziehen. Im Geschäftsjahr 2003 wurden im Rahmen eines Restrukturierungsprogramms Werke geschlossen und Beschäftigung abgebaut. Das Management hat diese Einschnitte offen kommuniziert und durch enge Kooperation mit Arbeitnehmervertretern, durch Umschulungsangebote und konzerninterne Versetzungen abgefedert. Zusätzlich wurden Outplacement-Berater eingesetzt mit dem Ziel, einzelne Mitarbeiter innerhalb eines Jahres weiter zu vermitteln. Die Zusammenarbeit mit dem Betriebsrat in diesem Prozess wird von der Unternehmensleitung als hervorragend beschrieben. Diese gute, auf Vertrauen und Kooperation basierende Zusammenarbeit ist „Familienwille".

Die Mitarbeiter von Henkel werden im Bereich „Work-Life-Balance" durch flexible Arbeitszeitmodelle wie Teilzeit, Telearbeit, Elternzeit, durch umfangreiche Sozialleistungen in Form von Zusatzversicherungen, Werksärzten, Sportgruppen und Kinderbetreuung, sogar durch Hilfe bei persönlichen Belastungssituationen unterstützt.

Zwar gibt es keine international einheitlichen Sozialstandards, dagegen wartet Henkel mit weltweit einheitlichen Arbeitsstandards in den Bereichen Sicherheit, Gesundheit und Umwelt auf. Auch werden die Lieferanten hinsichtlich dieser Aspekte kontrolliert. Die internationalen Versorgungspläne für Pensionen werden an die geänderten gesetzlichen Rahmenbedingungen angepasst. Die Umstellung auf beitragsorientierte Versorgungspläne, „Defined Contribution", soll im Jahr 2004 abgeschlossen werden.

Es gibt kein spezielles Programm zur Diversity. Allerdings unterliegt Henkel zum Beispiel mit seinen beträchtlichen US-amerikanischen Aktivitäten selbstverständlich Aktionsprogrammen wie „Affirmative Action" und Förderprogrammen für ethnische Minderheiten. Der Frauenanteil im Management ist allerdings bei Henkel ähnlich niedrig wie in der gesamten deutschen Großindustrie. Im Vorstand ist keine Frau vertreten, auf der darunter liegenden Ebene sind zwei von 15 Managern weiblich, dafür sind von den 16 Aufsichtsratsmitgliedern drei Frauen. Das Programm „Triple Two" fördert die Zusammenarbeit von Führungskräften über die Bereichsebenen hinweg. Dieses Programm verbindet jeweils zwei Manager aus zwei Ländern und zwei unterschiedlichen Geschäftsbereichen, um so persönliche Netzwerke und Kontakte in andere Teile des Konzerns zu initiieren und zu intensivieren.

Henkel hat sich traditionell nicht nur intern, sondern auch außerhalb des Unternehmens nennenswert gesellschaftlich und sozial engagiert. Mitglieder der Eigentümerfamilie, an der Spitze Konrad Henkel, haben über Stiftungen Lehrstühle, Forschungsthemen und medizinische und soziale Einrichtungen finanziert. Seit mehr als 20 Jahren lesen Mitglieder des Vorstands an Universitäten und geben ihr Wissen an Studenten weiter. Henkel-Mitarbeiter übernehmen an Schulen naturwissenschaftlichen Unterricht. Außerdem vergibt Henkel Forschungsstipendien und zeichnet hervorragende Studienleistungen aus.

Herausragend war das Engagement von Henkel im Zuge der Integration der fünf neuen Bundesländer: Über ein „Förderwerk Genthin", an dem sich Firma und Mitarbeiter finanziell und mit persönlichen Beiträgen am Wiederaufbau der strukturschwachen Region in Sachsen-Anhalt beteiligten, hat Henkel maßgeblich zur Neustrukturierung einer ganzen Region beigetragen. Das Förderwerk koordinierte auch die Hilfsmaßnahmen für die Opfer der Hochwasserkatastrophe an der Elbe. Seit 2003 ist das Förderwerk integriert in die weltweit agierende Hilfsorganisation „Henkel Friendship Initiative e.V.". Außergewöhnlich erfolgreich ist die Initiative MIT (Miteinander Im Team). Dieses seit 1998 bestehende Programm fördert mit Finanz- und Sachmitteln die ehrenamtlichen Aktivitäten von Mitarbeitern, die sogar bei Bedarf für ihr Engagement freigestellt werden können. Gegenstand weiterer Förderung sind Projekte aus Kultur, Sport, Wissenschaft und karitative Projekte. Seit dem 125-jährigen Jubiläum im Jahr

2001 unterstützt Henkel mit jährlichen Zuwendungen 125 Kinderprojekte in der ganzen Welt.

Henkel ist Mitglied der UN-Initiative Global Compact,[1] in der die Achtung der Menschen- und grundlegenden Arbeitnehmerrechte sowie der Schutz der Umwelt gefordert werden. Schon zu den Zeiten, als es noch den Unternehmensbereich Chemieprodukte (später Cognis AG) besaß, war Henkel Vorreiter einer ökologisch orientierten Produkt- und Produktionspolitik. In den damals gültigen Leitlinien war als eines der Ziele die „Öko-Leadership" festgehalten: „Henkel ist das ökologisch führende Chemie-Unternehmen". Das Unternehmen veröffentlicht parallel zum Geschäftsbericht einen Nachhaltigkeitsbericht, der ein spezifisches Kennzahlensystem zur Effizienzverbesserung enthält. Im Jahr 2001 war das Unternehmen Nachhaltigkeitspreisträger der europäischen Chemieindustrie und ging als Sieger aus einer Zehn-Jahres-Studie hervor. Im Dow Jones Sustainability Index[2] Konsumgüter war Henkel 2002 Spitzenreiter in Europa und die Nummer zwei weltweit. Und auch im Nachhaltigkeitsindex FTSE4Good[3] nimmt das Unternehmen eine führende Position ein. Mehr als die Hälfte aller Standorte von Henkel weltweit sind nach dem Umweltmanagementsystem ISO 14001[4] zertifiziert, das externe Zertifizierung und interne Audits beinhaltet. Die Thematik der Nachhaltigkeit ist darüber hinaus durch Reporting-Strukturen prominent im Unternehmen verankert.

4.4.3 Haltungen, Überzeugungen und Werte

Unternehmerische Entscheidungen bei Henkel – dies ist sicher auf die Tradition des Familienunternehmens zurückzuführen – basieren auch auf ethischen Überzeugungen und einem Wertekanon. Seit Beginn der 1990er-Jahre hat Henkel in einem Kodex „Leitbild – Grundsätze – Strategie", ergänzt um „Grundsätze und Ziele zu Umweltschutz und Sicherheit", die „Leitlinien für Zusammenarbeit und Führung" sowie 1999 einen „Code of Conduct" unmissverständlich seine Position und seine Verhaltenserwartungen an Mitarbeiter, Kunden und Lieferanten definiert. Regelmäßig werden die Kodizes daraufhin überprüft, ob sie dem im Wandel befindlichen Unternehmen noch entsprechen. So hat Henkel zu Beginn des Jahres 2002 eine neue Unternehmensvision und einen Katalog von Werten in Kraft gesetzt und ersetzt momentan den Code of Conduct durch eine Neufassung, die noch stärker Verhaltensregeln und Verhaltensrisiken an der gewachsenen Internationalität des Konzerns ausrichtet.

Zentrale Bedeutung im Zehn-Punkte-Wertekanon haben – neben der Orientierung an den Bedürfnissen der Stakeholder – Kontinuität, Offenheit, gegenseitiges Vertrauen und langfristiger Bestand des Unternehmens.

> **Unsere Werte**
> 1. Wir sind kundenorientiert.
> 2. Wir entwickeln führende Marken und Technologien.
> 3. Wir stehen für exzellente Qualität.
> 4. Wir legen unseren Fokus auf Innovationen.
> 5 Wir verstehen Veränderungen als Chance.
> 6. Wir sind erfolgreich durch unsere Mitarbeiter.
> 7. Wir orientieren uns am Shareholder Value.
> 8. Wir wirtschaften nachhaltig und gesellschaftlich erfolgreich.
> 9. Wir verfolgen eine aktive und offene Informationspolitik.
> 10. Wir wahren die Tradition eines offenen Familienunternehmens.
>
> *www.henkel.de – Vision & Werte*

Der neu gefasste Code of Conduct legt den inhaltlichen Schwerpunkt auf ethisch einwandfreie Unternehmensführung – verständlich bei einem Unternehmen, das durch seine global betriebenen Geschäfte vielfältigsten Rechts- und Normensystemen unterworfen ist. Neue Mitarbeiter erhalten die zahlreichen schriftlichen Informationen zu diesen Richtlinien bei Eintritt in das Unternehmen. Außerdem werden eintägige Informationsveranstaltungen abgehalten, deren Besuch allerdings freiwillig ist. Bei der Mitarbeiterbeurteilung spielt das Kriterium „korrektes Verhalten" in Bezug auf die Unternehmenswerte eine große Rolle.

Für die Zukunft ist die Einarbeitung des Code of Conduct als fester Bestandteil in die Verträge der Führungskräfte geplant.

4.4.4 Unabhängigkeit und Transparenz der Unternehmensaufsicht

Die Rechtsform von Henkel, Kommanditgesellschaft auf Aktien (KGaA), weist einige Besonderheiten in der Governance-Struktur auf, die sich aus der Verbindung von Kommandit- (persönlich haftende Gesellschafter, Gesellschafterausschuss) und Aktiengesellschaft (Aufsichtsrat) ergeben. Henkel weist deshalb zwei Kontrollgremien auf, den mit 16 Mitgliedern besetzten Aufsichtsrat und den mit zehn Mitgliedern besetzten Gesellschafterausschuss.

Der Aufsichtsrat von Henkel ist mit acht Arbeitnehmervertretern, vier Vertretern der Familienaktionäre und vier unabhängigen erfahrenen Managern besetzt. Seine Aufgabe ist es, die Geschäftsführung regelmäßig in ihren Aufgaben zu beraten und zu kontrollieren. Der Vorstand erstattet dem Aufsichtsrat quartalsweise Bericht. Im Gesellschafterausschuss sitzen neben sechs Familienvertretern fünf unabhängige und erfahrene Unternehmer und Manager. Der Gesellschafterausschuss nimmt satzungsgemäß an wesentlichen Entscheidungen der Geschäftsführung teil. Er wirkt an der strategischen Langfristplanung mit und hat bei Geschäften von grundlegender Bedeutung einen Zustimmungsvorbehalt. Außerdem verfügt er über einen Finanz- und einen Personalausschuss.

Henkel gewährleistet die Transparenz seiner Aufsichts- und Führungsgremien durch eine umfassende Darstellung aller Beteiligten im Geschäftsbericht. Dort werden auch alle Mandate angeführt sowie die Bezüge der Gremien. Henkel hat sich – mit zwei rechtsformspezifischen Ausnahmen – den Empfehlungen des Deutschen Corporate Governance Kodex[5] angeschlossen.

4.4.5 Partizipatives Führungsverhalten

In den Henkel-Leitlinien für Zusammenarbeit und Führung sind zwölf Führungsgrundsätze fest gehalten, die insgesamt die partnerschaftliche Zusammenarbeit zwischen Führungskräften und Mitarbeitern betonen. Wie die anderen Henkel-"Verfassungsbestandteile" – z.B. Vision und Werte, Code of Conduct – werden auch die Führungsgrundsätze in regelmäßigen Abständen überarbeitet und dem sich wandelnden Unternehmen angepasst.

Die Leitlinien für Zusammenarbeit und Führung von Henkel

1. Vertrauensvoll miteinander umgehen.
2. Entscheidungen dort treffen, wo die beste Kompetenz vorhanden ist.
3. Ergebnisorientiert arbeiten und führen.
4. Die Leistung des anderen sorgfältig beurteilen.
5. Offen miteinander reden.
6. Dem anderen Informationen aktiv geben und nicht vorenthalten.
7. Bei einem Konflikt Gefühle nicht unter Argumenten begraben.
8. Die Unterschiede der Meinungen, Argumente und Kulturen nutzen.
9. Sich für neue Ideen einsetzen.
10. Eignung bestimmt die Übertragung von Aufgaben.
11. Sich partnerschaftlich aufeinander einstellen.
12. Sich zur Führung verpflichtet fühlen.

Henkel, Abteilung Informations und Öffentlichkeitsarbeit

Diese Grundsätze werden gegenwärtig überarbeitet. Dennoch lässt sich aus ihnen ablesen, dass Henkel einen bemerkenswert partnerschaftlichen Führungsstil anstrebt; die Grundsätze sind allgemein gehalten und geben den Führungskräften Raum zur individuellen Ausgestaltung bei gleicher Zielsetzung.

Die Führungskräfte werden im Hinblick auf die Zielerreichung mit Hilfe mehrerer Instrumente beurteilt:

Management Competence Assessment (MCA)
Künftig jährlich werden in einem Dialogverfahren alle Angehörigen des Managements auf ihre Management-Fähigkeiten und auf ihre Management-Leistung überprüft. Die zwölf oben beschriebenen Kriterien der Zusammenarbeit werden erhoben – unterteilt in die Dimensionen „Hand" = Energie, „Kopf" = Problemlösungsfähigkeit/Intellekt, „Herz" = Kommunikationsverhalten – und die Weiterentwicklung der Manager beurteilt.

Leadership Dialogue
Bisher werden in einem Zweijahresrhythmus rund 1.000 Führungskräfte in das 270-Grad-Feedback der Mitarbeiter an ihren Chef einbezogen. Das Führungsverhalten wird in einem Fragebogen, der sieben Kategorien umfasst, durch die direkten Mitarbeiter und eine Selbstcharakterisierung beurteilt. Bis 2005 soll diese Überprüfung des realen Führungsverhaltens auf 10.000 Mitarbeiter ausgedehnt werden.

Target Dialogue
Diese Zielgespräche mit Zielvereinbarungen gelten für mehr als ein Drittel der Mitarbeiter. 30 Prozent der Ziele sind Individualziele, 50 Prozent sind Bereichsziele und 20 Prozent resultieren aus Umsatz- und EVA (Economic Value Added)-Zielen. Die Zielerreichung ist ausschlaggebend für die variablen Einkommensbestandteile.

Das Weiterbildungsprogramm von Henkel ist umfangreich. Es umfasst Fachseminare, Sprachkurse, Führungs- und Motivations-Seminare und vielfältige Online-Learning-Angebote. Henkel fördert die internationale Job-Rotation, wobei den Mitarbeitern während ihres Auslandsaufenthalts als „Anker in der Heimat" ein Tutor bzw. Mentor zur Seite gestellt wird. Der Fokus der Personalentwicklung liegt auf der bereichsübergreifenden und internationalen Aus- und Weiterbildung, wie sie beispielsweise in der „Global Academy" stattfindet. Diese Akademie ist eine Kooperation Henkels mit den Business Schools IMD,[6] INSEAD,[7] IESE[8] und dem Henley Management College.[9]

Die Kommunikation innerhalb des Unternehmens findet einerseits über Kanäle wie Intranet und monatliche Mitarbeiterzeitschrift statt, andererseits über „Runde Tische", Abteilungs-Workshops und Gruppenmeetings. Weitere Maßnahmen liegen in der Verantwortung der jeweiligen Manager und werden im „Leadership Dialogue" abgefragt. Die Kommunikations- und Dialogbereitschaft der Führungskräfte hat in den vergangenen Jahren, möglicherweise auch bedingt durch das 270°-Feedback und das Vorbild des sehr offen kommunizierenden Vorstandsvorsitzenden, stetig zugenommen. Mitarbeiter äußern ihre Meinung und werden ernst genommen. Das Konfliktmanagement läuft entweder über den direkten Vorgesetzten oder über den Human-Resources-Bereich, den Betriebsrat oder den Sprecherausschuss der Leitenden Angestellten.

4.4.6 Unternehmer im Unternehmen

Als Fundament seines Erfolges betrachtet Henkel Wissen, Kreativität, soziale Kompetenz und hohes Engagement seiner Mitarbeiter. Die Unternehmenskultur von Henkel gewährt den Mitarbeitern demgemäß unternehmerische Freiräume, in denen sie die Freiheit zur Wahl der Problemlösungen haben und „Make-or-buy"-Entscheidungen treffen können. Auch für ungewöhnliche Ideen, wenn sie hartnäckig verfolgt werden, werden Budgets verabschiedet. Fehler werden toleriert. Allerdings scheint die Fehlertoleranz gemäß Aussagen des Unternehmens in den unteren Hierarchieebenen noch nicht vollständig verankert zu sein.

Henkel verfügt über ein seit Jahrzehnten bewährtes und erfolgreiches betriebliches Vorschlagswesen mit attraktiven Anreizen, an dem sich regelmäßig zahlreiche Mitarbeiter beteiligen. Seit 1982 existiert der weltweit ausgeschriebene „Fritz-Henkel-Preis für Innovation", mit dem jährlich innovative Produkt- und Service-Ideen ausgezeichnet werden, die sich am Markt durchgesetzt haben. Die besten Werbekonzepte bei Consumer-Produkten werden jährlich mit dem Lion-Award prämiert – der Löwe ist das älteste Henkel-Markenzeichen.

Das unternehmerische Denken der Führungskräfte fördert Henkel zusätzlich mit einem Bonussystem, das sich aus der Zielerreichung des Konzerns, des Teams und der Erreichung individueller Ziele zusammensetzt. Seit 1997 gibt es für die tariflichen Mitarbeiter eine Erfolgsabhängige Vergütung (EAV), innerhalb derer festgelegte Einmalzahlungen möglich sind. Die Höhe richtet sich nach dem betrieblichen Ergebnis der Henkel KGaA.

Für die Führungskräfte existiert seit dem Jahr 2000 weltweit ein Aktien-Optionsprogramm. Es bindet die Vergütung der 750 obersten Führungskräfte an die Kursentwicklung der Henkel-Aktie. Die Zielerreichung wird über einen Zeitraum von drei Jahren gemessen. Im Jahre 2001 hat Henkel zudem in 48 Ländern das Mitarbeiter-Aktienprogramm „Employee Share Program (ESP)" für alle Konzern-Mitarbeiter aufgelegt, an dem in der dritten Tranche über 10.000 Mitarbeiter, also ein Drittel aller Berechtigten weltweit und 43 Prozent der deutschen Mitarbeiter teilgenommen haben. Seit Ende 2003 ist die vierte Tranche angelaufen. Allen Mitarbeitern wird hierbei angeboten, monatlich – bis zu einer Höchstsumme bzw. bis zu vier Prozent ihres Gehalts – in Henkel-Aktien zu investieren. Das Unternehmen gibt für jeden Euro, der investiert wird, 33 Cent dazu. Für je drei Aktien erhält der Mitarbeiter eine Bonusaktie gratis. Alle Aktien sind voll dividendenberechtigt. Dieses Angebot ist nach Aussage des Unternehmens für die Mitarbeiter attraktiv und motivierend.

4.4.7 Führungskontinuität

Der Gesellschafterausschuss ist in der KGaA ein mitgeschäftsführendes Organ. Der in diesem Gremium verankerte Personalausschuss regelt die Nachfolge ab der Ebene der Ressortleiter. Die Identifizierung und Förderung von Nachwuchskräften auf der Top-Management-Ebene wird langfristig, systematisch und gründlich gehandhabt.

Henkel hat verschiedene ausgereifte Programme zur Anziehung und Entwicklung von Nachwuchsführungskräften ins Leben gerufen, wie z.B. das Henkel-Programm „Gain", das jährlich etwa 100 Praktika für hochqualifizierte Studenten anbietet, oder das „Career Track Program", das sich ebenfalls an Studenten und junge Hochschulabsolventen richtet.

Für die Führungsebene rekrutiert das Unternehmen intern über die „Global Academy" und andere Einrichtungen weitergebildete Nachwuchskräfte, die mit Hilfe einer aus neun Dimensionen bestehenden Leistungs-/Potenzialmatrix, dem so genannten „Management Review Grid", und anderthalbtägigen Integrationsrunden ausgewählt werden.

4.4.8 Adaptions- und Integrationsfähigkeit

Die Internationalisierung wird durch Akquisitionen und Kooperationen vorangetrieben. Henkel akquiriert weltweit und in allen Geschäftsbereichen. Allein in den vergangenen zehn Jahren wurden rund 200 Unternehmen erworben. Das Unternehmen verfügt über eine lange und umfangreiche Erfahrung in der Integration übernommener Unternehmen. Grundsätzlich versucht man, das vorhandene Management zu halten, wenn es sich als qualifiziert und erfolgreich erwiesen hat. Die Phase der Post-Merger-Integration wird von Henkel sorgfältig und behutsam organisiert, durch gegenseitigen Austausch von Führungskräften, um möglichst schnell auch die kulturellen Unterschiede zu überwinden. Wichtig ist, dass schnell das weltweite Henkel-Berichtssystem eingeführt wird.

Produkt- und Systeminnovationen haben bei Henkel traditionell eine große Bedeutung. So war Henkels Patentbilanz immer positiv. Mit umfangreichen und in die Tiefe gehenden Marktforschungsinstrumenten eruiert Henkel Kunden- und Marktbedürfnisse und ist bestrebt, sie in innovative Produkte umzusetzen. Henkel gibt etwa 2,7 Prozent des Umsatzes für Forschung und Entwicklung aus. Durch strategische Kooperationen mit externen Forschungseinrichtungen und Universitäten steigert Henkel die Effizienz seiner Forschungsausgaben. Dazu gehört auch die Beteiligung an innovativen Start-up-Unternehmen über Venture Capital.

Henkel hat sich sehr früh organisiert und institutionalisiert mit Knowledge Management beschäftigt. Die „Lernende Kultur" war bereits in den frühen Fassungen der Leitlinien für Zusammenarbeit und Führung verankert. Im Fokus stehen dabei insbesondere das Kennen der eigenen und der Fähigkeiten anderer, das Nutzen von unterschiedlichen Perspektiven und der aktive Informationsaustausch. Bei Henkel ist dies sehr positiv ausgebildet und geht weit über die Nutzung des Intranets hinaus. In den Ressorts des Konzerns ist das Generieren von „Knowledge Pieces" mittlerweile tägliche Praxis. Die „Knowledge Pieces" sind Elemente der Best-Practice-Verfahren oder sie gehören in die Kategorie „Do's and Don't's" und werden von so genannten Debriefern im Hinblick auf adäquate Wissensgenerierung und -aufbereitung geprüft. Allerdings ist Wissensgenerierung und die Weitergabe von Wissen nicht Teil der Mitarbeiter- und Führungskräftebeurteilung.

4.4.9 Kundenorientierung

Kundenorientierung ist bei Henkel seit langem in den Unternehmensleitlinien verankert. Nicht zuletzt durch den Einfluss der zur Henkel-Gruppe im Laufe der Jahre hinzugekommenen amerikanischen Unternehmen wird heute eher von „customer dedication" gesprochen, was den Kunden noch mehr in den Mittelpunkt aller Anstrengungen rückt. Der Begriff Kunden umfasst bei Henkel sowohl industrielle, weiterverarbeitende Abnehmer wie auch den Handel in all seinen Formen und den Konsumenten als Endverbraucher. Allen Kunden widmet Henkel mit Kunden-Hot-Lines, Beschwerdemanagement, Verbraucherberatung, Anwendungsberatung, Systemberatung, Technischem Service und enger Kooperation mit Handel und Industriekunden eine hohe Aufmerksamkeit.

Henkel ist ein traditionell markt- und marktforschungsgetriebenes Unternehmen, das auch eigene Marktforschungs-Tools entwickelt hat und eigene Panels betreibt. Die Ergebnisse werden zur Optimierung von Produkt- und Systemkonzepten genutzt, aber auch zum Teil den industriellen Kunden kooperativ zur Verfügung gestellt.

4.4.10 Shareholder-Orientierung

Henkel macht in seinem Unternehmensleitbild folgendes Statement im Hinblick auf die Interessensgruppe der Shareholder:

> Wir orientieren uns am Shareholder Value.
> Wir wirtschaften nachhaltig und gesellschaftlich verantwortlich.
> Wir wahren die Tradition eines offenen Familienunternehmens.
>
> *www.henkel.de – Vision & Werte*

Henkel verfolgt den Stakeholder Ansatz – gestützt durch seine frühe Verpflichtung auf das Responsible-Care-Konzept – der Gleichrangigkeit von ökonomischen, ökologischen und sozialen Zielsetzungen. Die nachhaltige Wertsteigerung für die Aktionäre ist ein explizit formuliertes Unternehmensziel. So heißt es in den „Vision & Values" von 2003: „Wir messen unsere Leistung stets an den Besten der Welt. Für unsere Aktionäre streben wir eine attraktive Rendite an."

Bewertungs- und Steuerungskennzahlen sind EVA (Economic Value Added), der bis auf die Bereichsebenen herunter gemessen wird, und ROCE (Return on Capital Employed). Die Financial Community lobt Henkels offene und kontinuierliche Kommunikation und den aussagefähigen Geschäftsbericht – der Quartalsbericht wird innerhalb von 60 Tagen und der Jahresabschlussbericht innerhalb von 75 Tagen vorgelegt.

Die Unternehmenskultur der Henkel KGaA:

Entwicklung der Nachwuchsführungskräfte
und gesellschaftliches Engagement

Die Unternehmenskultur von Henkel wird in starkem Maße von traditionell familiären Werten und der Mitarbeiterorientierung geprägt. Sie beruht in hohem Maße auf der gesellschaftlich engagierten Gründerfamilie und vermag es, sich den neuen Herausforderungen anzupassen. Das breite gesellschaftliche und soziale Engagement des Unternehmens und die Initiativen seiner Mitarbeiter sind vorbildlich.

Wichtiges Element der Unternehmenskultur von Henkel ist die Entwicklung der Nachwuchskräfte und eine konsequente Nachfolgeplanung. Die Nachwuchsführungskräfte werden mit eigenen ambitionierten Weiterbildungsprogrammen auf ihre zukünftigen Positionen vorbereitet.

Anmerkungen

1 www. unglobalcompact.com
2 www.sustainabilitiy-indexes.com
3 FTSE Group (ein Joint Venture von Financial Times und London Stock Exchange): www.ftse4good.com
4 www.iso.org
5 www.corporate-governance-code.de
6 www.imd.ch
7 www.insead.edu
8 www.iese.edu
9 www.henleymc.ac.uk

5. Hilti Aktiengesellschaft

Das Unternehmen im Überblick	
Stammsitz/Land:	Schaan, Liechtenstein
Rechtsform:	Aktiengesellschaft
Anzahl Mitarbeiter nach Regionen (2003):	14.640, davon – Americas (20 %) – Asia/Pacific (12 %) – Europa (68 %)
Umsatz (2003):	1.987 Millionen Euro (3.013 Millionen SFR)
Nettogewinn/Jahresüberschuss (2003):	123 Millionen Euro (1.186 Millionen SFR)
Produkte/Services:	– Bohr- und Abbautechnik – Direktbefestigung – Diamant- und Dübeltechnik – Brandschutz- und Schaumsysteme – Installations- und Messtechnik – Schraub-, Trenn- und Schleiftechnik
Absatzmärkte/Umsatzanteile nach Regionen (2003):	– Americas (23,5 %) – Asia/Pacific (10,25 %) – Europa (66,25 %)

5.1 Unternehmensgeschichte – Prägende Einflüsse

1941 Gründung der Maschinenbau Hilti OHG
Die Brüder Martin und Eugen Hilti gründen in Schaan, Liechtenstein, ein kleines Familienunternehmen, das in Auftragsfertigung mechanische Drehteile für verschiedene Industrien liefert.

1948 Entwicklung eigenständiger Produkte
Im Jahr 1948 beginnt Hilti mit der Entwicklung eigenständiger Produkte und dem schrittweisen Ausbau der Geschäftsfelder. Ab diesem Zeitpunkt wird auch der internationale Markt erschlossen.

1957 Einführung der Direktvertriebsstrategie
Die in der Bauindustrie einzigartige Direktvertriebsstrategie wird 1957 aus technologischen Notwendigkeiten heraus eingeführt und bleibt bis 2003 unverändert bestehen. Hilti hat mit dem „DX piston principle" eine sehr innovative Technologie entwickelt, die sie den Kunden erklären wollen.

1966 „Hilti Charter"
Die „Hilti Charter", eine verbindliche Deklaration aller Vertriebspartner zur Sicherstellung einer einheitlichen Vertriebs- und Marketingstrategie, wird 1966 entwickelt, da zu diesem Zeitpunkt der Erfolg von Hilti entscheidend von Vertrieb und Export abhängt.

1973 Hilti Management Modell
Auf Initiative des Unternehmensgründers und -chefs Martin Hilti wird das „Hilti Management Model" entwickelt, um die interne Transparenz und die funktionale Unternehmensstruktur zu sichern.

1974 Machtkämpfe um die Führung
Im Jahr 1974 kommt es im Zuge einer Herausforderung bei der Führung zu Machtkämpfen um die Nachfolge. Als Konsequenz der Rezession 1981 und der fehlenden Veränderungsbereitschaft wechselt Martin Hilti 80 Prozent des obersten Managements aus und führt gleichzeitig „Leadership Principles" ein.

1982 Reorganisation von Hilti in eine Matrixstruktur
Anfang der 1980er-Jahre sieht sich Hilti der ersten größeren Rezession in der Bauindustrie in Europa und den USA gegenüber. Der Umsatz stagniert 1982 bei 817,6 Millionen Euro. Martin Hilti reorganisiert daraufhin sein Unternehmen und implementiert eine Matrixstruktur aus drei Regionen und vier Business Units, um mehr Kundennähe zu schaffen. Zudem eröffnet er in Großstädten kleine Verkaufsräume, die „Hilti Centers", die den Weg zum Kunden erleichtern sollen.

1984 Anstoß der kulturellen Evolution
Obwohl das Geschäftsjahr 1984 für Hilti mit 15 Prozent Umsatz- und 39 Prozent Profitzuwachs sehr erfolgreich ist, nimmt Hilti die vorangegangene Krise als Signal und stößt eine kulturelle Evolution an. Der bisherige Fokus auf dem Firmengründer soll reduziert und die Verankerung der Firmenwerte im Individuum stärker in einer internationalen Hilti Kultur verankert werden. Als zentrales Element der Transformation wird dabei das Inno Training eingeführt.

5. Hilti Aktiengesellschaft

1986 Börsengang der Hilti Aktiengesellschaft
Seit 1986 ist Hilti mit Partizipationsscheinen an der Börse in Zürich notiert.

1987 „Strategy 2000"
Im Jahr 1987 führt Martin Hilti „Strategy 2000" als eine neue Strategie für den ganzen Konzern ein. Sie ist als „one-fits-all" angelegt und soll die Prozesse im Unternehmen, insbesondere im Marketing und Vertrieb, vereinheitlichen.

1990 Martin Hilti tritt zurück
Im Jahr 1990 tritt Martin Hilti als Vorstandsvorsitzender zurück und sein Sohn Michael Hilti übernimmt die Nachfolge.

1994 Prof. Dr. Pius Baschera kommt
Michael Hilti übernimmt den Verwaltungsratsvorsitz von seinem Vater und übergibt den Vorstandsvorsitz an Pius Baschera. Damit steht der Konzernleitung erstmals in der Unternehmensgeschichte kein Familienmitglied vor. Baschera führt den „Competition Radar" und Mitarbeiterbefragungen ein, um bessere Indikatoren für Markt und Stimmung im Unternehmen zu haben.

1995 Strategie „Champion 3C"
Pius Baschera erkennt 1995 schwache Anzeichen für Inkonsistenzen in der strategischen Orientierung von Hilti und beschließt, die „Strategy 2000" gemeinsam mit seinen Kollegen zu überarbeiten. Dabei stellt sich die Annahme steigender Umsätze als Schwäche heraus. Als Resultat dieser Überarbeitung entsteht die Strategie „Champion 3C".

2001 Einführung der EMG Meetings
Das jährliche Executive Management Group Meeting, dem die vier Mitglieder der Konzernleitung und 15 Manager der nächsten Hierarchieebene angehören, wird zur Kontrolle und Hinterfragung der Strategie eingeführt.

2003 Weltweite Baukrise
Die weltweite Baukrise löst mit dem Zusammenbruch des Marktes in Südamerika eine Krise in der Branche aus, die auch bei Hilti zu betriebsbedingten Entlassungen führt und die bestehende Unternehmenskultur auf einen harten Prüfstein stellt.
Im Februar 2003 wird durch Rückkauf der Partizipationsscheine ein „Going Private" durchgeführt. Das Finanzanlagegeschäft wird von der Hilti Gruppe getrennt, die sich auf das industrielle Kerngeschäft fokussiert. Um langfristig die ideellen und materiellen Interessen der Familie Hilti zu wahren, werden

die stimmberechtigten Aktien im Martin-Hilti-Familien-Trust gebündelt. Er hält 98,6 Prozent des Grundkapitals.

5.2 Branche und Unternehmensumfeld

Die Bauindustrie befindet sich in einer seit mehreren Jahren anhaltenden Krise. So hat das für Hilti relevante weltweite Bauvolumen im Jahr 2003 um 2 Prozent abgenommen. Angesichts dieser Situation mussten die Unternehmen dieser Branche seit Jahren lernen, Lösungen zu finden, um effektiv auf solche Krisen reagieren zu können. Zusätzlich kollabierte 2003 unerwartet auch der lateinamerikanische Markt, so dass die im Krisenfall bisher eingesetzten Kostenreduktionen nicht ausreichten. Dies zwang die Unternehmen der Baubranche zu Restrukturierungen.

Hilti ist aus dieser Krise gestärkt hervorgegangen, indem es zusätzlich zur Kompensation des schwachen Dollars konsequent Währungsabsicherungsinstrumente einsetzte. So nimmt Hilti in einer von der Financial Times und der Unternehmensberatung PricewaterhouseCoopers (PwC) 2003 unter internationalen Top-Managern durchgeführten Umfrage nach den renommiertesten Unternehmen der Welt im Bereich Immobilien/Bau den sechsten Platz ein.[1] Das Unternehmen hat seit mehreren Jahren in den verschiedenen Marktsegmenten eine führende Marktstellung. Im Jahr 2003 war Hilti als ein weltweit führender Anbieter von Produkten für den professionellen Kunden in der Bauindustrie und Gebäudeinstandhaltung in mehr als 120 Ländern tätig. Das Unternehmen unterhält eigene Produktionsstandorte und auch Forschungs- und Entwicklungszentren in Europa, Amerika und Asien. Von den rund 14.600 Beschäftigten sind ca. 1.500 im Hauptsitz in Schaan angestellt.

5.3 Wirtschaftliche Leistung

Die Umsatzzahlen haben sich zwischen 1993 und 2003 fast kontinuierlich erhöht, jährlich um etwa durchschnittlich 6 Prozent. Der Verwaltungsratsvorsitzende Michael Hilti beschreibt die Entwicklung von Hilti als einen Pfad „of constant evolution augmenting company strengths and building on them continually".[2]

5. Hilti Aktiengesellschaft

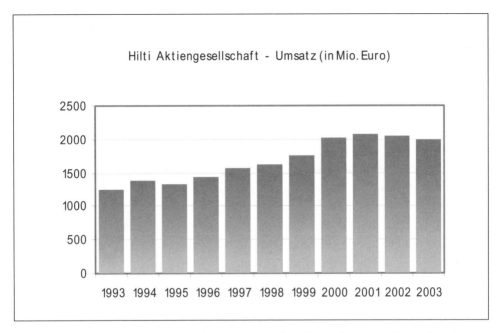

Abbildung II-5-1: Entwicklung der Umsätze der Hilti Aktiengesellschaft zwischen 1993 und 2003 (Quelle: Bloomberg, 2004, und Unternehmensangaben)

Hilti kann in den letzten Jahren unter Berücksichtigung der Schwierigkeiten des Marktes mit einer guten wirtschaftlichen Performance aufwarten. Das operative Ergebnis hat sich trotz der anhaltenden Krise in der Bauindustrie relativ stabil entwickelt, für den Gewinneinbruch im Jahr 2002 sind hohe Abschreibungen bei Finanzbeteiligungen verantwortlich. Doch bereits 2003 hat sich der Gewinn, bedingt durch das „Going Private" (Rückzug von der Börse), wieder erholt.

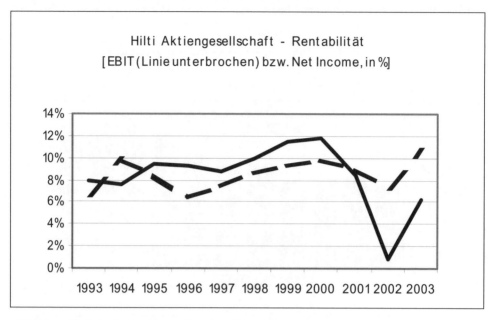

Abbildung II-5-2: Entwicklung der Rentabilität der Hilti Aktiengesellschaft zwischen 1993 und 2003 (Quelle: Bloomberg, 2004, und Unternehmensangaben)

5.4 Gelebte Unternehmenskultur

Hiltis Unternehmenskultur wurde von seinem Gründer Martin Hilti geprägt. Sein Sohn Michael Hilti hat sie in den 1980er-Jahren systematisch kodifiziert. Seitdem wird sie kontinuierlich gelebt, gepflegt und weiterentwickelt, was sich speziell in der Haltung und dem Führungsverhalten ausdrückt.

Hilti zeichnet sich durch seine konsequente Kundenorientierung aus: „Customer first – always". Diese Leitlinie zieht sich durch die gesamte Unternehmung, von der Strategie bis zu operativen Maßnahmen mit dem Ziel, die Mitarbeiter von dieser Idee zu begeistern. Zwei Drittel der Mitarbeiter stehen durch die spezielle Form des Direktvertriebs in direktem Kundenkontakt. Das Rechercheteam hat Hilti im Rahmen der Carl Bertelsmann-Preis-Recherche folgendermaßen bewertet:

5. Hilti Aktiengesellschaft

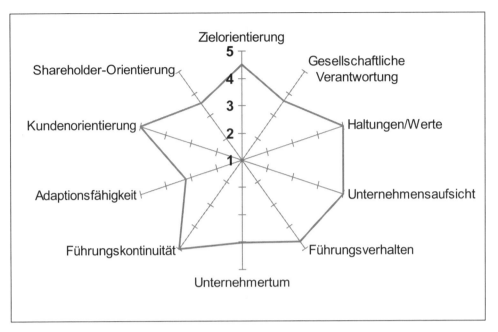

Abbildung II-5-3: Bewertung der zentralen Charakteristika der Hilti Unternehmenskultur (1: nicht vorhanden – 5: maximale Ausprägung) (Quelle: Booz Allen Hamilton, 2003)

5.4.1 Gemeinsame Zielorientierung

Die Hilti Aktiengesellschaft zeichnet sich durch eine stringente Zielorientierung aus, die in der klaren unternehmensweiten Kommunikation der Strategie und der davon abgeleiteten Ziele sichtbar wird.

Hilti verfolgt und kommuniziert seit 1995 konsequent die Unternehmensstrategie „Champion 3C". Die drei „C" stehen für **Customer, Competence** und **Concentration**. Ziel dieser Strategie ist die klare Ausrichtung des Unternehmens an den Bedürfnissen des Kunden.

Strategie „Champion 3C"	
Customer:	Marktabdeckung und -durchdringung, Marktanteil
Competence:	Qualität, Innovation, direkter Kundenzugang, Markenmanagement
Concentration:	Produkt- und Marktführerschaft
	www.hilti.com – Der Kunde

Die Ziele werden in einer Mischung aus top-down und bottom-up generiert und orientieren sich an dem generellen Ziel des nachhaltigen, profitablen Wachstums:

> **Wir bauen unsere Zukunft**
> Wir wollen nachhaltig profitabel und deutlich schneller wachsen als der Markt und damit unsere Unabhängigkeit und Handlungsfreiheit sichern. *www.hilti.com – Leitbild*

Die Unternehmensleitung definiert die übergeordneten Ziele, die dann innerhalb der einzelnen Abteilungen bzw. Teams interpretiert und fixiert werden.

Seit 2001 finden einmal jährlich die „EMG Meetings" (Executive Management Group Meetings) statt. Diese Workshops beschäftigen sich mit den Themen der strategischen Entwicklungen und Erfahrungen des vergangenen Jahres, den Chancen und Zwängen, die sich durch Hiltis Hauptmitbewerber ergeben und neuen Technologien und Innovationen im Unternehmen. Die übergeordneten Unternehmensziele werden in Trainings, via Intranet, auf Pinnwänden und auf dem „Marktplatz" vor der Kantine sowie in den zweimal jährlich stattfindenden Mitarbeiterversammlungen kommuniziert. Eine Spezifikation der Unternehmensziele erfolgt dann in Form der so genannten „Cockpit Performance Charts" und in den Zielvereinbarungsgesprächen mit den Mitarbeitern. Mehrmals jährlich finden für jeden Mitarbeiter Überprüfungen der Zielerreichung und gegebenenfalls Anpassungen statt.

Die Messbarkeit der Geschäftsprozesse ist bei Hilti durch ein pyramidenförmiges, integriertes Kennzahlensystem gegeben, das in allen Ebenen der Prozessorganisation installiert ist. Strategische Ziele werden auf die einzelnen operativen Bereiche heruntergebrochen, wobei gleichzeitig ein Rückkopplungsprozess besteht, der eine Anpassung der strategischen Ausrichtung zur Folge haben kann. Letztlich ist es Ziel dieses Kennzahlensystems, die Leistungsmessgrößen in allen Bereichen zu operationalisieren. Es wird durch die „Cockpit Performance Charts" visualisiert und transparent im Unternehmen verankert.

Die Trainings, „Strategie Champion 3C" und „Inno Compact 1", sind für alle Mitarbeiter verbindlich, „Inno 2" ist speziell für die Führungskräfte konzipiert. Das „Inno 1" Training wurde 1984 eingeführt und wurde bis 2003 mit nur geringen Modifikationen durchgeführt. Sein Zweck besteht darin, den Mitarbeitern die vier grundlegenden Prinzipien der Unternehmenskultur Hiltis zu verdeutlichen.

5.4.2 Verantwortung gegenüber der Gesellschaft

Hilti beweist gesellschaftliche Verantwortung durch Arbeitsplatzsicherheit, familienfreundliche Arbeitsbedingungen, Engagement für Kultur und Forschung sowie Umweltschutz.

Das Unternehmen hat seine Mitarbeiterzahl kontinuierlich ausgebaut. Im Gegensatz zur Konkurrenz hat das Unternehmen auch im Jahr 2002, bei rückläufigem Umsatz und Gewinn, neue Arbeitsplätze geschaffen. Am Hauptsitz in Liechtenstein kam es bisher weder zu Kurzarbeit noch betriebsbedingten Entlassungen, stattdessen wurden natürliche Fluktuation, Arbeitszeitkonten, Employability-Maßnahmen und temporäre Arbeitskräfte genutzt. Aufgrund der Krise am Bau und als Bestandteil der strategischen Ausrichtung des Produktionsnetzwerkes waren jedoch beispielsweise in Mexiko, Argentinien und den USA Entlassungen unabdingbar, die laut Mitarbeitervertretern stets „sauber und fair" abgelaufen sind. In den USA wurde diese Entwicklung bereits ein Jahr zuvor auf Mitarbeiterversammlungen angekündigt und durch großzügige Abfindungen und Outplacement-Berater abgemildert. Damit hat das Unternehmen gezeigt, dass es sich seiner Verantwortung als Corporate Citizen bewusst ist.

Hilti fördert die Vielfalt in der Mitarbeiterstruktur. So sind trotz fehlender Quoten ca. 5 Prozent der Führungskräfte weiblich und am Standort Liechtenstein arbeiten Mitarbeiter aus 40 verschiedenen Nationen. Im Bereich der Work-Life-Balance sehen Arbeitnehmervertreter und Management ein deutliches Verbesserungspotenzial, insbesondere beim Angebot von Teilzeitarbeitsplätzen. Bei Hilti lässt sich in diesem Bereich mit Ausnahme von Sport- und Freizeitgruppen bisher kein systematisches Handeln erkennen. Das Unternehmen verfügt über ein eigenes Pensionssicherungssystem und bietet seinen Mitarbeitern Ausgleichszahlungen bei Kindergeld, Renteneintrittsalter etc., um die nationalen Unterschiede zwischen der Schweiz und Liechtenstein auszugleichen. Der Hilti Sparverein bietet außerdem Zuschüsse zu Spareinlagen und damit eine bessere Verzinsung. Langjährige Mitarbeiter belohnt Hilti bei Dienstjubiläen mit Barprämien bzw. ab 25-jähriger Betriebszugehörigkeit auch mit Hilti-Geräten. Diese können auch jederzeit ausgeliehen werden.

Die „Hilti Foundation" fördert einige ausgewählte Projekte in den Bereichen Kultur, Soziales und Wissenschaft, so z.B. die „Aboukir Mission – 2000", die archäologische Tauchgänge vor Alexandria (Ägypten) durchführt. Ferner unterstützt die Martin-Hilti-Stiftung die internationale Berufsförderung mit 16-monatigen Auslandsaufenthalten für junge Berufstätige. In eine ähnliche Richtung arbeiten bestehende Fonds, die z.B. über Stipendienbeiträge den wirtschaftlichen und technischen Nachwuchs fördern. Die Gründung der Internationalen Schule Rheintal in Buchs/St. Gallen (Schweiz) wurde durch das Engagement von Hilti erst möglich. Zudem engagieren sich das Unternehmen und insbesondere Michael Hilti in der Region, nicht zuletzt deshalb, weil Hilti der größte industrielle Arbeitgeber Liechtensteins ist. Michael Hilti ist Präsident der liechtensteinischen Industrie- und Handelskammer und in zahlreichen weiteren Gremien aktiv. Die enge Verbundenheit des Unternehmens und der Familie Hilti mit ihrer Heimat, dem Fürstentum Liechtenstein, zeigt sich auch in der Darstellung des Landes im Firmenporträt „Hilti. Das Unternehmen und seine Leistungen".

Darüber hinaus ist eine öffentliche Präsentation des gesellschaftlichen Engagements von Unternehmensseite ausdrücklich nicht gewünscht, so dass der Umfang der Aktivitäten nicht genau festzustellen ist. Dieses Engagement stützt sich zum großen Teil auf die Familie Hilti. Die Förderung gesellschaftlicher Projekte reicht von Kunstsammlungen über Zuschüsse im Krankenhausbau bis hin zur Unterstützung rumänischer Straßenkinder und Container für den Irak.

Zum Themenbereich Umwelt findet sich bei Hilti keine öffentliche Kommunikation. Dennoch ist bekannt, dass hohe Umweltstandards umgesetzt und weltweit einheitlich gehandhabt werden. Alle Produktionsstandorte sind nach dem Umweltmanagementsystem ISO 14001[3] zertifiziert und werden regelmäßig auditiert. Die weltweite Umsetzung gleich hoher Standards im Umweltbereich zeigt sich laut Aussage von Michael Hilti in dem Bau der weltweit modernsten Galvanikfabrik in China.

5.4.3 Haltungen, Überzeugungen und Werte

Das Leitbild, die Vision und die daraus abgeleiteten Ziele von Hilti sind fest bei den Mitarbeitern im Unternehmen verankert. Das Leitbild besteht aus aktiv gelebten Werten:

- Wir schaffen mehr Wert.
- Wir wollen die Besten sein.
- Wir sind ein Team.
- Wir leben gemeinsame Werte.
- Wir bauen unsere Zukunft.

Speziell im Hinblick auf Werthaltungen bekennt sich Hilti dazu, diese gemeinsam zu leben:

> **Wir leben gemeinsame Werte**
> Wir stehen zu unserem Wort. Integrität, Selbstverantwortung, Toleranz und Respekt gegenüber dem Einzelnen zeichnen unser Miteinander aus. Wir sind stets bereit zu lernen und zu verändern. Wir handeln verantwortlich gegenüber Gesellschaft und Umwelt.
> *www.hilti.com – Leitbild*

Das Leitbild hängt überall im Unternehmen aus. Die Werte orientieren sich an dem Grundwert der Familie Hilti: Der Mensch steht im Mittelpunkt. Neuerdings wurden die zentralen Werte auf vier reduziert, um sicherzustellen, dass sie tatsächlich auch verstanden und gelebt werden. Diese sind Integrität, Courage, Teamwork und Commitment.

Mit seiner Unternehmensvision verfolgt Hilti das Ziel, weltweit ein führender Partner für die professionelle Bauindustrie und die Gebäudeinstandhaltung zu sein:

> **Unsere Vision**
> Rund um die Welt wollen wir der führende Partner für den Profi am Bau und in der Gebäudeinstandhaltung sein. Mit hochwertigen, ausgewählten Geräten sowie abgestimmten Werkzeugen und Befestigungssystemen.
> *www.hilti.com – Leitbild*

Auf die Einhaltung der Werte wird vor allem auf Führungsebene geachtet. So wurde ein Senior Executive Manager abgelöst, da seine Haltung und sein Verhalten wiederholt mit den Werten der Hilti Aktiengesellschaft unvereinbar war, obwohl er sehr gute wirtschaftliche Kennzahlen erreichte. Bei 95 Prozent der Manager, die in der Vergangenheit das Unternehmen verlassen haben, war der Grund nicht mangelnde Qualifikation, sondern mangelhaftes Vorleben der Unternehmenskultur. Die Bedeutung der Werte und damit der Unternehmenskultur zeigt sich bereits darin, dass jeder neue Mitarbeiter die Unternehmenskultur von Hilti in einem dreitägigen Einführungsseminar kennen lernt. Fest eingebunden in diese Seminare sind als Coaches die Führungskräfte des Unternehmens bis hin zu Konzernleitung und Verwaltungsrat. Diese Coaches stehen den Mitarbeitern auch später als Ansprechpartner für Fragen zur Unternehmenskultur zur Seite. Führungskräfte gelten bei Hilti als Vorbild und Wertevermittler. Es ist Michael Hiltis Überzeugung, dass kein Personalbereich eine Unternehmenskultur verankern kann, sondern dass diese von der Führung vorgelebt werden muss.

Um die Verankerung der Unternehmenskultur mit ihrer Vision und die daraus abgeleiteten Ziele bei den Mitarbeitern zu überprüfen und zu erhalten, werden jährliche Mitarbeiterbefragungen durchgeführt, die detailliert analysiert werden und zu Entwicklungsmaßnahmen führen. 2001 waren 90 Prozent der Mitarbeiter mit ihrem Job zufrieden und 73 Prozent hielten Hilti für einen guten Arbeitgeber. Die Ergebnisse im Jahr 2002 zeigten eine noch höhere Identifikation der Mitarbeiter mit dem Unternehmen, die Ergebnisse der Umfrage 2003 haben sich abermals verbessert.

Zu Beginn des Jahres 2003 sah sich die Hilti Aktiengesellschaft erstmals seit 1982 einer größeren Krise in der Bauwirtschaft gegenüber. Der sich daraus ergebende Restrukturierungsprozess stellte die bestehende Unternehmenskultur auf eine harte Bewährungsprobe. Nach eingehenden Beratungen entschied die Konzernleitung, die Unternehmenskultur nicht zu verändern, sondern im Gegenteil weiterhin zu stärken. Die ermittelte positive Korrelation zwischen Mitarbeiter- und Kundenzufriedenheit sowie Profitabilität nahm die Unternehmensleitung hierfür als Bestätigung.

Im Januar 2003 wurde „Our Culture Journey" initiiert, bei der zunächst unter Einbindung verschiedener Mitarbeiterebenen das Leitbild überarbeitet wurde. Im Zentrum stand die Frage, welche Werte in zehn Jahren für Hilti noch relevant sein werden und wie diese Werte lebendig erhalten werden können. Die bestehenden Werte wurden auf vier reduziert, wobei neben Integrität, Teamwork und Commitment neu die Courage aufgenommen wurde. Durch die Reduktion der zentralen Werte erhofft man sich, dass diese noch besser verstanden und gelebt werden können. Auch soll jeder Mitarbeiter für sich prüfen, ob seine Werthaltungen und die Unternehmenskultur grundsätzlich zusammenpassen, nach dem Motto „Change it – love or leave it".

5.4.4 Unabhängigkeit und Transparenz der Unternehmensaufsicht

Hilti ist ein Familienunternehmen, dessen gesamte stimmberechtigte Namensaktien seit 1980 vom Martin-Hilti-Familien-Trust gehalten werden. Dieser Trust basiert auf liechtensteinischem Trustrecht, das dem des angelsächsischen Raumes vergleichbar ist. Alle Erben haben dazu freiwillig auf ihr Erbe verzichtet und ihre Anteile in diesen Trust eingebracht. Er ist insofern einmalig, da er nicht der Sicherung des Einflusses der Familie Hilti dient, sondern dem Wohl der Unternehmensgruppe. Primär soll durch den Trust die Kontinuität, Sicherheit und Weiterentwicklung des Konzerns sowie die materielle Absicherung der Familie Hilti und sekundär die Wahrung ihrer immateriellen Interessen gewährleistet werden. Der Trust hat eine eigene Verfassung, die auch klare Qualifikationsanforderungen an die Familienmitglieder sowie Richtlinien umfasst, die den Umgang mit Doppelmandaten, Ämtertrennung und Altersgrenzen regeln.

Das Governance-Modell von Hilti ist klar definiert. Doppelmandate werden vermieden, Kompetenzen und Qualifikationsanforderungen an das Management sind spezifiziert. Die Mitglieder des Verwaltungsrats sind in die strategische Unternehmensführung eingebunden. Im Rahmen der Corporate Governance findet eine ausführliche Berichterstattung zu den Mitgliedern der Geschäftsleitung und des Verwaltungsrates statt. Der Verwaltungsrat setzt sich aus zurzeit sechs Experten zusammen, von denen maximal drei der Familie Hilti angehören dürfen. Sie werden auf Basis eines Qualifikations- und Kompetenzprofils gezielt ausgesucht und sind ungewöhnlich stark in die Unternehmensentwicklung eingebunden. Dieser „Arbeitsverwaltungsrat" verpflichtet seine Mitglieder neben den fünf bis sechs zwei- bis viertägigen Sitzungen, sich an mindestens 20 und bis zu 40 Tagen im Jahr in das Unternehmen einzubringen. Die Einbindung umfasst auch Kundenbesuche. Diese gemeinsamen Kundenbesuche mit Vertriebsmitarbeitern dienen dazu, sich ein realistisches Bild über Kunden, ihre Bedürfnisse und das kundenorientierte Unternehmen Hilti zu verschaffen.

Der Verwaltungsrat besteht nach Michael Hiltis Devise „je kleiner desto besser" momentan aus fünf unabhängigen Mitgliedern und dem Vorsitzenden Michael Hilti. Eine Periode dauert drei Jahre, es sind maximal vier Perioden der Tätigkeit im Verwaltungsrat erlaubt. In diesem Gremium gibt es keinen Bankenvertreter und keinen Arbeitnehmervertreter. Die Mitglieder evaluieren sich nicht gegenseitig. Im Geschäftsbericht werden ausführlich die Aufgaben und Arbeitsweisen des Kontrollgremiums sowie die Entschädigungen für die Mitglieder und die Altergrenze – sie liegt bei 70 Jahren – dargelegt.

5.4.5 Partizipatives Führungsverhalten

Die exzellente Führungskultur von Hilti kommt in den Führungsgrundsätzen, der Einbindung der Mitarbeiter, einer hohen Leistungsorientierung, dem breiten Aus- und Weiterbildungsangebot sowie dem kontinuierlichen Dialog zwischen Mitarbeitern und Führungskräften zum Ausdruck.

Der Leitspruch, der das Führungsverhalten von Hilti charakterisiert, zeigt bereits die Bedeutung für das Unternehmen: „Leadership makes the difference." Die konsistenten Führungsgrundsätze von Hilti werden regelmäßig gemeinsam mit dem Leitbild überarbeitet, in das sie eingebettet sind.

> **Wir sind ein Team**
> Wir haben hervorragende MitarbeiterInnen. Wir erwarten hohe Leistungen und bieten entsprechende Gegenleistungen. Alle haben die gleichen Chancen – bei der Anstellung wie in der persönlichen Entwicklung. Unsere MitarbeiterInnen sollen im Team wachsen und ihre Laufbahn langfristig innerhalb der Hilti Gruppe gestalten können.
>
> *www.hilti.com – Leitbild*

Die Grundlagen der Mitarbeiterführung werden bei Hilti in der im Jahr 2000 eingeführten „People Strategy" festgelegt. Besonders wird dabei die Teamarbeit hervorgehoben, bei der Eigenverantwortung in Bezug auf die Gestaltung des Arbeitsablaufes, die Zieldefinition und die Zeiteinteilung eine große Rolle spielen. Jedes Team wählt einen Teamsprecher. Die „People Strategy" setzt sich aus fünf „Key Initiatives" zusammen, die die Umsetzung der Personalarbeit im Rahmen der globalen Human-Resource-Prozesse unterstützen. Daneben beinhaltet sie neun „Guiding Principles", die dazu beitragen sollen, die Mitarbeiter zu begeistern:

> **Guiding Principles**
> 1. Vielfalt in der Mitarbeiterstruktur ist unverzichtbar.
> 2. Wir rekrutieren und entwickeln unsere Mitarbeiter über die unmittelbaren Stellenanforderungen hinaus.
> 3. Wissen und Fertigkeiten sind die Basis, Persönlichkeit (Competence und Werte) ist entscheidend für den Erfolg.
> 4. Persönliches Wachstum erfolgt durch Entwicklung von Wissen, Fertigkeiten und Competencies auf der Basis unserer Werte.
> 5. Mitarbeitende sind für ihre Entwicklung selbst verantwortlich.
> 6. Mehrheit der Mitarbeitenden entwickelt sich innerhalb des Unternehmens.
> 7. Wirkungsvolles Feedback und situationsgerechtes Coaching sind auf allen Ebenen ein Muss.
> 8. Entlohnung honoriert sowohl die Leistung des Teams als auch die Leistung des Einzelnen.
> 9. Wir gestalten aktiv die Entwicklung von Einzelnen, von Teams und des Unternehmens.
>
> *www.hilti.com – People Strategy*

Die Vorgesetzten werden angehalten, ein Arbeitsumfeld zu schaffen, das die Selbstentwicklung der Mitarbeiter fördert. Dabei liegt es in der Verantwortung des Vorgesetzten, das Mitarbeiterpotenzial zu entwickeln. Die Vorgesetzten haben im Rahmen der Unternehmenskultur eine Vorbildfunktion. Für das Unternehmen ist es „ein Muss auf allen Ebenen", situationsgerechtes Coaching und wirkungsvolles Feedback durchzuführen: „Wenn Unterstützung angefragt wird, bekommt man sie." Die Mitarbeiter verpflichten sich zu einem Feedback gegenüber ihren Teammitgliedern und Vorgesetzten, das in der jährlichen Mitarbeiterbefragung erhoben wird. Die Ergebnisse werden im Team diskutiert und so transparent gemacht. Die Mitarbeiter bescheinigen den Führungskräften von Hilti Offenheit und Dialogbereitschaft.

Hilti hat für seine Mitarbeiter und Führungskräfte das „Red-Thread"-Modell, eine Kompetenzmatrix, entwickelt, die wirtschaftliche, soziale und wertbezogene Anforderungen enthält. Sie dient der Führungskräftebeurteilung und sichert die Motivation und Transparenz, da sie jedem Mitarbeiter die Möglichkeit gibt, sich über die Profile höherer Positionen zu informieren. Diese Modelle werden nicht als von der Personalabteilung erstellte Arbeitsplatzbeschreibungen herausgegeben, sondern als Grundaussagen auf jeder Ebene und an jedem Arbeitsplatz diskutiert.

Hilti verfolgt eine Vertrauenskultur: So gibt es am Konzern-Hauptsitz keine Zeiterfassung, alle Mitarbeiter sind zeichnungsberechtigt und am Konzernerfolg mit beteiligt. Aufgrund der geringen gesetzlichen Vorgaben gibt es keine institutionalisierte Mitbestimmung der Mitarbeiter im Verwaltungsrat. Dennoch sucht die Unternehmensleitung durch die so genannten „Impulsteams" den kontinuierlichen Dialog mit den Mitarbeitervertretern in regelmäßigen Jour fixes, in denen konstruktive Verbesserungsvorschläge erarbeitet werden sollen. So wurde beispielsweise ein Projekt gestartet, das die Ursachen und entsprechende Lösungen für einen Unternehmensbereich mit hoher Fluktuationsrate finden sollte und auch die Sicherung des Know-hows bei Abwanderung zum Ziel hatte. Die Mitarbeitervertreter sehen sich in den „Impulsteams" selbst als proaktiver und dialogorientierter Partner und fühlen sich von der Unternehmensleitung bei der stetigen Verbesserung der Arbeitsbedingungen als solcher ernst genommen.

Im Leitbild wird eine hohe Leistungserwartung angesprochen: „Wir wollen die Besten sein." In jährlichen Mitarbeiterbeurteilungen werden individuelles Verhalten wie auch Leistung besprochen. Die variable Vergütung orientiert sich für Mitarbeiter am Standort Liechtenstein an Team- und Konzernzielen. So kommt es durchaus vor, dass sich das Reinigungspersonal über den Stand des Konzernergebnisses informiert. Individuelle Zielerreichung spielt im Vertrieb zusätzlich eine Rolle. Der Leistungsdruck hat nach Aussagen von Mitarbeitervertretern aufgrund ehrgeiziger Unternehmensziele zugenommen. Allerdings gibt es transparente Spielregeln. So wird spätestens am fünften Werktag des Folgemonats das „Cockpit Performance Chart" veröffentlicht, das die Teamleistung reflektiert und dessen Kennzahlen im Team erarbeitet werden. Zur Beurteilung der Führungskräfte wird eine Reihe von quantitativen und qualitativen Faktoren herangezogen. Hierzu gehören Kennzahlen wie Umsatz oder ROCI (Return on Capital Invested, Profitabilität), Kundenorientierung, die über Qualität, Beschwerden und Zuverlässigkeit bewertet wird, aber auch die Mitarbeiterzufriedenheit, Mitarbeiterentwicklung sowie das werteorientierte Verhalten der Führungskräfte. All diese Faktoren haben Auswirkungen auf die Vergütung.

Die Personalentwicklung ist am Individuum, nicht allein an der spezifischen Arbeitsaufgabe orientiert. Dementsprechend findet die Weiterbildung sowohl in berufs- als auch persönlichkeitsorientierten Seminaren und Workshops statt, die je nach Art der Weiterbildung entweder während der Arbeitszeit oder aber im Anschluss daran besucht werden. Hilti beteiligt sich mit bis zu 75 Prozent an den Kosten für Weiterbildungsmaßnahmen, die ein Mitarbeiter in seiner Freizeit außerhalb des Konzerns zu allgemein weiterbildenden Zwecken verfolgen möchte. Dies belegt das Engagement des Unternehmens für die ganzheitliche Weiterbildung seiner Mitarbeiter. Insgesamt wendet Hilti 1,2 Prozent des Gesamtumsatzes für die Weiterbildung auf. Durchschnittlich bildet sich jeder Mitarbeiter drei bis fünf Tage pro Jahr weiter. Bemerkenswert ist das ausgeprägte Rotationsprinzip, mit dessen Hilfe die Mitarbeiter auf die Übernahme größerer Verantwortung vorbereitet werden. Dazu sind sie in unterschiedlichen Funktionen und in verschiedenen Ländern tätig. Hilti präferiert eine interne Personalrekrutierung für die Besetzung von Führungspositionen, die für die Unternehmensspitze sogar verbindlich ist und die Kontinuität der Unternehmensführung sichern soll.

Die Kommunikation mit den Mitarbeitern wird allgemein als „vorbildlich" bezeichnet, informelle Gespräche mit dem Management sind jederzeit möglich. Auch bei den Mitgliedern der Konzernleitung haben die Mitarbeiter das „Gefühl, dass deren Türen offen sind". In monatlichen „Gipfeli-Meetings" lädt die Konzernleitung nach dem Zufallsprinzip eine Reihe von Mitarbeitern aus sämtlichen Hierarchieebenen ein, um beim Frühstück informell deren Sorgen, Ideen und Meinungen kennen zu lernen. Auf der Jahresabschlussfeier werden die wirtschaftlichen Rahmendaten und deren Auswirkungen auf den Bonus offen vorgestellt. Die Kommunikationskultur tendiere nach Meinung der Mitarbeiter eher dazu, zu offen und direkt zu sein, wie es bei der Darstellung der kommenden wirtschaftlichen Herausforderungen der Fall gewesen sei. Traditionell wird alle zwei Jahre, seit 2003 sogar im Jahresrhythmus, eine weltweite Mitarbeiterbefragung durch ein unabhängiges externes Institut durchgeführt. Die Ergebnisse liegen nach spätestens vier Wochen vor, und zwar differenziert nach Unternehmens-, Unit- und Teamebene. Verbesserungsmöglichkeiten werden mit den Mitarbeitern besprochen und Maßnahmen für die Umsetzung gemeinsam abgeleitet.

5.4.6 Unternehmer im Unternehmen

Mit einer Matrixorganisation ist Hilti in Regionen (Märkte) und Produkte (Business Units) strukturiert und umfasst 60 ergebnisverantwortliche Einheiten, die unternehmerisches Denken und Handeln erfordern und fördern. Selbstverantwortliches Agieren wird auf Mitarbeiter- und Führungsebene erwartet.

Das Verbesserungssystem bei Hilti bestand früher aus einer zentralen Stelle, doch mittlerweile wurde die Bürokratie abgebaut und stattdessen Qualitätszirkel und Kontinuierliche Verbesserungsprozesse (KVP) eingeführt. Dabei erstellen die Teams „Ideenlisten".

Für die Mitarbeiter besteht keine Möglichkeit der Kapitalbeteiligung, die Erfolgsbeteiligung besteht in ergänzenden Leistungen zu den fixen bzw. variablen Gehaltsteilen. Das Bonussystem ist transparent: Es teilt sich je zur Hälfte in eine Leistungskomponente (individuell bzw. im Team) und eine Beteiligungskomponente am Unternehmenserfolg auf. Diese Aufspaltung gilt für jeden Mitarbeiter am Hauptsitz. Diese haben im Intranet die Möglichkeit, verschiedene Szenarien zu simulieren und ihren Bonus zu berechnen.

5.4.7 Führungskontinuität

Kennzeichnend für die Unternehmenskultur bei Hilti ist die Kontinuität in der Unternehmensführung. Sie zeigt sich in der langen Amtszeit der Vorsitzenden. Die derzeitigen Verwaltungsrats- und Konzernleitungsvorsitzenden sind seit 1994 im Amt. Seit der Unternehmensgründung hatte Hilti nur drei Vorstandsvorsitzende. Die Altersgrenze für ein Vorstandsmitglied liegt bei 56 Jahren.

Die Sicherung der Nachfolge ist Aufgabe des Verwaltungsrats, der jährlich die Top-30-Mitarbeiter und die Top-12-Geschäftsführer des Konzerns auf Basis eines schriftlich fixierten Profils diskutiert. Der Vorsitzende soll intern rekrutiert werden, damit der Kandidat sich zunächst einige Jahre im Unternehmen bewähren kann: „In order to become a member of the Executive Board, an individual must have worked at Hilti a few years, preferably in different departments and positions so that he or she has an understanding of the organization and is able to act as a living example of the Hilti culture" (Egbert Appel, Leiter Finanzen und Personal).[4] Diese Praxis ist Ergebnis eines Lernprozesses in den 1980er-Jahren, im Zuge dessen Martin Hilti wegen Wertdifferenzen 80 Prozent des Managements austauschte und Mitarbeiter das Unternehmen verlassen mussten, die zwar in der Vergangenheit gute Leistungen gezeigt, sich aber nicht kulturkonform verhalten hatten.[5] Außerdem zeigte sich, dass extern rekrutierte Manager auf oberster Führungsebene in ca. 50 Prozent der Fälle nicht, zu 25 Prozent nur bedingt passten und lediglich 25 Prozent sich erwartungs- und wunschgemäß entwickelten. Entscheidend für Hilti ist es, dass das Management die Werte weiterführt.

Innerhalb des Unternehmens gibt es keine spezifische Kommunikation zum Thema Nachwuchsförderung, dennoch werden potenzielle Kandidaten durch die oben dargestellte Rekrutierungspolitik und Entwicklungsmaßnahmen umfassend vorbereitet. Die wesentlichen Einstellungskriterien sind Wissen und Persönlichkeit. Zudem kooperiert Hilti beim Management Development mit der Hochschule St. Gallen und dem IMD[6] in Lausanne. Den Mitarbeitern bieten sich dabei breite Entwicklungsmöglichkeiten. So bildete sich z.B. ein langjähriger Montagemitarbeiter zum Coach weiter, arbeitete dann in der Administration und hat heute Personalverantwortung für zwei Werke. Die vorzugsweise interne Rekrutierung von Führungskräften, das geforderte kulturkonforme Verhalten sowie das altersbedingte Ausscheiden aus der Konzernleitung mit 56 Jahren haben in den letzten Jahren einen Engpass im Bereich Leadership Talent entstehen lassen.

5.4.8 Adaptions- und Integrationsfähigkeit

Hilti zeichnet sich hier besonders im Bereich der Produktinnovationen und durch seine Veränderungsfähigkeit aus.

Hilti ist im Markt für seine hohe Produktinnovationskraft bekannt. Diese wird vor allem durch die starke Einbindung der Kunden in den Entwicklungsprozess erreicht. In den letzten Jahren wurde das Thema Innovation noch stärker betont. Seither haben sich die Aufwendungen im Bereich Forschung und Entwicklung verdoppelt und im Jahr 2002 4,5 Prozent des Umsatzes betragen. In den letzten Jahren versucht Hilti außerdem mittels Einbindung der Mitarbeiter im Rahmen der Qualitätszirkel Innovation und Prozessverbesserungen voranzutreiben. Wissensgenerierung findet zumeist noch ohne Systemunterstützung statt. Wissen, beispielsweise über Best Practices, wird im Wesentlichen über persönliche Netzwerke weitergegeben. Die Innovationsfähigkeit der Mitarbeiter wird durch das Trainingselement „Circle of habits" des „Inno 1", und durch die Fokussierung des Werts „Courage", entwickelt. So legt Hilti verstärkt Wert darauf, dass der Zirkel von Gewohnheiten verlassen wird und mutig neue Wege beschritten werden.

Veränderungsfähigkeit wird bei Mitarbeitern und Führungskräften erwartet, wobei Fehler gemacht werden dürfen, da sie weniger als „Fehler" denn vielmehr als „Erfahrung" interpretiert werden. Die Mitarbeiter von Hilti heben als besonderes Charakteristikum des Unternehmens die Atmosphäre der ständigen Bewegung und Veränderung hervor. Wie sich bereits im Rotationsprinzip zeigt, spielt bei Hilti die Integration von Neuem eine große Rolle. Hierbei sind Internationalität und Mobilität besonders wichtig, weshalb das Unternehmen interkulturelle Teams aufbaut, die die Offenheit der Hilti-Kultur für andere Einflüsse widerspiegeln.

Da Hilti weite Teile der Wertschöpfungskette selbst abdeckt und einzig direkt vertreibt, ist das Unternehmen vergleichsweise gering mit anderen Geschäftspartnern vernetzt. Hilti bemüht sich kontinuierlich, neue Geschäftsfelder aufzubauen. Außerdem geht Hilti Entwicklungs- und Produktionspartnerschaften ein, etwa bei der Mitentwicklung von Laser-Distanzmessgeräten gemeinsam mit der Jenoptik-Tochter Jenoptik Laser, Optik, Systeme GmbH. Die Geräte werden von Jenoptik produziert und von Hilti weltweit vertrieben. Am 1. Januar 2003 haben die beiden Unternehmen gemeinsam die HILLOS GmbH[7] gegründet, um die begonnene Partnerschaft zu vertiefen. Zusätzlich haben sie ihre gemeinsame Produktpalette um Positioniergeräte erweitert.

5.4.9 Kundenorientierung

Kundenorientierung wird bei Hilti ganz besonders groß geschrieben und ist im Leitbild, der Strategie und im Organigramm[8] verankert:

> **Wir wollen die Besten sein**
> **Kunden:** Wir wollen der beste Partner unserer Kunden sein. Ihre Bedürfnisse bestimmen unser Handeln.
> **Kompetenz:** Wir zeichnen uns aus durch wegweisende Innovation, umfassende Qualität, direkte Kundenbeziehungen und ein wirksames Marketing.
> **Konzentration:** Wir konzentrieren uns auf Produkte und Märkte, in denen wir Führungspositionen erlangen und halten können.
> www.hilti.com – Leitbild

Ziel ist es, den Kunden nicht bloß zufrieden zu stellen, sondern ihn zu „begeistern". In jährlichen Befragungen wird die Kundenzufriedenheit überprüft. Die aufgezeigten Verbesserungspotenziale werden mit entsprechenden Maßnahmen bearbeitet.

Einzigartig in der Branche ist das eigenständige Direktvertriebsnetz, in dem zwei Drittel der Mitarbeiter beschäftigt sind. Die sich daraus ergebende enge Kundenbindung und Kundennähe wird als entscheidender Wettbewerbsvorteil gesehen. Täglich gibt es bei Hilti 100.000 Kontakte zu Kunden, da die Kunden als Motor der Innovation gesehen werden. Die Direktvertriebsstrategie wurde 1957 eingeführt, um den Kunden die innovative Technologie des „DX piston principles" besser erklären zu können. Martin Hilti wählte dazu den Weg der Demonstration vor Ort, auf dem Bau. Zu Beginn der 1980er-Jahre etablierte er angesichts der Stagnation des Umsatzes in Großstädten kleine Verkaufsstellen, die „Hilti Centers". Diese sollen es den Kunden ermöglichen, dringend benötigte Geräte zügig zu beschaffen. Erstmals in über 40 Jahren ist Hilti 2003 von seiner Direktvertriebsstrategie abgewichen, als Hilti France in einem kleinen Gebiet in Frankreich als Pilotprojekt ein „Shop-in-shop"-Konzept startete. Mittlerweile wurde dieses Konzept auf die USA und einige andere Länder übertragen. In ausgewählten Fachmärkten werden für Bau-Profis Hilti-Produkte und Hilti-Beratung von Hilti-Mitarbeitern angeboten. Auf diese Weise soll gerade kleineren Kundenunternehmen der Zugang zu Hilti erleichtert werden.

Die ausgeprägte Kundenorientierung zeigt sich auch im Internetauftritt von Hilti, der dem professionellen Kunden umfassende Informationen zu vielen Themen bietet. Neben umfangreichen Produktinformationen, insbesondere im Bereich Dübel und Brandschutz, finden sich dort auch Informationen über Schulungen, die Hilti für seine Kunden veranstaltet. Weiterhin bietet Hilti seinen Kunden eine kostenlose Servicenummer und die Möglichkeit des Online-Einkaufs.

Pius Baschera initiierte zudem einen Radar („Competition Radar") über die Mitbewerber, in dem sich alle sechs Wochen die Geschäftsführer der größten nationalen Vertriebsorganisationen in einer Telefonkonferenz über die strategischen Entwicklungen der direkten Konkurrenten austauschen und so die Möglichkeit schaffen, frühzeitig auf diese reagieren zu können.

5.4.10 Shareholder-Orientierung

Die Geschäftspolitik der Hilti Aktiengesellschaft orientiert sich am „Stakeholder-Value-Ansatz" und postuliert dementsprechend die Einbeziehung der Interessen aller internen und externen Partner (Mitarbeiter, Kunden, Lieferanten, Finanzwelt) in das Unternehmen.

Hilti formuliert mit dem ROS (Return on Sales) und OPP (Operating Profit) klare Kennzahlen. Für Michael Hilti ist eine hohe Eigenkapitalquote von entscheidender Bedeutung für die Stabilität und Unabhängigkeit des Unternehmens. Um diese zu sichern und die Handlungsfreiheit zu gewährleisten, bekennt sich das Unternehmen zu nachhaltiger Profitabilität und überdurchschnittlichem Wachstum.

Mit dem „Going Private" im Jahr 2003 will sich die Hilti Aktiengesellschaft wieder voll auf ihre Kernkompetenzen konzentrieren. Der Finanzmarkt reagierte positiv – der Wert der Partizipationsscheine stieg nach Ankündigung dieser Refokussierung.

Die Unternehmenskultur der Hilti Aktiengesellschaft:

Kundenorientierung, Mitarbeiterverantwortung, grundlegende Überzeugungen, Haltungen und Werte und deren konsequente Umsetzung, Offenheit und Corporate Governance

Bei der Unternehmenskultur von Hilti stechen fünf Dimensionen besonders hervor: die Kundenorientierung, die grundlegenden Überzeugungen, Haltungen und Werte und deren konsequente Umsetzung, die Mitarbeiterverantwortung, die Unternehmensaufsicht und die Führungskontinuität. Kundenorientierung zieht sich als oberstes Unternehmensziel und damit Basis aller Geschäftstätigkeit durch alle Ebenen des Unternehmens. Sie wird durch eine starke Einbindung des Kunden in den Entwicklungsprozess und die Direktvertriebsstrategie gefördert. Zwei Drittel der Mitarbeiter sind im Vertrieb beschäftigt.

Die grundlegenden Überzeugungen, Haltungen und Werte werden konsequent von Führungskräften und Mitarbeitern gelebt und ihre Umsetzung wird durch entsprechend konsistente Instrumente unterstützt.

Mitarbeiter werden aktiv eingebunden, ihnen wird Verantwortung übertragen und von ihnen wird eigenverantwortliches Handeln erwartet. Entsprechend sind die Organisationsstrukturen flach. Die Kommunikation und der Umgang miteinander sind über Hierarchieebenen und Bereichsgrenzen hinweg durch große Offenheit charakterisiert.

Die spezifische Umsetzung der Unternehmensaufsicht kann nicht nur Familienunternehmen als Vorbild dienen. Bei Hilti steht deutlich die langfristige Bestandssicherung des Unternehmens im Vordergrund. Die Mitglieder des Aufsichtsgremiums, des Verwaltungsrates, werden überdurchschnittlich stark in das Unternehmen eingebunden und von ihnen wird ein aktiver Beitrag erwartet.

Die Führungskontinuität ist vorbildlich. Durch die in der Unternehmenskultur verankerte Selbstkritik und ständige Suche nach Verbesserungsmöglichkeiten steht sie Veränderungen keineswegs im Wege, sondern fördert diese aktiv und dient damit der Zukunftssicherung des Unternehmens.

Anmerkungen

1 Vgl. Financial Times/PwC, 2004.
2 Bruch/Bieri, 2003.
3 www.iso.ch
4 Bruch/Bieri, 2003, S. 18.
5 Bruch/Bieri, S. 17.
6 www.imd.ch
7 www.jenoptik-los.de
8 Hilti Annual Report, 2002, S. 29.

6. Novo Nordisk A/S

Das Unternehmen im Überblick

Stammsitz/Land:	Bagsværd, Dänemark
Rechtsform:	A/S
Anzahl Mitarbeiter (2003):	18.756, davon – Dänemark (60 %) – Sonstige Länder (40 %)
Umsatz (2003):	3.600 Millionen Euro (26.500 Millionen DKK)
Nettogewinn/Jahresüberschuss (2003):	653 Millionen Euro (4.900 Millionen DKK)
Produkte/Services:	– Produkte für Diabetespatienten (70,5 %) – Haemostase (Blutstillung) (14,6 %) – Wachstumshormone (8,4 %) – Hormonersatztherapie (5,0 %) – Corporate (Dienstleistungen) (1,5 %)
Absatzmärkte/Umsatzanteile nach Regionen (2003):	– Europa (44 %) – Japan/Ozeanien (16 %) – Nordamerika (24 %) – Andere (16 %)

6.1 Unternehmensgeschichte – Prägende Einflüsse

1920 **August Krogh erhält den Nobelpreis**
Der Professor für Zoophysiologie (1908–1945) an der Universität von Kopenhagen, August Krogh (1874–1949), bekommt den Nobelpreis in Medizin und Physiologie „for his discovery of the capillary motor regulating system" verliehen.

1921 **Entdeckung des Insulins**
Die kanadischen Physiologen Sir Frederick G. Banting und Charles H. Best entdecken das antidiabetische Hormon Insulin durch Versuchen an Rindern. Zwei Jahre später erhält Banting gemeinsam mit John J.R. MacLeod für diese Entdeckung den Nobelpreis für Medizin und Physiologie.

1922 Erstmalige erfolgreiche Insulingewinnung
In Dänemark gewinnen August Krogh und Dr. Hans Christian Hagedorn mit finanzieller Unterstützung des Apothekers August Kongstedt erstmalig Insulin.

1923 Gründung des Nordisk Insulinlaboratoriums
August und Marie Krogh, die als Ärztin selbst unter Diabetes Typ-2 leidet, gründen das Nordisk Insulinlaboratorium, nachdem sie von Banting und Best die Genehmigung erhalten haben, in Dänemark Insulin produzieren zu dürfen. Um Krogh bilden die Gebrüder Pedersen ein Forschungsteam mit dem Ziel, Insulin herzustellen.

1925 Gründung von Novo Terapeutisk
Im Jahr 1925 trennt sich das Team und die Gebrüder Harald und Thorvald Pedersen gründen Novo Terapeutisk. Bis zur Fusion 1989 stehen die beiden Unternehmen im Wettbewerb miteinander.

1941 Novo diversifiziert in den Bereich Enzymgewinnung
Novo bringt Trypsin auf den Markt, ein aus der Prankreas von Tieren extrahiertes Enzym, das Leder beim Gerben schützt.

1949 Einführung von Penicillin Novo
Novo vertreibt mit Penicillin Novo sein erstes Produkt, das durch Fermentation gewonnen wird.

1973 Nordisk diversifiziert in den Bereich Wachstumstherapie
Nordisk Gentofte vermarktet Nanormon® Wachstumshormone zur Bekämpfung von Wachstumshormoninsuffizienz. Die Wachstumshormone werden aus menschlichen Hirnanhangdrüsen gewonnen.

1981 Novo wird an der New York Stock Exchange gehandelt
Als erstes skandinavisches Unternehmen wird Novo an der New York Stock Exchange gehandelt.

1987 Innovation bei Insulin
Novo beginnt mit der Produktion von menschlichem Insulin mithilfe von genetisch veränderten Hefezellen.

1988 Hormonersatz
Nordisk Gentofte bringt Norditropin® auf den Markt, ein genetisch verändertes Hormonersatzpräparat.

6. Novo Nordisk A/S

1989 Fusion zu Novo Nordisk
Novo Industri A/S und Nordisk Gentofte A/S fusionieren zum weltgrößten Insulinproduzenten Novo Nordisk A/S, um nach 60-jähriger Konkurrenz ihre Kräfte zu bündeln.

1990 Verfahren in den USA
Gegen Novo Nordisk wird in den USA ein Verfahren wegen angeblicher Nebenwirkungen eines Waschmittelenzyms geführt. Diese Anschuldigungen werden widerlegt und das Verfahren eingestellt. Als Konsequenz der sich aus dem Verfahren ergebenen langfristigen Absatzprobleme richtet sich das Unternehmen konsequent an der „Triple Bottom Line" aus.

1994 Veröffentlichung des ersten Umweltberichts
Als erstes dänisches und eines der weltweit ersten Unternehmen veröffentlicht Novo Nordisk einen Umweltbericht.

1999 Trennung der Enzyme- und Healthcare-Geschäftseinheiten
Der Konzern wird durch Desinvestition der Enzyme-Geschäfte und der Fokussierung auf Diabetes reorganisiert. Die Enzyme-Geschäfte werden unter dem Dach der Novo A/S Holding in der Novozymes A/S organisiert.

2000 Novo Foundation
Unter dem Dach der Novo Foundation werden die drei Unternehmen Novo A/S, Novozymes A/S und Novo Nordisk A/S getrennt gelistet. Die Novo Foundation hält 100 Prozent der Novo A/S. Diese fungiert als Kapitalgeber und wacht über die Einhaltung der Konzernprinzipien. Zudem hält sie 70 Prozent der Stimmrechte und 27 Prozent des Kapitals an Novo Nordisk. Novo Nordisk wiederum ist in vier Produktsparten aufgegliedert.

2002 Reorganisation von Novo Nordisk
Im Jahr 2002 wird das Unternehmen zur besseren Umsetzung des unternehmerischen Denkens von sieben in fünf gleich große Business Units umstrukturiert. Zeitgleich werden Marketing und Vertrieb in Europa in Zürich zentralisiert, um die Koordination zu erleichtern und die Marktorientierung zu verstärken.

2003 Novo Nordisk wird zum dritten Mal zur „Most admired company"
Zum dritten Mal in Folge wird Novo Nordisk im Berlingske Tidende Nyhedsmagasin's Image Survey von dänischen Top-Managern zur „Most admired company" in Dänemark gewählt.

6.2 Branche und Unternehmensumfeld

Novo Nordisk, der Weltmarktführer in der Insulinherstellung, ist ein dänisches Pharmaunternehmen, dessen Schwerpunkt in der Bekämpfung von Diabetes liegt.

Trotz der schlechten Weltwirtschaftslage gilt die Pharmaindustrie als relativ sicheres Investment. Dennoch sind auch in dieser Branche die Auswirkungen in Form von niedrigerem Umsatzwachstum und zunehmendem Druck auf die Preise durch Generika zu spüren. Hinzu kommen unerwartete Entwicklungen, wie der Kollaps des lateinamerikanischen Marktes zu Beginn des Jahres 2003. Einen großen Einfluss auf die Pharmaindustrie hat der US-amerikanische Markt, in dem über die Hälfte der Umsätze getätigt werden. Dort steigt der Druck, die Gesundheitskosten zu reduzieren. Im Jahr 2002 wurden von der U.S. Food and Drug Administration (FDA)[1] die Standards verschärft und die Gebühren für die Genehmigung und Produktion von Arzneimitteln erhöht.

Novo Nordisk hat sich sehr gut entwickelt und ist damit seit 80 Jahren führend in der Insulinherstellung. Auch in den anderen Produktbereichen gehört Novo Nordisk zu den weltweit führenden Unternehmen. Im ersten Quartal 2002 blieben die Umsatzzahlen unerwartet hinter den Erwartungen zurück, was zu einem starken Rückgang des Aktienkurses führte. Die Gründe dafür sind zum einen zeitbezogen, zum anderen marktbezogen. Zu den zeitbezogenen Gründen zählt die große Anhäufung von Insulin im vierten Quartal 2001, vor allem bei den Großhändlern in Deutschland, Italien, dem Vereinigten Königreich und Spanien. Dem folgte zu Beginn des Jahres 2002 eine geringere Nachfrage. Ebenfalls wirkten sich die verbilligten Insulinverkäufe in Entwicklungsländer auf die Umsatzzahlen aus. Zu den marktbezogenen Gründen zählen unter der Prognose liegende Verkaufszahlen von Novo Nordisks Produkten in Europa, den USA und Japan. Zudem nahm der Wettbewerb in den USA zu und der Marktanteil sowie das Marktwachstum in Japan blieben hinter den Erwartungen zurück. Als Reaktion darauf unternahm Novo Nordisk eine Refokussierung und Restrukturierung der Vertriebsaktivitäten. Der Nettogewinn des Gesamtjahres 2002 legte dadurch gegenüber dem Vorjahr um 6 Prozent zu.

6.3 Wirtschaftliche Leistung

Novo Nordisk kann in den vergangenen Jahren mit einer hervorragenden Performance aufwarten, alle Unternehmensindikatoren haben sich positiv entwickelt. Das Ertragswachstum von Novo Nordisk war konstant auf hohem Niveau. Dies drückt sich in dem in der letzten Dekade um jährlich durchschnittlich 15 Prozent kontinuierlich gestiegenen Umsatz aus:

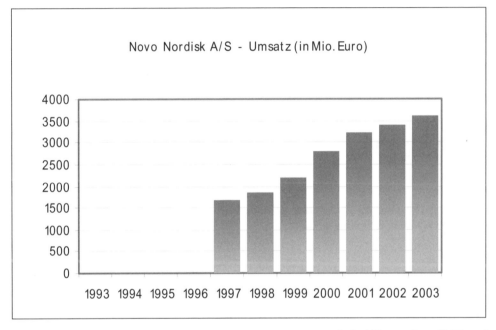

Abbildung II-6-1: Entwicklung der Umsätze von Novo Nordisk A/S zwischen 1997 und 2003 (für die Jahre 1993-1996 liegen keine Zahlen vor) (Quelle: Bloomberg, 2004)

Auch die Rentabilität des Unternehmens ist in den letzten Jahren konstant angestiegen:

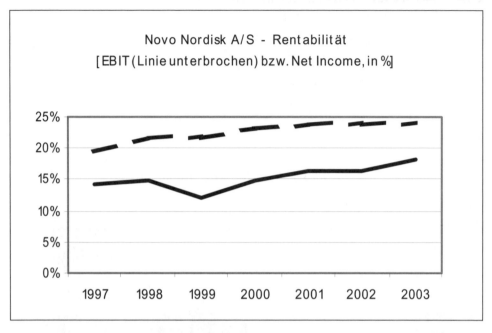

Abbildung II-6-2: Entwicklung der Rentabilität von Novo Nordisk A/S zwischen 1997 und 2003 (Quelle: Bloomberg, 2004)

6.4 Gelebte Unternehmenskultur

Novo Nordisk beweist ein hohes Maß an gesellschaftlicher Verantwortung, indem sich das Unternehmen mit seinem „Triple-Bottom-Line"-Ansatz[2] explizit an ökonomischen, ökologischen und sozialen Zielen gleichermaßen ausrichtet und damit den Interessen dieser drei von dem Unternehmen als wichtig erachteten Stakeholdern gleichzeitig Rechnung trägt.

Seinen Ausdruck findet diese Haltung auch in der klar kommunizierten und ausgearbeiteten Charta, die sich explizit im Führungsverhalten und der Zusammenarbeit sowie der Kunden- und Shareholderorientierung zeigt.

Das Rechercheteam hat Novo Nordisk im Rahmen der Carl Bertelsmann-Preis-Recherche folgendermaßen bewertet:

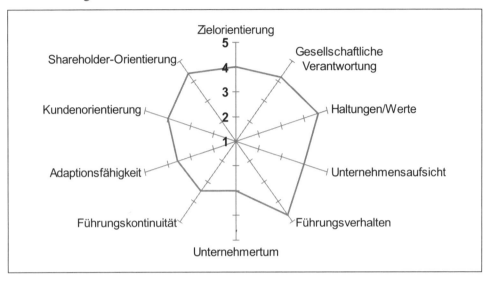

Abbildung II-6-3: Bewertung der zentralen Charakteristika der Novo Nordisk Unternehmenskultur (1: nicht vorhanden – 5: maximale Ausprägung) (Quelle: Booz Allen Hamilton, 2003)

6.4.1 Gemeinsame Zielorientierung

Die Zielorientierung des Unternehmens drückt sich in der unternehmensweit kommunizierten und gelebten Vision aus, die dafür steht, was das Unternehmen hinsichtlich seiner Marktstellung und der übergeordneten Ziele gegenüber Patienten, der Gesellschaft und den Mitarbeitern erreichen möchte:

Wir werden zum weltweit führenden Unternehmen auf dem Diabetes-Sektor
Unser Bestreben ist es, Diabetes zu bekämpfen, indem wir immer bessere Methoden zur Vorsorge, Diagnose und Behandlung von Diabetes entwickeln. Wir werden uns aktiv dafür einsetzen, die Zusammenarbeit zwischen allen Beteiligten im Bereich des Gesundheitswesens zu fördern, um unsere gemeinsamen Ziele erreichen zu können. *Novo Nordisk A/S Corporate Communications, 2004, S. 4 (Unsere Vision)*

Die Unternehmensvision der Novo Nordisk ist es, den Diabetespatienten beim Überleben zu helfen. Sie ist in folgenden sechs Leitsätzen zusammengefasst:

> **Unsere Vision**
> - Wir werden zum weltweit führenden Unternehmen auf dem Diabetes-Sektor.
> - Wir werden darüber hinaus Produkte und Dienstleistungen für andere Bereiche anbieten, in denen wir uns von anderen qualitativ abheben.
> - Wir werden wettbewerbsfähige Geschäftsergebnisse erzielen.
> - Eine Anstellung in unserem Unternehmen ist keinesfalls nur ein Job.
> - Unsere Werte kommen in unserem Handeln zum Ausdruck.
> - Die Vergangenheit unseres Unternehmens beweist uns, dass es möglich ist.
>
> *Novo Nordisk A/S Corporate Communications, 2004, S. 4-5*

Gelebt wird die übergeordnete Zielsetzung durch die konsistente Umsetzung der „Triple Bottom Line" mit dem Ziel, die drei Bereiche Ökologie, Ökonomie und gesellschaftliche Verantwortung im gesamten Handeln des Unternehmens gleichberechtigt von der strategischen bis zur operativen Planung und Umsetzung zu berücksichtigen. Der „Novo Nordisk Way of Management" beschreibt die für Novo Nordisk typische eigene Art, Dinge zu tun und hat sein Fundament in den 1920er-Jahren. Seitdem hat er sich durch die Leistungen der Novo Nordisk Mitarbeiter entwickelt und integriert heute die internationalen Standards des ICC[3] („ICC Business Charter") und der UNO („UN Global Compact")[4] innerhalb der drei Elemente Vision, Charta und Handlungsempfehlungen, den so genannten „Policies".

Die strategischen Ziele werden top-down vermittelt und den jeweiligen Verantwortlichen in Abhängigkeit vom Unternehmensziel und der Definition der individuellen Beiträge zugeordnet. Die Kommunikation der Ziele erfolgt in großem Umfang über das Intranet und mittels diverser Printmedien, wie z.B. über die jeweiligen Standort-Reports und in vierteljährlich stattfindenden Meetings. Der Weg der Zielerreichung wird entlang der „Triple Bottom Line" bewertet und dahingehend überprüft, inwieweit Konformität mit den für Novo Nordisk wichtigen Werten gegeben ist. Der Beitrag des einzelnen Mitarbeiters wird mithilfe seiner spezifischen Balanced Scorecard transparent. Die konkreten Ziele der Mitarbeiter werden einmal jährlich im Rahmen des „APIS"-Prozesses (Annual Performance Information System) definiert. In regelmäßigen Abständen erfolgt zwischen Mitarbeitern und Vorgesetzten ein Gespräch, um frühzeitig mögliche Hürden bei der Zielerreichung zu identifizieren und entsprechende Handlungsmöglichkeiten gemeinsam zu erarbeiten.

6.4.2 Verantwortung gegenüber der Gesellschaft

Das Unternehmen zeigt eine außergewöhnlich hohe gesellschaftliche Verantwortung, gegenüber seinen Mitarbeitern durch Arbeitsplatzsicherheit, familienfreundliche Arbeitsbedingungen und Offenheit für Vielfalt und gegenüber der Gesellschaft insgesamt durch Forschungs- und Gesundheitsförderung und Engagement für Umweltschutz.

Novo Nordisk bietet seinen Mitarbeitern zum Teil weit über die gesetzlichen Anforderungen hinausgehende Vorteile an. Mitarbeiterinnen bzw. Mitarbeiter erhalten z.B. während der Elternzeit über den Zeitraum von einem Jahr ihr Gehalt weiter. Auch bietet Novo Nordisk seinen Mitarbeitern flexible Arbeitszeitmodelle und Gleitzeit. Dennoch wird die „Work-Life-Balance" von einigen Mitarbeitern nicht durchgängig positiv erlebt. Auf der einen Seite gäbe es bisher eher partielle Lösungen, da an einem konsistenten System noch gearbeitet würde und auf der anderen Seite sei die Arbeitsbelastung hoch, so dass Arbeits- und Privatleben nicht immer leicht in Einklang zu bringen seien. Um Hilfestellung im Umgang mit den möglichen Konsequenzen dieses Ungleichgewichts leisten zu können, hat Novo Nordisk beispielsweise eine „Stress-Tool-Box" entwickelt und bietet auch Beratungsprogramme bei Suchtkrankheiten an.

Arbeits- und Gesundheitsschutz nimmt bei Novo Nordisk einen hohen Stellenwert ein. Für neue Mitarbeiter werden Einführungskurse in Health, Safety and Environment (HSE) abgehalten. Die Arbeitsbedingungen in der Produktion werden durch ein Assessment mit anschließender sechsmonatiger Kontrolle überprüft.

Die Mitarbeiterzahlen sind in den Jahren 1998 bis 2002 kontinuierlich um jährlich ca. 10 Prozent von ca. 12.000 auf über 18.000 gestiegen. Die Fluktuation der Mitarbeiter lag 2003 bei 7,1 Prozent und ist damit gegenüber dem Jahr 2000 um fast 4 Prozent gesunken. Ein Grund dafür ist darin zu sehen, dass Novo Nordisk sowohl Maßnahmen zur Herausarbeitung der Fluktuationsgründe (z.B. durch Exit-Interviews mit ausscheidenden Mitarbeitern) als auch zu ihrer Reduktion eingeführt hat. So werden häufig fehlende Mitarbeiter interviewt, um die Gründe zu identifizieren und konkrete Hilfestellung anzubieten.

In einer webbasierten Befragung hat Novo Nordisk im Januar und Februar 2004 erstmalig die Identifikation der dänischen Mitarbeiter mit ihrem Arbeitgeber mittels eines „Reputation Quotient" gemessen. Dieser Untersuchung zufolge sind 83,5 Prozent der Mitarbeiter hoch zufrieden mit ihrem Arbeitsplatz und bescheinigen dem Unternehmen einen exzellenten Ruf.

Im Hinblick auf die Vielfalt im Unternehmen wird konzernweit eine „Equal Opportunity Task Force" eingesetzt, die sich mit den Themen Kulturen, Religionen, Bildungsgrade und Geschlechter auseinandersetzt. Es gibt keine Quoten, dennoch sind fast die Hälfte aller Beschäftigten (49,5 Prozent) und 9,9 Prozent (2002) der Führungskräfte mit mehr als 50 Mitarbeitern weiblich. Darüber hinaus formulieren die Geschäftsfeldverantwortlichen dezentral Aktionspläne und Toolboxes zur Steigerung der Vielfalt innerhalb ihrer Belegschaft. Unterstützt wird der interne Umgang mit dieser Thematik durch so genannte „Catalyst"-Projekte, die mithilfe externer Beratung die Hürden bei der Umsetzung von „Diversity" identifizieren. Insgesamt geht Novo Nordisk sensibel mit interkulturellen Unterschieden um. Die in der Unternehmenskultur verankerten Werte sind zwar weltweit gültig, es wird jedoch großes Augenmerk auf die landeskulturell bedingten Besonderheiten gelegt, die durch „value-translation" Berücksichtigung finden sollen. So wurde z.B. in Japan die Unternehmenskultur an die japanischen Besonderheiten angepasst, indem gemeinsam erarbeitet wurde, was Japaner unter den zentralen Unternehmenswerten Gleichheit, Offenheit und Ehrlichkeit verstehen.

Seit 2001 wurden im Hinblick auf die gesellschaftliche Verantwortung zahlreiche Initiativen gestartet, die sich im Prozess der konkreten Ausgestaltung befinden. Das Engagement von Novo Nordisk konzentriert sich dabei auf das Kerngeschäftsfeld, die Bekämpfung von Diabetes. Mit einem Stiftungskapital von 67 Millionen Euro wurde 2002 die World Diabetes Foundation (WDF)[5] gegründet, deren Ziel die Bekämpfung von Diabetes in den Entwicklungsländern ist. Diese Stiftung vergibt gemeinsam mit der Novo Foundation jährlich einen Preis für herausragende Forschungsprojekte. Innerhalb der World Diabetes Foundation ist die 2002 ins Leben gerufene „LEAD Initiative" (Leadership in Education and Access to Diabetes Care) aktiv. Sie orientiert sich an den vier Prioritäten der WHO (World Health Organization)[6] für den besseren Zugang zum Gesundheitswesen in den Entwicklungsländern:

WHO priorities	Novo Nordisk response
Development of national healthcare strategies →	National Diabetes Programme and DAWN
Building national healthcare capacity →	
Best possible pricing →	Best possible pricing scheme in LDCs
Additional funding →	World Diabetes Foundation

Novo Nordisk Sustainability Report 2003, S. 20 (Strategies for access to health)

Die in der Unternehmenskultur verankerten Werte sind „global ethics", die vom Unternehmen mit großen Anstrengungen weltweit eingeführt werden. Nicht zuletzt wegen dieser starken Unternehmenskultur wurde Novo Nordisk 2003 zum dritten Mal in Folge in Berlingske Tidende Nyhedsmagasin's Image Survey[7] zur „most admired company" in Dänemark gewählt. Der „Novo Nordisk Way of Management" integriert internationale Standards der International Chamber of Commerce (ICC) und der UNO durch die Unternehmensvision, eine Verhaltens-Charter und konkrete Maßnahmenpakete in das Unternehmen. Im Rahmen des „Triple Bottom Line Approach" erfolgt eine explizite Ausrichtung der ökonomischen, ökologischen und sozialen Ziele des Unternehmens zu einem möglichst harmonischen Dreiklang. Diese Stakeholder-Orientierung, die schon in den 1960er-Jahren eingeführt worden war, wurde durch die ungerechtfertigten Anschuldigungen 1990 in den USA weiter verstärkt.

Gesellschaftliches Engagement wird bei Novo Nordisk insgesamt groß geschrieben. Das Unternehmen fördert aktiv freiwillige Engagements seiner Mitarbeiter. Im Rahmen der „Take-Action"-Initiative ruft Novo Nordisk gezielt zu Aktivitäten auf wie z.B. dem Sammeln von Kleidung und Spielzeug für ein Krankenhaus in Tansania. Ein Anreiz zur Steigerung des Mitarbeiterengagements ist durch die Vergabe eines Preises für die innovativste und nachhaltigste Mitarbeiterinitiative geplant. Daneben engagiert sich Novo Nordisk als Mitbegründer und Hauptsponsor auch im Bildungssektor mit der Initiative „Bridging Europe". Diese paneuropäische Initiative wurde 2001 vom World Economic Forum[8] und dem dänischen Think Tank „Mandag Morgen"[9] mit der Zielsetzung gegründet, zur Entwicklung eines nachhaltigen Europas mithilfe eines Multi-Stakeholder-Engagements beizutragen.

Das Unternehmen unterhält drei ständige Komitees, die sich mit den Themengebieten Umwelt und Bioethik, Soziales und Industriebeziehungen sowie mit Gesundheitspolitik auseinandersetzen und gibt einen Umwelt-/Sozial-/Nachhaltigkeitsbericht heraus, der bereits mehrmals von nationalen und internationalen Organisationen, u.a. United Nations Environmental Programme (UNEP),[10] Dow Jones Sustainability Indexes (DJSI),[11] The Institute of State Authorized Public Accountants in Denmark (FSR)[12] und der European Accounting Association (EAA)[13], prämiert wurde. Zuletzt erhielt der Sustainability Report 2003 zum sechsten Mal den European Sustainability Award, den die nationalen Associations of Chartered Certified Accountants (ACCA)[14] aus 15 Ländern seit 1996 vergeben. Der Sustainability Report[15] wird extern zertifiziert und veröffentlicht. Novo Nordisk sieht Transparenz als Bringschuld gegenüber der Gesellschaft an.

6.4.3 Haltungen, Überzeugungen und Werte

Novo Nordisk steht in der Tradition skandinavischer Unternehmen, die Dialog, Demokratie, Offenheit und Transparenz betonen. Der „Novo Nordisk Way of Management" stellt die Verbindung zwischen dem Handlungsrahmen des „Triple-Bottom-Line"-Ansatzes mit dessen ökonomischen, ökologischen und sozialen Zielen innerhalb der „Charta" und den „Policies" dar.

> **Unsere Werte kommen in unserem Handeln zum Ausdruck.**
> Anständigkeit ist uns wichtig.
> Täglich bemühen wir uns, die richtige Balance zwischen leidenschaftlichem Engagement und Wettbewerbsfähigkeit, kurz- und langfristigem Denken, den eigenen Interessen und der Unterstützung von Kollegen bzw. dem Nutzen für die Allgemeinheit, zwischen Beruf und Privatleben zu finden.
> *Novo Nordisk A/S Corporate Communications, 2004, S. 5 (Unsere Vision)*

Der „Novo Nordisk Way of Management" stellt das für die Arbeit aller Mitarbeiter Novo Nordisks verbindliche Gerüst dar und legt somit die gültigen Arbeits- und Verhaltensregeln fest.

Die Charta ist aus der Vision abgeleitet und definiert, wie Novo Nordisk zur Umsetzung der Vision vorgehen möchte. Sie umfasst sechs Werte, drei Verpflichtungen und zehn Grundprinzipien. Von den sechs Grundwerten nehmen die Mitarbeiter „Offenheit und Ehrlichkeit" als äußerst zentrale Handlungsmaßstäbe wahr:

- Rechenschaft,
- Ehrgeiz,
- Verantwortung,
- den Interessengruppen gegenüber verpflichtet,
- Offenheit und Ehrlichkeit,
- Anpassungsfähigkeit.[16]

Auch die spezielle Stakeholder-Orientierung wird vom Vorstand als wertschaffendes Differenzierungsmerkmal betrachtet, wobei nach eigenen Angaben der Ausgleich zwischen den Stakeholdern im Mittelpunkt der Geschäftstätigkeit steht.

Der Wertekodex ist im Unternehmen, einer „Firma mit Herz", wie im Firmenlogo symbolisiert, in medialer Form allgegenwärtig und hält die Mitarbeiter dazu an, die Dinge **richtig** zu tun. Entstehen aus dem „Triple-Bottom-Line"-Ansatz Dilemmata, werden diese aktiv diskutiert und Lösungen im Einklang mit dem Wertesystem gesucht. Die Antwort auf die Herausforderungen des operativen Geschäfts bildet nach

Aussagen des Vorstandsvorsitzenden Lars Rebien Sørensen immer die Gegenfrage: „Wie lauten unsere Business Principles?"

Die „Policies" geben in zwölf Themenbereichen konkrete Hilfestellung für die operative Arbeit, die dem Motto folgen soll: „Do right things in a right way." Die Themenbereiche betreffen Kommunikation, Umweltschutz, Finanzen, Gesundheit und Sicherheit, Informationstechnologie, Recht, Personal, Einkauf, Qualität, Risiko-Management, Gesundheit für alle und Bioethik.[17]

Neben Schulungen bietet Novo Nordisk verschiedene Möglichkeiten des interkulturellen Austausches an. Die Mitarbeiter der weltweit 69 Standorte sollen die Möglichkeit erhalten, sich mit der Kultur des dänischen Hauptsitzes vertraut zu machen. Zur besseren Integration und um einen systematischen und beurteilbaren Nachweis hinsichtlich konzernweiter Leistungsanforderungen und implementierter Unternehmenskultur zu erhalten, setzt Novo Nordisk auf das einzigartige System von **16 „Facilitators"**. Dabei handelt es sich um ein globales Team von Mitarbeitern, die als Botschafter einer unabhängigen Instanz der Novo A/S Holding periodisch die Geschäftsbereiche und Tochterunternehmen besuchen, um die Herausforderungen bei Erreichung wirtschaftlicher Zielvorgaben in Einklang mit der Unternehmenskultur zu prüfen. Sie sind allesamt erfahrene, von ihrem ursprünglichen Arbeitsplatz freigestellte Mitarbeiter, die Interviews auf allen Ebenen führen und zum Abschluss eines Facilitation-Prozesses einen Bericht erstellen, dessen Ergebnis der Holding vorgestellt wird und dann den Mitarbeitern und Führungskräften des jeweiligen Bereichs zur Verfügung steht. Mindestens alle drei Jahre wird der Facilitation-Prozess innerhalb jeder Unternehmenseinheit durchgeführt, um so die Verbesserungen und neuen Herausforderungen aktiv nachzuhalten.

6.4.4 Unabhängigkeit und Transparenz der Unternehmensaufsicht

Novo A/S hält 70 Prozent der Stimmrechte am Konzern Novo Nordisk und ist wiederum eine 100-prozentige Tochter der Novo Foundation. Dabei kommen ihr die Aufgabe der Durchsetzung und Pflege des „Novo Nordisk Way of Management" sowie das Portfoliomangement und Venture Capital zu.

Der Aufsichtsrat besteht aus zehn Mitgliedern. Hiervon sind fünf unabhängige Direktoren und drei Arbeitnehmervertreter. Die verbleibenden zwei Mitglieder sind als ehemalige CEOs von Novo Nordisk bzw. Novo mit dem Unternehmen verbunden. Um die externen Aufsichtsratsmandate optimal zu besetzen, hat Novo Nordisk ein Executive-Search-Unternehmen eingesetzt. Zusätzlich wird in einem Self-Assessment für jede Hauptversammlung ein Qualifikationsprofil der Vorstands- und Aufsichtsratsmitglieder erstellt. Dieses evaluiert u.a. die regelmäßige und aktive Teilnahme an Diskussionen des Aufsichtsrats. Zusätzlich führt der Aufsichtsratsvorsitzende einmal jährlich mit jedem Mitglied dieses Gremiums ein Interview. Der Aufsichtsrat evaluiert jährlich die Mitglieder des Vorstands. Die Amtszeit der Arbeitnehmervertreter beträgt vier, die der anderen Aufsichtsratsmitglieder drei Jahre. Die Altersgrenze liegt bei 70 Jahren. Maßgeblich ist die dem 70. Geburtstag folgende Hauptversammlung.

Es gibt einen fixen Terminkalender, der sieben ordentliche Sitzungen im Jahr vorsieht. Damit wird das Gremium vergleichsweise stark in die Unternehmensentwicklung eingebunden. Die Bewertung der Mitglieder des Aufsichtsrats wie des Vorstandes findet jährlich durch ein 360°-Feedback statt, das durch externe Experten ausgewertet wird. Ihre Bezüge werden individuell ausgewiesen. Ein internes Audit prüft die Unternehmenskontrolle, allerdings gibt es kein separates Komitee auf Aufsichtsebene.

Im Rahmen der „Triple Bottom Line" haben die transparente Berichterstattung sowie die Kommunikation eines klaren Leitbildes und umfassender Informationen zu den Bereichen Soziales, Umwelt und Nachhaltigkeit gegenüber den Stakeholdern oberste Priorität. Die umfassende Berichterstattung folgt den Richtlinien der Global Reporting Initiative (GRI).[18] Auch interne Papiere, wie Empfehlungen von Wirtschaftsprüfern zur Verbesserung des Berichtswesens und der Organisation im Hinblick auf Nachhaltigkeit werden veröffentlicht. Wie wichtig Novo Nordisk die transparente, offene Kommunikation mit seinen Stakeholdern ist, zeigt sich nicht zuletzt daran, dass die Stakeholder-Beziehungen auf höchster Managementebene im Aufgabenbereich von Vorstandsmitglied Lise Kingo verankert sind.

6.4.5 Partizipatives Führungsverhalten

Die Führungskultur von Novo Nordisk ist geprägt durch ihre gelebten Führungsgrundsätze, einen hohen Grad an Mitarbeitereinbindung und Leistungsorientierung, aber auch konsequente Aus- und Weiterbildung und eine Kultur des kontinuierlichen Dialogs.

Novo Nordisk hat unternehmensweit gültige Führungsprinzipien festgeschrieben. Die Bewertungskriterien für die Führungskräfte werden klar kommuniziert und erfassen neben der fachlichen und ökonomischen Leistung gleichberechtigt auch Verhaltens-

6. Novo Nordisk A/S

weisen sowie den Werte- und Mitarbeiterbereich. Die Mitarbeiter können ihren Vorgesetzten in den ein bis zwei jährlichen Befragungen direktes Feedback geben. Die Ergebnisse werden gemeinsam diskutiert und spezifische Maßnahmen definiert. Verstößt ein Mitarbeiter gegen die „Charta", so wird zunächst das Gespräch gesucht und ihm eine zweite Chance eingeräumt. Kommt es zu einem erneuten Verstoß, wird dem betreffenden Mitarbeiter die Kündigung nahe gelegt. Für solche Sanktionen gibt es Beispiele auf allen Ebenen. Es besteht die Möglichkeit, bei Problemen einen neutralen Ombudsmann einzuschalten, der vermittelnd tätig ist und sich um die persönlichen Belange der Mitarbeiter kümmert. Der Ombudsmann behandelt die Gespräche mit Ausnahme von Gesetzesverstößen vertraulich. Der Vorgesetzte habe Vorbildfunktion, jedoch sei die ausdrückliche Wahrnehmung dieser Funktion laut CEO Sørensen für Skandinavien eher untypisch. Skandinavische Unternehmen sind durch flache Hierarchien, einen ausgeprägten Teamgedanken und eine eher antiautoritäre Einstellung gekennzeichnet und somit sieht sich Sørensen eher in einer „Primus-inter-pares"-Position denn in einer herausgestellten Führungsfunktion. Seine Vorbildfunktion übt er als Mitglied eines Teams aus. Dies drückt sich z.B. auch darin aus, dass der gesamte Vorstand in einem Großraumbüro sitzt.

Die Mitarbeitereinbindung von Novo Nordisk ist in der „People Strategy" festgeschrieben, die auf fünf Säulen beruht:

- customer relations,
- attraction and retention of the best people,
- development of people,
- winning culture and
- embedding social responsibility.[19]

Ein wesentliches Unternehmensmerkmal ist das Leistungsprinzip, das durch ein Bonussystem gefördert wird. Die Leistungsbeurteilung erfolgt auf Basis von Zielvereinbarungen, die teamspezifisch sind mit individueller Zuordnung. Die konkreten Ziele der Mitarbeiter werden einmal jährlich im Rahmen des „APIS"-Prozesses (Annual Performance Information System) definiert und der Zielerreichungsgrad nach einem halben Jahr besprochen. Durch dieses System kann ein Mitarbeiter leistungsbedingt ein bis drei Monatsgehälter zusätzlich erhalten. Bei der Beurteilung der Zielerreichung muss der Vorgesetzte sein eigenes Verhalten dahingehend hinterfragen, wie er die Zielerreichung seiner Mitarbeiter unterstützen kann. Aus dieser Diskussion werden Entwicklungsmaßnahmen für den Mitarbeiter erarbeitet. In Weiterbildungsseminare wurde 2002 20 Millionen Euro investiert, dennoch sei dieser Bereich laut Meinung des Betriebsrates noch ausbaufähig.

Informeller Kontakt zum Management bis hin zum Vorstand ist jederzeit für die Mitarbeiter möglich. Der CEO versichert in diesem Sinne auch, jederzeit für seine Mitarbeiter persönlich zu sprechen zu sein. Die Mitarbeitervertretung hat ein entspanntes, offenes und konstruktives Verhältnis zum Management. Es gibt kein Hierarchiedenken, sondern „little distance between levels" in zwischenmenschlichen Beziehungen, die von gegenseitiger Achtung gekennzeichnet sind und über alle Ebenen hinweg existieren. Jährlich finden ein bis zwei Mitarbeiterbefragungen, „eVoice" genannt, statt. Diese dienen der Bewertung des Arbeitsklimas und der Tiefe der Implementierung des „Novo Nordisk Way of Management" in das operative Tagesgeschäft. Im Jahr 2001 wurden beispielsweise bei „eVoice" die Mitarbeiter nach dem Unternehmen, dem Arbeitsplatz und den Weiterbildungsmöglichkeiten befragt. Danach identifizieren sich 81 Prozent aller Mitarbeiter stark oder sehr stark mit Novo Nordisk.

6.4.6 Unternehmer im Unternehmen

Das unternehmerische Denken, das in der Unternehmensvision verankert ist, wird bei Novo Nordisk durch die Corporate Balanced Scorecard gesteuert, die bis auf die Bereichsebenen heruntergebrochen wird. Aktien- und Bonusprogramme für die Mitarbeiter bieten attraktive Leistungsanreize.

Die sieben bisherigen Business Units wurden zur besseren Umsetzung des unternehmerischen Denkens 2002 in fünf gleich große und damit vergleichbare Business Units reorganisiert. Unternehmerische Aktivitäten „bottom-up" werden gefördert. Ideen können von den Mitarbeitern als Business Case direkt dem Management präsentiert werden, das diese dann diskutiert. Auffällig bei Novo Nordisk sind das Herausstellen des Beitrags jedes Mitarbeiters und die Mitarbeiterinitiative bei vielen Projekten. So werden die Mitarbeiter auch aktiv in die Ideenfindung für ein neues Umweltmanagementsystem einbezogen. Diverse Mitarbeitergruppen werden ebenfalls in „Improvement Circles" eingebunden.

Die Vergütung des Top-Managements besteht aus einem Benchmark-Fixum plus einer Zielerreichungsprämie, die jährlich höchstens ein Drittel des Fixums ausmachen kann. Zudem sind die Mitglieder des Top-Managements angehalten, ein Jahresgehalt in Aktien von Novo Nordisk zu investieren. Für das Management besteht ein Aktienoptionsprogramm mit 350 Teilnehmern. Die Vergütungspolitik unterstützt die organisatorische Ausgestaltung des unternehmerischen Denkens bei Novo Nordisk. Ab einem bestimmten Führungslevel werden die Mitarbeiter nach dem APIS-System entlohnt, welches Geschäftsziele und persönliche Entlohnung verbindet. Auf Mitarbeiterebene wird der Bonus, der aus einem individuellen und einem Teamanteil besteht, leistungsorientiert vergeben. Auch die Mitarbeiter haben seit 2001 die Möglichkeit, neben den variablen Gehaltsanteilen an einem weltweiten Aktienprogramm teilzunehmen. Der Mitarbeiteranteil am Grundkapital liegt bei 0,38 Prozent.

6.4.7 Führungskontinuität

Der seit dem Jahr 2000 berufene CEO Lars Rebien Sørensen arbeitet seit 22 Jahren für Novo Nordisk. Im Laufe seiner Karriere im Unternehmen war er in verschiedenen Funktionen und mehreren Ländern einschließlich des Mittleren Ostens und der USA tätig. Er übernahm die Position von Mads Øvlisen, der dann als Vorsitzender in den Aufsichtsrat wechselte. Øvlisen war seit 1981, d.h. 19 Jahre im Amt, zunächst bei der ehemaligen Novo Industri A/S, dann bei Novo Nordisk.

Die Aufsichtsgremien beschäftigen sich kontinuierlich mit dem Thema Führung und Nachfolge. Nachfolgemanagement ist außerdem eine der fünf obligatorischen Aufgaben aller Unternehmen der Novo Gruppe. Für Nachwuchsführungskräfte bestehen Graduate Programmes in den drei Bereichen Finanzen, Marketing und Geschäftsprozesse. Novo Nordisk verfügt über einen Talent-Pool mit 30 bis 40 Personen. Die „People Strategy" wurde 2002 unter anderem deshalb aufgelegt, um die besten Talente im Unternehmen zu identifizieren. Da das Unternehmen in Dänemark einen sehr guten Ruf hat, zieht es viele dänische High-Potentials an, doch die Rekrutierung internationaler Talente gestalte sich schwieriger und müsse laut Sørensen weiter forciert werden.

6.4.8 Adaptions- und Integrationsfähigkeit

Das Unternehmen zeichnet sich durch hohe Anpassungs- und Innovationsfähigkeit sowie ausgeprägtes Wissensmanagement aus und baut darüber hinaus erfolgreich Netzwerke auf.

Novo Nordisk sieht seine strategische Ausrichtung als Marktführer über Produktinnovationen in der Nische der Insulinherstellung und als „fast follower" in allen anderen Marktsegmenten. Aktuell simulieren externe Experten aus den USA gemeinsam mit dem Vorstand Szenarien für die nächsten 20 Jahre mit dem Fokus auf den zukünftigen Herausforderungen der Branche. Intern hat das Unternehmen 2003 die Entwicklung guter Ideen und Prozessverbesserungen mit einem Preis gefördert.

Novo Nordisk zeichnet sich durch eine besonders hohe Anpassungsfähigkeit an geänderte Rahmenbedingungen aus. Nach der Fusion von Novo und Nordisk 1989 unternahm das neue Unternehmen große Anstrengungen, die beiden unterschiedlichen Unternehmenskulturen zusammenzuführen. In einem fast zehnjährigen Prozess ist es gelungen, die Kultur in allen Unternehmensteilen weltweit umzusetzen und dem Merger eine erfolgreiche wirtschaftliche Entwicklung folgen zu lassen. Anpassungsfähigkeit zeigte Novo Nordisk auch im Umgang mit den externen Anschuldigungen wegen angeblicher Nebenwirkungen von Enzymen. Obwohl diese Anschuldigungen unbegründet waren, führten sie zu großen Marktanteilsverlusten. Als Reaktion auf diese Erfahrung forcierte Novo Nordisk den offenen Dialog mit der Gesellschaft und den NGOs. Seit dieser Zeit (1990) lädt das Unternehmen NGOs (Non-governmental organizations)[20] und andere Gruppen zur Information und zum Austausch ein. Bei diesen regelmäßigen Treffen werden auch brisante Themen wie Genforschung und Tierversuche behandelt. Dieser Dialog wiederum führte zur Sozial- und Umweltberichterstattung sowie zur konsequenten, das Handeln des Unternehmens bestimmenden Ausrichtung auf die „Triple Bottom Line".

Novo Nordisk hat eine Forschungs- und Entwicklungsquote von 16 Prozent. Im Bereich der Medikamentenforschung finden kontinuierliche Innovationen statt, deren Fortgang auf der Übersicht der R&D-Pipeline auf der Homepage des Unternehmens[21] verfolgt werden kann. Innovation ist für das Unternehmen eines von sechs Unternehmensmerkmalen:

Merkmale von Unternehmen, die der Novo Gruppe angehören

Gegenwärtige sowie künftige Unternehmen der Novo Gruppe müssen die Bereitschaft und Fähigkeit zeigen, die folgenden sechs Kriterien zu erfüllen:

- Ihre Produkte und Dienstleistungen tragen in hohem Maße dazu bei, die Arbeits- und Lebensbedingungen der Menschen zu verbessern.
- Das Unternehmen wird als innovativ betrachtet – hinsichtlich neuer Technologien, neuer Produkte, bei Dienstleistungen und/oder der Erschließung neuer Märkte.
- Die geschäftlichen Aktivitäten, Praktiken und Entscheidungen sollten wirtschaftlich tragfähig, umweltfreundlich und sozial gerecht sein.
- Das Unternehmen gehört zu den besten auf seinem Gebiet und bietet seinen Mitarbeitern einen herausfordernden Arbeitsplatz.

6. Novo Nordisk A/S 177

- Das Unternehmen hält sich an die Werte der Novo Gruppe und ihre für das Geschäftsleben vorgegebenen Verhaltensrichtlinien, wie sie die Novo-Unternehmenskultur festlegt.
- Das Unternehmen ist finanziell wettbewerbsfähig.

Novo Nordisk A/S Corporate Communications, 2004, S. 6

Um das Wissensmanagement systematisch aufzubauen, wurde ein Knowledge Manager ernannt. Es finden regelmäßig bereichsübergreifende Treffen der Mitarbeitergruppen statt. Weiterhin werden Studien in Auftrag gegeben, wie z.B. DAWN (Diabetes, Attitudes, Wishes and Needs).[22] Zur Evaluierung der gesellschaftlichen, politischen, kulturellen und wirtschaftlichen Trends existiert eine Trendspottingfunktion. Das konzernweite Intranet wird auch für das „best practice sharing" genutzt, doch erfolgt der Wissensaufbau und -austausch weitgehend über persönliche Netzwerke.

Novo Nordisk betreibt ein aktives Portfoliomanagement, indem es zur Stärkung der globalen Präsenz andere Unternehmen kauft. So fand 2002 z.B. die Akquisition von Biobrás SA im Wert von ca. 50 Millionen Euro statt. Novo Nordisk erwarb 76 Prozent der Stimmanteile und 94,5 Prozent des gesamten Aktienkapitals des etablierten brasilianischen Diabetes-Care-Unternehmens. Die grundlegenden Werte von Biobrás werden zu dem von Novo Nordisk formulierten Wertekanon als ähnlich beschrieben, dennoch gibt es einige Bereiche, in denen sich Biobrás künftig stärker an den Novo Nordisk Way of Management anlehnen sollte.

Novo Nordisks Netzwerkfähigkeit zeigt sich in den zahlreichen Kooperationen im Bereich der Forschung und Entwicklung, Lizenzverkäufen und Joint Ventures im Bereich der langjährigen Medikamentenentwicklung. Dabei kooperiert das Unternehmen nicht nur mit anderen Pharmaunternehmen, sondern auch mit universitären Einrichtungen. Zudem wurden 2002 von den 300 Zuliefererunternehmen 90 Prozent nach Umwelt- und Sozialkriterien bewertet. Auch mit NGOs, Bildungseinrichtungen und Regierungsorganisationen findet ein intensives Networking statt, z.B. im Rahmen des World Partner Programme (WPP)[23] oder des National Diabetes Program (NDP).[24] So stark die Vernetzung mit den unternehmensrelevanten Stakeholdern auch ausgeprägt ist, so individuell ist das Verhältnis von Novo Nordisk zu übergeordneten Verbänden und Organisationen. Das Unternehmen ist in den vergangenen Jahren aus mehreren Organisationen, u.a. dem World Economic Forum,[25] dem Europäischen Pharmaverband (EFPIA)[26] und dem Arbeitgeberverband ausgetreten, da dort nach Ansicht des CEO in vielen Fällen drängende Probleme nicht gelöst würden und stattdessen oftmals „Selbstherrlichkeit" und „Gleichförmigkeit" vorherrschten. Bei vielen Vorteilen berge zu starkes Networking stets die Gefahr, von unternehmensinternen Herausforderungen abgelenkt zu werden und Zeit für die Entwicklung eigener innovativer Ideen abzuschöpfen.

6.4.9 Kundenorientierung

Bei Novo Nordisk ist die Kundenorientierung oberstes Unternehmensziel, da sie als Teil der gesellschaftlichen Verantwortung begriffen wird. Die explizite Zielsetzung, vier Fünftel der Mitarbeiter in direkten Dialog mit den Patienten zu bringen, wurde 2002 erreicht. Diese besondere Maßnahme bei Novo Nordisk soll die Identifikation der Mitarbeiter mit den Produkten und die Kundennähe fördern. Dies geschieht international; so werden beispielsweise dänische Patienten zu Gesprächen nach Japan, russische Patienten nach Dänemark etc. geflogen. Zudem begleitet jedes Managementmitglied einmal jährlich einen Verkaufsrepräsentanten zu Kundengesprächen. Novo Nordisk sieht es als seine Aufgabe an, seine Kunden/Patienten in den Bereichen Diabetes, Vorsorge und Prävention weiterzubilden. Sie werden auch in den Forschungs- und Entwicklungsprozess sowie die Gestaltung der Vertriebswege einbezogen, wodurch eine hohe Ausrichtung an den Kundenbedürfnissen gewährleistet wird.

Im Jahr 2001 hat Novo Nordisk eine „Global Customer Satisfaction Survey" durchgeführt, derzufolge 86,1 Prozent der Diabetologen und Endokrinologen sowie 85,2 Prozent der Allgemeinmediziner mit dem Unternehmen sehr zufrieden sind.

6.4.10 Shareholder-Orientierung

Das Leitbild von Novo Nordisk gegenüber seinen Stakeholdern basiert auf „Kooperation statt Konfrontation". Die Berichterstattung orientiert sich an der bereits dargestellten „Triple Bottom Line".

Im Jahr 2002 wurde die wirtschaftliche Stoßrichtung im „Economic Footprint"[27] definiert. Danach trägt Novo Nordisk deutlich zum sozio-ökonomischen Wohlstand durch die Sicherung und Schaffung von Arbeitsplätzen, die Entwicklung der Kompetenzen ihrer Mitarbeiter und die Herstellung von Produkten und das Angebot von Serviceleistungen bei, die für eine bessere Gesundheit bei Diabetikern und anderen, deren Gesundheitsbedürfnisse sie abdecken, sorgen.

Das Unternehmen konzentriert sich auf einen langfristig wettbewerbsfähigen Shareholder-Return. Dazu setzt es verschiedene Steuerungsgrößen an: ein EBIT (Earnings

Before Interest and Taxes)-Wachstum von jährlich 15 Prozent, eine EBIT-Marge von 25 Prozent, einen jährlichen ROCI (Return on Invested Capital) von 25 Prozent und eine Cash to Earnings Ratio von 60 Prozent im Dreijahresdurchschnitt. Um die Verteilung des generierten Cash-Wertes zu identifizieren, nutzt Novo Nordisk das Reporting nach den Sustainability Reporting-Richtlinien der Global Reporting Initiative (GRI).[28] Das Unternehmen trifft sich regelmäßig mit seinen Shareholdern. Als Herausforderung wird dabei begriffen, dass sich 95 Prozent der Shareholder nur für den Profit interessieren. Novo Nordisk verfolgt das Ziel, dem Anspruch des „Triple-Bottom-Line"-Ansatzes gerecht zu werden und so auch die Interessen der anderen Stakeholder zu integrieren. Die Maximierung des Profits soll nicht zu Lasten der Mitarbeiter und der Umwelt gehen. Damit betreibt das Unternehmen insgesamt eine an den Interessen der Shareholder orientierte Geschäftspolitik, ohne jedoch einseitig diese Interessen anderen Stakeholdern vorzuziehen. Die von Novo Nordisk offene und um Interessenausgleich bemühte proaktive Informationspolitik schafft Transparenz und Vertrauen und hat vorbildlichen Charakter.

Die Unternehmenskultur von Novo Nordisk A/S:

„The Novo Nordisk Way of Management": „Triple Bottom Line" und hohe Anpassungsfähigkeit

Die Unternehmenskultur von Novo Nordisk zeichnet sich durch viele innovative Elemente aus. „Best practice" ist die konsequente Umsetzung des Stakeholder-Ansatzes im Sinne der „Triple Bottom Line", die allen Prozessen und Instrumenten zugrunde liegt und den Handlungsrahmen des Unternehmens beschreibt.

Zudem erweist sich Novo Nordisk als sehr erfolgreich im Umgang mit einer sich verändernden Umwelt, der Kodifizierung von Haltungen, Werten und Überzeugungen sowie deren glaubwürdiger Umsetzung in der täglichen Arbeitspraxis. Der „Novo Nordisk Way of Management" ist handlungsbestimmend für alle Mitarbeiter und unterstreicht die Maxime „Try to do right things right". Dementsprechend wird im Rahmen des dialogorientierten Facilitation-Prozesses kontinuierlich die Umsetzung überprüft.

Anmerkungen

1. www.fda.gov
2. tbl2001.novonordisk.com
3. International Chamber of Commerce: www.iccwbo.org
4. www.unglobalcompact.org
5. www.worlddiabetesfoundation.org
6. www.who.int
7. Berlingske Tidende Nyhedsmagasin, 2003.
8. www.weforum.org
9. www.mm.dk
10. www.unep.org
11. www.sustainability-indexes.com
12. www.fsr.dk
13. www.eaa-online.org
14. www.accaglobal.com
15. www.novonordisk.com/sustainaabilitiy
16. Novo Nordisk A/S Corporate Communications , 2004,, S. 6-8 (Die Charta).
17. Novo Nordisk A/S Corporate Communications , 2004, S. 10–16 (Policies).
18. www.globalreporting.org
19. Novo Nordisk Sustainability Report, S. 36.
20. www.ngo.org
21. www.novonordisk.com – Investors / R&D pipeline
22. www.dawnstudy.com
23. www.wpp.com
24. Vgl. International Diabetes Federation (IDF): www.idf.org
25. www.weforum.org
26. EFPIA (European Federation of Pharmaceutical): www.efpia.org
27. www.novonordisk.com – Sustainability/Taking responsibility/Our economic footprint
28. www.globalreporting.org

Teil III
Erfolgsfaktor Unternehmenskultur

Was lässt sich aus den in Teil II dieses Buches vorgestellten sechs Unternehmen mit den Spezifika ihrer Unternehmenskultur lernen? Eine kritische Betrachtung über alle sechs Unternehmen hinweg führt zu einer Reihe von Erkenntnissen und Schlussfolgerungen, die sowohl die Dynamik der Kulturentwicklung als auch die konkrete inhaltliche Ausgestaltung von Unternehmenskultur betreffen. Die Dynamik des Entwicklungsprozesses von Unternehmenskultur bezieht sich auf das **Wie:** Wie kommt ein Unternehmen zu einer Unternehmenskultur, die seine Zukunftsfähigkeit unterstützt, und wie wird diese dann bewusst erhalten, angepasst oder auch verändert, um die Wettbewerbsfähigkeit des Unternehmens zu erhalten?

Die inhaltlichen Ausgestaltung einer Unternehmenskultur betrifft das **Was:** Wodurch lässt sich eine zukunftsorientierte und erfolgsunterstützende Unternehmenskultur inhaltlich charakterisieren? Was zeichnet sie konkret aus?

Wir wollen daher in diesem Kapitel zusammenfassend darstellen, was wir aus den sechs Unternehmensbeispielen lernen können, und zwar erstens in Bezug auf die Dynamik des Kulturentwicklungsprozesses und zweitens in Bezug auf die konkrete inhaltliche Ausgestaltung einer erfolgsunterstützenden Unternehmenskultur. Bei der Diskussion der konkreten Ausgestaltung werden bei jedem Teilkapitel jeweils noch einige Erkenntnisse aus der Wissenschaft vorangestellt.

1. Die Dynamik des Kulturentwicklungsprozesses

Aus den sechs Unternehmensbeispielen lassen sich vier Teilprozesse der Kulturentwicklung ableiten, die in Abbildung III-1-1 aufgezeigt sind und anschließend ausführlicher dargestellt werden:

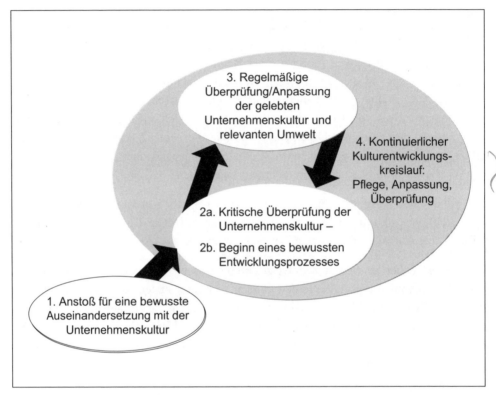

Abbildung III-1-1: Bewusster Kulturentwicklungsprozess mit seinen Teilprozessen

Die sechs Unternehmensbeispiele in Teil II zeigen, dass die gegenwärtige Ausprägung der Unternehmenskultur entweder konsequent und kontinuierlich seit Firmengründung entwickelt wurde oder aber eine Problem- oder Krisensituation Anlass für die bewusste Auseinandersetzung mit der eigenen Unternehmenskultur war. Diese bewusste Auseinandersetzung mit der bestehenden Unternehmenskultur (Teilprozess 1) führt entweder zu ihrer Bestätigung mit regelmäßiger kritischer Überprüfung (Teilprozess 2a), Anpassung (Teilprozess 3) und kontinuierlicher Entwicklung (Teilprozess 4) oder aber zunächst zu einem bewussten Entwicklungsprozess (Teilprozess 2b). Hierbei können gewisse Aspekte der vorhandenen Unternehmenskultur angepasst, verändert oder aber auch neu fokussiert werden, da die grundlegenden Überzeugungen mit ihren

1. Die Dynamik des Kulturentwicklungsprozesses

entsprechenden Werten und Verhaltensweisen über die Zeit diffus geworden, abgeschliffen oder gar zum Teil in Vergessenheit geraten sein können.

Ist die bewusste Bestätigung, Re- oder Neufokussierung der Unternehmenskultur mit ihren grundlegenden Überzeugungen und den darauf basierenden Werten und kollektiven Verhaltensmustern erfolgt, dann beginnt eine Zeit der kontinuierlichen, evolutionären Kulturentwicklung. Diese besteht aus zwei sich zirkulär wiederholenden Teilprozessen. Zunächst wird die vorhandene Unternehmenskultur in regelmäßigen Zeitintervallen überprüft (Teilprozess 3), um eine mögliche, ungewollte Abdriftung der zentralen Kulturausprägungen zu vermeiden. Außerdem erfolgt ein regelmäßiges Scanning des unternehmensrelevanten Umfeldes, um Veränderungen im Markt, bei technologischen Entwicklungen oder in der Gesellschaft frühzeitig zu erkennen. Ergibt sich aus der unternehmensinternen und -externen Analyse Entwicklungsbedarf, wird dieser entsprechend initiiert (Teilprozess 4) oder aber es wird die bestehende Unternehmenskultur im Sinne eines kulturbewussten Managements weiter erhalten, gepflegt und in regelmäßigem Abstand wieder überprüft.

Diese vier Teilphasen (siehe Abbildung III-1-1) werden nun mit Beispielen aus den sechs Unternehmen ausführlicher beschrieben.

1.1 Bewusste Auseinandersetzung mit der bestehenden Unternehmenskultur

Die bewusste kontinuierliche Entwicklung des unternehmenskulturellen Kontexts seit Gründung des Unternehmens wird bei Grundfos deutlich. Der Unternehmensgründer legte von Anfang an Wert auf eine ganz spezifische inhaltliche Ausgestaltung der Unternehmenskultur, die in hohem Ausmaß kompatibel mit jenen gesellschaftlichen Werten zu sein scheint, die für Dänen allgemein wichtig sind. Hierzu gehören u.a. die Fokussierung auf den Menschen, die sich im Grundsatz „people before product" manifestiert, die dialogorientierte Zusammenarbeit und die intensive Einbindung der Mitarbeiter, mit denen sehr partnerschaftlich umgegangen wird. Durch bewusste Fokussierung und Entwicklung (Phase 2), regelmäßige, kritische Überprüfung der Unternehmensinnenwelt wie auch der unternehmensrelevanten Außenwelt (Phase 3) und eine evolutionäre Anpassung (Phase 4) wird keine radikale, grundlegende Veränderung der Unternehmenskultur notwendig.

Bei Firmen mit längerer Lebensdauer scheint die bewusste Auseinandersetzung mit Unternehmenskultur jedoch häufiger durch eine **Krise** initiiert zu werden. Beispiele hierfür sind Hilti, Lufthansa, Novo Nordisk, Henkel und die BMW Group. Eine Krise kann dabei eine Neugestaltung zentraler Komponenten der Unternehmenskultur auslösen oder aber die bestehende Kultur mit ihren grundlegenden Überzeugungen, Werten und Manifestationen bewusst bestätigen und damit verstärken. Dabei war jedoch in keinem der sechs Unternehmen eine maßgebliche Veränderung des gesamten Kulturkerns oder der Kulturbasis notwendig. Vielmehr konnte auf den bestehenden grundlegenden Überzeugungen und den daraus resultierenden Werten aufgebaut werden in Kombination mit einer teilweise Neufokussierung und Neuinterpretation, die sich vor allem im Verhalten manifestierte.

So hat die Golfkrise bei Lufthansa im Zuge der kritischen Auseinandersetzung mit dieser Krise die Art, wie im Unternehmen Probleme gelöst werden, wie Mitarbeiter und Führungskräfte miteinander umgehen und wie mit schwierigen Situationen umgegangen wird, grundlegend geändert. Aus diesem Prozess des Krisenmanagements resultierten u.a. eine konsensuale Entscheidungsfindung, die bei Lufthansa als eines der zentralen Elemente der Unternehmenskultur betrachtet wird, ein Zusammengehörigkeitsgefühl, das mit ‚Wir sind eine große Familie' umschrieben wird, eine verstärkt strategische Orientierung mit vorausschauender Planung sowie der konsequente Aufbau von Fähigkeiten, mit Krisen wirksam umgehen zu können – eine Fähigkeit, die in der Luftfahrtbranche aufgrund external bedingter Krisen für die Überlebensfähigkeit notwendig ist. Nachfolgende Krisen oder schwierige Situationen wie z.B. der Pilotenstreik wurden zum Teil als Verletzung einer dieser grundlegenden Werte („Familie") betrachtet und scheinen die seit der Golfkrise entwickelte Ausprägung ihrer Unternehmenskultur eher verstärkt zu haben.

Bei Hilti löste der Machtkampf um die Führung und die nachfolgende Rezession eine bewusste Auseinandersetzung mit zentralen Fragen der Unternehmenskultur aus, die einerseits das **Was** betrafen im Sinne von ‚was ist uns wichtig', aber auch vor allem das **Wie** der Führung, der Zusammenarbeit und der Art der Arbeitserledigung. Als Konsequenz wurden u.a. Führungsgrundsätze entwickelt, um die Erwartungen des Unternehmens an Führungskräfte und ihr Verhalten transparent zu machen.

Die **Fusion** zwischen den Konkurrenten Novo Industri A/S und Nordisk Gentofe A/S zum weltgrößten Insulinproduzenten Novo Nordisk A/S löste auch hier eine kritische Auseinandersetzung mit zentralen Elementen der Unternehmenskultur aus, die dann in einem **evolutionären Prozess** entwickelt wurde. Auch hatte das gerichtliche Verfahren, das in den USA wegen angeblicher Nebenwirkungen eines Enzyms gegen Novo Nordisk eingeleitet wurde, trotz Freisprechung die noch konsequentere Orientierung auf die „Triple Bottom Line" zur Folge.

1. Die Dynamik des Kulturentwicklungsprozesses 185

Die Wirtschaftskrise im Jahr 2002, die vor allem die Konsumgüterbranche stark betraf, motivierte Henkel dazu, sich auf die Kernkompetenzen zu konzentrieren sowie verstärkt Qualität und die Marke mit dem Leitslogan „A brand like a friend" zu fokussieren.

Auch bei der BMW Group führten die mit der Akquisition von Rover verbundenen Probleme dazu, sich auf die eigentliche Kernkompetenz als Nischenplayer mit Premium-Marken zurückzubesinnen. Außerdem wurden in diesem Prozess zentrale Stärken des Unternehmens wieder bewusster und als solche neu geschätzt, wie z.B. die Fähigkeit zur Innovation oder die spezielle Art der Führung, die Mitarbeitern einen großen Freiraum gewährt und dabei allerdings Fähigkeiten zur Selbstorganisation voraussetzt.

Wird im Zuge der bewussten Auseinandersetzung mit der vorhandenen Unternehmenskultur Anpassungsbedarf entdeckt, beginnt ein bewusster Kulturentwicklungsprozess.

1.2 Der Beginn eines bewussten Kulturentwicklungsprozesses

Der Prozess einer bewussten Kulturentwicklung beinhaltet die inhaltliche Festlegung und Festschreibung grundlegender Überzeugungen und der daraus resultierenden Werte wie auch den Beginn der sich anschließenden Umsetzung im Unternehmen. Diese grundlegenden Überzeugungen und Werte werden nicht gänzlich neu erfunden und vom Top-Management aufoktroyiert. Vielmehr ist es ein Prozess, in dem auf der Basis der bewussten Auseinandersetzung mit zentralen Fragen der Unternehmenskultur aus den im Unternehmen schon bestehenden Angeboten an Orientierungen jene ausgewählt und festgeschrieben werden, die für eine künftige Entwicklung des Unternehmens als wichtig betrachtet werden.

In diesem Teil des Kulturentwicklungsprozesses wird daher ein eher diffuses Verständnis der Mitarbeiter und Führungskräfte über den Unternehmenszweck, die Unternehmensidentität, die Art der Zusammenarbeit, Führung und Leistungserbringung durch fokussierte Diskussionen und Botschaften wieder klarer, akzentuierter und damit präsenter. Diese neu oder wieder geschaffene Klarheit über zentrale Fragen wie **Wer sind wir?, Wofür stehen wir?, Was wollen wir?, Wie setzen wir dies um?, Wer passt zu uns?** gibt bessere und vor allem gemeinsame Orientierung, worauf künftig wieder verstärkt geachtet werden sollte.

In dem sich anschließenden Beginn des Kulturentwicklungsprozesses werden die neu gesetzten bzw. neu akzentuierten Schwerpunkte in vielfältiger und miteinander vernetzter Weise umgesetzt. Hierbei nehmen die Führungskräfte eine zentrale Rolle ein. Zum einen scheint die Einschwörung der Führungskräfte auf die entwickelte neue Kulturrealität wichtig zu sein, wie wir bei Lufthansa im Umgang mit der Golfkrise lernen oder bei Novo Nordisk nach der Fusion. Andererseits kann eine Neuorientierung oder Refokussierung zentraler Elemente der Unternehmenskultur aber auch zu einem Austausch eines Großteils der Führungsmannschaft führen, wenn diese die Neuorientierung nicht mittragen will oder kann, wie uns das Fallbeispiel Hilti zeigt. Nachfolgende Selektionen auf Führungsebene werden bewusst nicht nur im Hinblick auf fachliche Qualifikationen gemacht, sondern vor allem auch im Hinblick auf eine Passung mit der vorhandenen bzw. gewünschten Unternehmenskultur, ihren grundlegenden Überzeugungen, den entsprechenden Werten und dem gezeigten Verhalten. Werden diese Werte von den Führungskräften nicht in ihrem täglichen Verhalten gelebt, trennt man sich lieber von ihnen, als wichtige Aspekte der Unternehmenskultur aufs Spiel zu setzen, wie wir bei Grundfos, Henkel, Hilti und Novo Nordisk in konsequenter Weise sehen.

Unternehmensstrukturen und -prozesse werden im Hinblick auf die gewünschten kulturellen Prioritäten überprüft und gegebenenfalls angepasst. So organisiert sich Hilti um, damit sie ihre Kundenorientierung besser implementieren können, die BMW Group achtet in der Gestaltung der Prozesse darauf, Innovationsfähigkeit und Kundenorientierung bestmöglich realisieren zu können oder Grundfos schafft für seine Mitarbeiter Freiräume für Eigeninitiativen mit eigenständiger Projektplanung und Zeitsouveränität. Novo Nordisk reorganisiert sich in fünf gleich große Business Units, um unternehmerisches Denken besser umsetzen zu können.

Das, was unternehmenskulturell wichtig ist, wird auch in Trainings und Seminare eingebunden bzw. es werden Trainings, Workshops und Seminare speziell für die Sozialisation in die spezifische Unternehmenskultur entwickelt. So wurden z.B. bei Hilti Trainings und Workshops konzipiert, in denen systematisch die für Hilti wichtigen Werte kommuniziert, diskutiert und deren Umsetzung im täglichen Arbeitsprozess auch trainiert werden.

Managementsysteme werden im Hinblick auf die konkrete Unternehmenskultur kritisch überprüft und bei Bedarf angepasst. Alle sechs Firmen arbeiten mit dem Instrument „Führen mit Zielen", wobei die entsprechende Umsetzung und das Leben der als wichtig erachteten Werte und Prioritäten Bestandteil der vereinbarten Ziele sind. Variable Vergütungssysteme bei Grundfos, Hilti, Henkel oder Lufthansa dienen u.a.

dazu, über eine Beteiligung am Unternehmensergebnis die Identifikation und das unternehmerische Denken und Handeln zu fördern.

Auch die Unternehmensaufsicht scheint zumindest bei Hilti für die konsequente Umsetzung der Unternehmenskultur mit verantwortlich gemacht zu werden. Regelmäßiger Kontakt mit Mitarbeitern und auch Kunden soll die Mitglieder des Verwaltungsrats mit dem spezifischen Geschäft vertraut machen.

Mit dem Beginn des bewussten Kulturentwicklungsprozesses ist es allerdings bei diesen Unternehmen nicht getan. Damit das, was unternehmenskulturell gelebt werden soll, nicht unbemerkt abdriftet oder in Vergessenheit gerät, wird es regelmäßig überprüft.

1.3 Regelmäßige Überprüfung der gelebten Unternehmenskultur

Sind die gewünschten Schwerpunkte unternehmenskultureller Orientierungen festgelegt und die Bedingungen für deren Umsetzung und Leben im Unternehmen geschaffen, so werden sie nicht (mehr) der zufälligen Absorption in der Routine des Tagesgeschäfts überlassen. Vielmehr setzen die sechs Firmen eine Reihe von Instrumenten ein, um regelmäßig und systematisch aus verschiedenen Perspektiven Informationen darüber zu erhalten, was ihnen in Bezug auf die gelebten Werte und Prioritäten wichtig ist. Auf der Basis dieser Informationen werden diese kritisch überprüft und gegebenenfalls Maßnahmen eingeleitet. Hierzu gehören regelmäßige Checks der gesamten Organisation, Reviews der Zielvereinbarungen, Mitarbeitergespräche, Mitarbeiterbefragungen, Beurteilung des Führungsverhaltens durch Mitarbeiter und Kollegen, Vor-Ort-Besuche von Mitgliedern des Top-Managements und auch zum Teil des Aufsichtsrates, durch Kundenbesuche und Kundenbefragungen.

Novo Nordisk führt jährlich ein **Audit** ihres Unternehmens durch, um Verbesserungsmöglichkeiten zu identifizieren. Die Prioritäten bezüglich der zu erreichenden Ziele, der gewünschten Kundenorientierung, der Qualität und Innovation werden in den Zielvereinbarungen festgehalten und regelmäßig überprüft. Alle untersuchten Firmen führen regelmäßig **Mitarbeiterbefragungen** durch, um deren Meinungen und Stimmung in Erfahrung zu bringen und zwar zusätzlich zu und unabhängig von den regelmäßigen Gesprächen im täglichen Arbeitsprozess. Genannt seien hier die alle zwei Jahre durchgeführte „**World Opinion Survey**" bei Hilti, die jährlichen **E-voice-**

Befragungen bei Novo Nordisk oder die jährlichen Mitarbeiterbefragungen bei Grundfos mit Rückmeldung an den jeweiligen Vorgesetzten.

Da das kulturkonforme Führungsverhalten bei den untersuchten Firmen eine wichtige Rolle spielt, wird es regelmäßig mit Hilfe von 180°-, 270°- oder 360°-Befragungen überprüft. Damit kann zeitnah festgestellt werden, ob diese zentralen Kulturträger und gleichzeitigen Kulturerhalter und Kulturpräger auch das im Sinne der Unternehmenskultur gewünschte Verhalten tatsächlich im täglichen Arbeitsprozess leben. Hierbei ist allerdings nicht die Wahrnehmung der Führungskräfte von Interesse, sondern die Wahrnehmung der Kunden der Führung. Wie erleben die Mitarbeiter das gelebte Führungsverhalten (im Falle des 180°-Feedbacks)? Wie erleben die Kollegen die Zusammenarbeit über Bereichsgrenzen hinweg (beim 270°-Feedback)?

Um die interne Stimmung im Unternehmen aufnehmen zu können, wird von der Unternehmensleitung und den Führungskräften auch eine Art **Sensing** durchgeführt. Sie besuchen einzelne Bereiche vor Ort und nehmen in informellen Gesprächen die aktuelle Lage, Sorgen, Vorschläge und vor allem die Stimmung der Mitarbeiter und Führungskräfte direkt auf. Das heißt, sie verlassen sich nicht nur auf jene Informationen, die ihnen gefiltert und damit automatisch mit Wahrnehmungsverzerrungen behaftet durch die Hierarchie oder andere Informationskanäle zukommen. Hierzu gehören z.B. die **Town Meetings** bei Lufthansa: Hier besucht der Vorstandsvorsitzende einzelne Unternehmensbereiche und lässt sich in getrennten Meetings einmal von den Mitarbeitern und dann von den Führungskräften die aktuelle Situation schildern. Novo Nordisk setzt **Facilitators** in einem globalen Team ein, um die Umsetzung und die gelebte Unternehmenskultur weltweit zu überprüfen und gegebenenfalls Verbesserungsmaßnahmen einzuleiten.

Kundenbefragungen und Kundenbesuche werden ebenso regelmäßig durchgeführt und systematisch ausgewertet, um relativ schnell Defizite aufdecken und wirksame Maßnahmen entwickeln zu können. So führen bei Hilti selbst die Mitglieder des Aufsichtsrats jährlich einen Kundenbesuch durch, um sich das Gespür für den Markt und die Sorgen der Kunden zu erhalten.

Die Ergebnisse aller Befragungen werden dann systematisch aufgearbeitet, diskutiert und daraus Maßnahmen abgeleitet. Was hierbei zählt, ist nicht das einmalige Ergebnis, sondern der kontinuierliche, konsequente und in sich geschlossene Prozess der Bestandsaufnahme, des Dialogs, der gemeinsamen Identifizierung von Möglichkeiten zur Verbesserung, deren konsequente Umsetzung und deren erneute Überprüfung. Hieraus entsteht ein Prozess der kontinuierlichen, evolutionären Kulturentwicklung.

1.4 Kontinuierlicher Kulturentwicklungskreislauf: Pflege, Anpassung, Überprüfung

Die regelmäßige interne und externe Überprüfung der gelebten Unternehmenskultur, der Art der Umsetzung der gewünschten Prioritäten und Werte im täglichen Arbeitsprozess, führt zu einer aufmerksamen Pflege dessen, was als wichtig erachtet wird. Zusätzlich werden auch Veränderungen im relevanten Unternehmensumfeld systematisch beobachtet und im Hinblick auf ihre möglichen Auswirkungen für die bestehende Unternehmenskultur hinterfragt.

Die Informationen, die aus diesen Überprüfungen der internen und externen Unternehmensumwelt gewonnen werden, erlauben bei Bedarf Anpassungen, die zu einer evolutionären Weiterentwicklung der Unternehmenskultur führen. Dadurch wird versucht, interne Krisen und die damit verbundenen radikalen Veränderungen künftig zu vermeiden.

Um die spezifische kulturelle Ausprägung zu erhalten und zu pflegen, werden neue Mitarbeiter und Führungskräfte, die auch im Hinblick auf kulturelle Passung selektiert wurden, systematisch in die Spezifika der Unternehmenskultur eingeführt. Dies erfolgt sowohl On-the-Job durch das Vorleben der Vorgesetzten und Kollegen wie auch Off-the-Job in Trainings oder Entwicklungsmaßnahmen. Stellt sich im Laufe der Zeit heraus, dass z.B. ein Mitarbeiter oder eine Führungskraft doch nicht im Sinne der unternehmenskulturellen Prioritäten und Werte agiert, trennt man sich lieber von der entsprechenden Person – auch wenn sie hervorragend qualifiziert ist –, um die bestehende Unternehmenskultur nicht zu gefährden. Bei Novo Nordisk wird dies folgendermaßen beschrieben: „You can fail on the business side, but you can never fail on the value side." Bei Hilti gilt als Maxime: „Love it, change it or leave it".

Auch bei Akquisitionen, die eine potenzielle Gefahr für das Abdriften einer Unternehmenskultur darstellen, wird die bestehende und geschätzte Unternehmenskultur nicht zur Disposition gestellt. So ist es z.B. bei Henkel wichtig, dass in den akquirierten Firmen die Henkel-Werte übernommen und künftig gelebt werden. Nicht in die Kultur passende Mitarbeiter und Führungskräfte werden freigesetzt. Bei der BMW Group hat die Akquisition von Rover zunächst dazu geführt, Rover die gleichen Freiräume wie bei BMW zu gewähren. Als geschäftsbedingt eine intensivere Auseinandersetzung mit Rover notwendig wurde, hat wohl auch die Erfahrung mit der anderen Unternehmenskultur von Rover zu einer Stärkung jener Werte und Prioritäten geführt, die für die BMW Group wichtig sind und letztendlich mit zu der Desinvestitionsentscheidung geführt haben.

Dieser evolutionäre Kulturentwicklungsprozess ist jedoch keine reine Beschäftigung mit sich selbst. Im Hinblick auf die Erhaltung der Bestandsfähigkeit haben die Unternehmen zusätzlich Instrumente entwickelt, die ihnen aktuelle Informationen aus der unternehmensrelevanten Umwelt liefern. Diese werden kritisch in Bezug auf notwendige Entwicklungen im Unternehmen und seiner kulturellen Ausprägung überprüft. Hierzu gehören der regelmäßige und systematisch ausgewertete Kontakt mit den Kunden, die Kundenbefragungen. Auch Wettbewerber werden systematisch beobachtet. Hierfür hat z.B. Hilti einen Radar installiert: Alle sechs Wochen wird unter den Geschäftsführern der größten Vertriebsorganisationen eine Telefonkonferenz durchgeführt, in der die Wettbewerber mit ihren strategischen Entwicklungen und die daraus folgenden Implikationen für das eigene Unternehmen diskutiert werden.

Das Resultat dieses in sich geschlossenen Analyse-, Überprüfungs- und Entwicklungsprozesses führt durch die spezifische unternehmenskulturelle Ausgestaltung letztendlich zu einer lernenden Organisation, welche die Fähigkeiten zur Selbsterneuerung als eine Art Kernkompetenz in sich verankert hat. Dies zeigt sich z.B. im Umgang mit auftretenden Krisen, die ja immer auch eine Herausforderung für die Unternehmenskultur darstellen. So wurde bei Lufthansa im Zuge der Bewältigung der Golfkrise systematisch die Fähigkeit im Umgang mit Krisen aufgebaut, die seither z.B. durch die Terroranschläge am 11. September 2001, durch wirtschaftlich schwierige Zeiten oder durch das Aufkommen der „No frills"-Airlines schon mehrmals getestet wurde und sich offensichtlich bisher bewährt hat. Auch interne Krisen haben nicht zur einer Veränderung der unternehmenskulturell verankerten Prioritäten und Werte geführt. Ebenso haben bei Henkel, Hilti und Novo Nordisk die wirtschaftsbedingt schwierigen Situationen Anfang dieses Jahrhunderts eher zu einer Verstärkung der bestehenden Unternehmenskultur geführt bei gleichzeitiger Offenheit für die Veränderungen im unternehmensrelevanten Kontext. Diese werden regelmäßig beobachtet, kritisch hinterfragt und im Hinblick auf ihre Bedeutung für das Unternehmen diskutiert.

Die Existenz oder Entstehung von Subkulturen werden in diesem Prozess nicht als Bedrohung gesehen, sondern als Bestandteil der Unternehmenskultur. Durch die oben geschilderten Instrumente und Maßnahmen wird versucht sicherzustellen, dass alle Führungskräfte und Mitarbeiter die zentralen unternehmenskulturellen Prioritäten und Werte kennen und leben. Dabei wird es als selbstverständlich angesehen, dass deren inhaltliche Ausgestaltung geschäfts- und funktionsbedingt angepasst wird. Allerdings wird auch darauf geachtet, dass keine kontraproduktiven Subkulturen entstehen oder bestehende Subkulturen, wie z.B. verschiedene Funktionsbereiche, sich gar voneinander abschotten. Die vielfältigen Feedbackmechanismen können solche Entwicklungen in einem frühen Stadium anzeigen, was ein schnelles Reagieren und Gegen-

1. Die Dynamik des Kulturentwicklungsprozesses

steuern ermöglicht. So wurden z.B. bei Lufthansa Managementpositionen beim Bodenpersonal mit Piloten besetzt, um ein besseres Verständnis für die Besonderheiten des jeweiligen Arbeitsbereiches zu erzeugen und damit die Zusammenarbeit zwischen Cockpit und Bodenpersonal zu verbessern. Letztendlich findet im Unternehmen ein kontinuierlicher Dialog über verschiedene Funktionen und Bereiche wie auch über Hierarchieebenen und Unternehmensgrenzen hinweg statt, der es ermöglicht, unerwünschte Entwicklungen in einem frühen Stadium anzusprechen und auftretende Probleme partnerschaftlich zu lösen.

Diese Offenheit gegenüber Einflüssen von außen, die Fähigkeit zur Selbstkritik im Sinne des kritischen Hinterfragens bestehender Verhaltensweisen und Routinen sowie der kontinuierliche Dialog ermöglichen es, frühzeitig Verbesserungsmöglichkeiten identifizieren zu können. Sie sind gekoppelt mit dem Entwickeln von Maßnahmen, die in die Zielvereinbarungen der für den jeweiligen Entwicklungsprozess Verantwortlichen aufgenommen werden. Die Entwicklungsmaßnahmen werden pragmatisch umgesetzt, ihre Wirksamkeit wird in den Zielreview-Prozessen überprüft, die wiederum zu neuen Maßnahmen führen können. All diese Fähigkeiten und der gesamte, in sich geschlossene, zirkuläre Kulturentwicklungsprozess sind fest in der jeweiligen Kultur der Unternehmen verankert und damit einer ihrer wesentlichen Bestandteile. In und durch diesen Prozess haben die Führungskräfte eine Kultursensibilität entwickelt, die es ihnen ermöglicht, im Sinne eines kulturbewussten Managements[1] zu agieren und damit im täglichen Arbeitsprozess ihren Beitrag zu Pflege, Erhalt und Anpassung unternehmenskultureller Prioritäten und den gelebten Werten zu leisten.

Abbildung III-1-2 zeigt die jeweiligen Maßnahmen und eingesetzten Instrumente im Überblick.

Abbildung III-1-2: Bewusster Kulturentwicklungsprozess

Wodurch ist nun eine Unternehmenskultur inhaltlich zu charakterisieren, die das erfolgreiche wirtschaftliche Agieren eines Unternehmens unterstützt?

2. Charakteristika einer erfolgs- unterstützenden Unternehmenskultur

Die Darstellung der Unternehmen und der Besonderheiten ihrer Unternehmenskultur in Teil II hat sich an zehn zentralen Charakteristika orientiert. Deren inhaltliche Ausgestaltung, Fokussierung und Umsetzung sind bei den sechs Unternehmen vorbildlich und haben, gemäß der Beschreibungen, Lehrbuchcharakter. Diese von den Firmen spezifisch interpretierten Charakteristika können als Leitlinien für einen bewussten Kulturentwicklungsprozess herangezogen werden und zur Orientierung für ein kulturbewusstes Management dienen. Im Überblick sind dies entsprechend ihrer konkreten Interpretation:

1. Klare Identität, gemeinsame Zielorientierung und -umsetzung.
2. Konsequente Ausrichtung auf den Kunden.
3. Innovations-, Lern- und Entwicklungsorientierung.
4. Partnerschaftliches und kulturkonformes Führungsverhalten.
5. Führungskontinuität.
6. Unternehmertum im Unternehmen.
7. Das Selbstverständnis eines Corporate Citizen.
8. Engagierte, transparente und unabhängige Unternehmensaufsicht.
9. Orientierung an profitablem, nachhaltigem Wachstum.
10. Grundlegende Überzeugungen, Haltungen und gelebte Werte.

Diese zehn Charakteristika werden nun anhand von Erkenntnissen aus der Wissenschaft beschrieben und mit Beispielen aus den sechs Unternehmen im Hinblick auf eine erfolgsunterstützende Unternehmenskultur diskutiert. Die zehn Charakteristika bewegen sich allerdings auf unterschiedlichen Ebenen. Die grundlegenden Überzeugungen, Haltungen und Werte bilden die Basis und beinhalten Hinweise zur inhaltlichen Ausgestaltung der anderen neun Charakteristika. Führungskontinuität und die Art der Unternehmensaufsicht ermöglichen einerseits spezifische unternehmenskulturelle Ausprägungen und sorgen andererseits dafür, dass diese so entwickelten Ausprägungen auch weiterhin aufrechterhalten werden. Wenn im Folgenden von Unternehmenskultur gesprochen wird, beinhaltet diese auch Subkulturen. Die Datenbasis der Fallstudien lässt hierüber allerdings kaum direkte Aussagen zu.

2.1 Klare Identität, gemeinsame Zielorientierung und -umsetzung

2.1.1 Einige grundsätzliche Überlegungen und Erkenntnisse aus der empirischen Forschung

Ein Unternehmen wird gegründet, um einen bestimmten Zweck bzw. ein übergeordnetes Ziel zu verfolgen, das von einer Person allein nicht realisiert werden kann, wie z.B. die Herstellung eines Medikamentes zur Bekämpfung oder Linderung einer Krankheit. Dieses Ziel ist in der Regel in der Vision bzw. Mission eines Unternehmens festgehalten und wird auf die einzelnen Unternehmensbereiche, Abteilungen, Funktionen und Hierarchieebenen heruntergebrochen. Eine hierfür häufig genutzte Führungsphilosophie, die zugleich auch ein wirksames Führungsinstrument darstellt, ist das Management by Objectives (MbO) oder Führen mit Zielen.

Für Unternehmen, die im heutigen internationalen oder gar globalen Wirtschaftsumfeld agieren, ist dieses gemeinsame Zielverständnis keine Selbstverständlichkeit, sondern stellt eher eine große Herausforderung dar. Je größer ein Unternehmen ist, je geographisch verstreuter es agiert, je mehr Mitarbeiter im Unternehmen beschäftigt sind und je mehr strategische Allianzen oder Kooperationen existieren, desto herausfordernder wird es sicherzustellen, dass dieses übergeordnete Ziel auch bei allen Mitarbeitern im Unternehmen einerseits bekannt und andererseits im Sinne eines gemeinsamen Zielverständnisses verankert ist, auf dem dann Bereichs-, Abteilungs-, Team- und letztendlich individuelle Ziele basieren. Doch nur wenn die vielfältigen individuellen Ziele, Team- und Abteilungsziele aufeinander abgestimmt werden, sind die Voraussetzungen dafür gegeben, dass auch alle Bemühungen und Energien im Unternehmen in die gleiche Richtung zielen und nicht in Doppelspurigkeiten oder mikropolitischen Auseinandersetzungen resultieren.

Um eine hohe Wirksamkeit des Handelns im Unternehmen zu gewährleisten, ist zu einem gemeinsamen Zielverständnis die Identifikation der Führungskräfte und Mitarbeiter mit den Unternehmenszielen und den daraus abgeleiteten Bereichs-, Abteilungs- bzw. individuellen Zielen von zentraler Bedeutung. Fehlt eine solche Identifikation, kann ein Leistungsverhalten die Folge sein, das sich in einem „Dienst nach Vorschrift" erschöpft, innere Resignation oder gar Sabotage zur Folge hat. So kritisiert Ellsworth[2] an den jüngeren Entwicklungen in der amerikanischen Arbeitswelt, dass sich viele Mitarbeiter nur noch als ein austauschbares ‚Rädchen im Getriebe' sehen und zum Mittel für Zwecke geworden sind, die für sie nicht wichtig sind oder nichts

2. Charakteristika einer erfolgsunterstützenden Unternehmenskultur

bedeuten. Nach Ellsworth[3] kann ‚Corporate Purpose' bzw. der übergeordnete Unternehmenszweck jedoch, wenn richtig gewählt, einen zentralen Wettbewerbsvorteil darstellen, da er dem Unternehmen sowie seinen Führungskräften und Mitarbeitern ihr Denken und Handeln fokussiert und als Quelle für Motivation und Identifikation dient. Außerdem legt er die Basis für eine Abstimmung zwischen dem Unternehmenszweck, der Strategie, den Zielen und gemeinsamen Werten.

Eine Reihe empirischer Studien belegen die positiven Wirkungen von Zielen, mit denen sich Mitarbeiter identifizieren können. So kann sich eine hohe Zielidentifikation positiv auf die Arbeitsleistung[4] und die Identifikation auf den Grad der Anstrengung sowie der Beharrlichkeit[5] auswirken. Dabei setzen spezifische Ziele – zumindest bei westlichen Zielgruppen – mehr Energien frei als allgemeiner oder vage formulierte Ziele. Eine Metaanalyse von 70 empirischen Forschungsarbeiten im Bereich des Management by Objectives konnte aufdecken, dass 68 der 70 Studien über Produktivitätszuwächse berichten,[6] wobei in der Regel spezifische, hochgesteckte Ziele zu mehr Leistung führen.[7] Außerdem zeigt die Feldstudie von Boswell,[8] dass zur Identifikation der Mitarbeiter mit den Unternehmenszielen auch deren Verständnis und das Wissen um den eigenen Beitrag zu deren Erreichung einen Einfluss auf die Effektivität des jeweiligen Mitarbeiters hat.

Aufgrund der notwendigen Arbeitsteilung in Unternehmen, die sich in den Unternehmensstrukturen manifestiert und mit einem Herunterbrechen von Zielen einhergeht, ist es zudem wichtig, nicht nur auf die Erreichung der eigenen Ziele, sondern auch auf eine sinnvolle Unterstützung anderer Kollegen und Abteilungen entlang der Prozesskette zu achten und sie bei ihrer Zielerreichung mit zu unterstützen. So kann eine Optimierung der eigenen Zielerreichung durchaus die Verhinderung oder Behinderung der Zielerreichung in anderen Abteilungen oder Bereichen darstellen. Ein typisches Beispiel hierfür ist der Schichtwechsel in der Produktion. Ist der Zuständige der Nachtschicht primär darauf aus, seine Schicht zu optimieren, ohne an seine nachfolgenden Kollegen zu denken, werden Probleme nur mit kurzfristigem Zeithorizont bearbeitet und können dann wieder in der nachfolgenden Schicht auftauchen.

Wie sieht es nun bei den sechs Firmenbeispielen aus, die als nachahmenswerte Beispiele für Unternehmenskultur identifiziert wurden?

2.1.2 Erkenntnisse aus den Fallbeispielen: „Wir wissen, wer wir sind, was wir wollen und setzen dies konsequent um"

Alle sechs Firmen zeichnen sich durch eine klare Identität, eine klare Fokussierung in ihrer strategischen Positionierung sowie eine klare, durchgängige Zielorientierung aus. Die sich daraus ergebenden Teilziele für Sparten, Abteilungen, Teams und Einzelpersonen werden systematisch mit Hilfe eines Zielvereinbarungsprozesses umgesetzt. Der gesamte, in sich abgestimmte Prozess der Zielvereinbarung mit Zielreviews scheint bei den Mitarbeitern für Transparenz zu sorgen. Diese wiederum hilft, Doppelspurigkeiten zu vermeiden, über Bereichs- und Teamgrenzen hinweg kooperieren zu können und insgesamt die aktive Mitwirkung der Mitarbeitenden und ihre Identifikation mit dem Unternehmen zu fördern. Dieser Prozess ist in Abbildung III-2-1 im Überblick dargestellt.

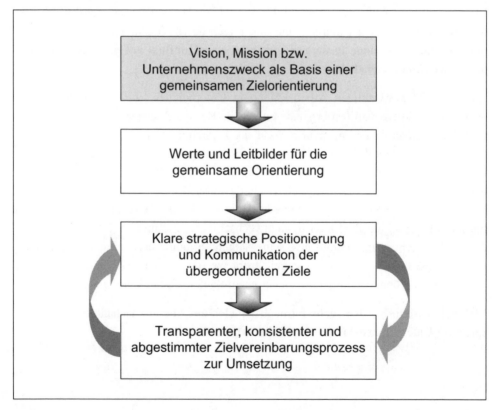

Abbildung III-2-1: Klare Identität, gemeinsame Zielorientierung und konsequente Umsetzung

2. Charakteristika einer erfolgsunterstützenden Unternehmenskultur

2.1.2.1 Vision und Mission bzw. Unternehmenszweck als Basis einer gemeinsamen Zielorientierung

Bei Novo Nordisk wie auch bei Grundfos bilden Vision und Mission die Basis für die gemeinsame Zielorientierung. Innovationsführer in der Pumpenindustrie zu sein, zieht sich bei Grundfos als roter Faden durch das gesamte Unternehmen. Diabetespatienten das Überleben zu sichern, wird bei Novo Nordisk konsequent in der Strategie, dem Verhaltenskodex und der „Triple Bottom Line" umgesetzt und kommuniziert. Henkel will mit seinen Marken und Technologien das Leben der Menschen leichter, besser und schöner machen. Lufthansa sieht sich als einer der weltweit führenden Aviations-Konzerne. Weltweit begehrte Fahrzeuge herzustellen und damit Menschen zu begeistern, ist bei BMW die oberste Devise. Dabei soll jeder wissen, wofür das Unternehmen steht, damit dann auch entsprechend agiert werden kann.

2.1.2.2 Werte und Leitbilder als Orientierung

Die BMW Group wie auch Henkel haben schon frühzeitig eine Werteorientierung eingeführt. BMW hat seine Personalpolitik bereits in den 1980er-Jahren konsequent an Werten orientiert. Bei Henkel wurde der werteorientierte Ansatz in den 1990er-Jahren kodifiziert mit weiterer Konkretisierung in den Leitlinien und Verhaltensregeln. Das Firmenlied „We Together" soll die zentralen Werte für die Mitarbeitenden nachvollziehbarer und plastischer machen.

2.1.2.3 Klare strategische Positionierung

Jedes der Unternehmen hat sich mit seinen Geschäftsfeldern klar strategisch positioniert und verfolgt letztendlich eine Art Einzigartigkeit im oberen Segment. Auf die Frage nach den zentralen Wettbewerbern werden je nach Geschäftsfeld unterschiedliche Antworten gegeben. Die Produkte und Dienstleistungen bewegen sich allesamt im qualitativ hochwertigen Bereich. Die BMW Group verfolgt mit ihren drei Marken konsequent wie kein anderer Automobilhersteller eine internationale Positionierung im Premium-Segment. Hierbei sollen Potenziale erkannt und Wachstum gestaltet werden auf der Basis der Kenntnis um die eigenen Stärken. Novo Nordisk will nicht nur mit seinen Produkten Leben erhalten, sondern auch verstärkt im Bereich der Prävention hierfür einen Beitrag leisten. Die Champion 3C-Strategie von Hilti spezifiziert die strategische Stoßrichtung des Unternehmens.

2.1.2.4 Transparente Zielvereinbarungsprozesse für die systematische Umsetzung

Aus Unternehmenszweck und Strategie werden für die einzelnen Geschäftsfelder, Bereiche, Führungskräfte und Mitarbeiter Ziele abgeleitet und kommuniziert. Diese werden in Zielvereinbarungen verbindlich festgehalten, in regelmäßigen Abständen überprüft und bei Bedarf angepasst.

Bei Hilti wird die Champion 3C-Strategie jährlich in einem Meeting von Konzernleitung und Top-Management kritisch überprüft. In den so genannten „Cockpit Performance Charts" wird die strategische Zielerreichung monatlich gemessen und spätestens am fünften Werktag des Folgemonats in den Teamkennzahlen abgebildet, kommuniziert und diskutiert. Der Zielerreichungsgrad wird in vierteljährlichen Zielreviews überprüft. In einem Zielvereinbarungssystem werden bei Henkel die Ziele systematisch heruntergebrochen, in den einzelnen Bereichen verankert und regelmäßig überprüft. Bei der BMW Group findet sich ein ähnlicher Prozess, der gemäß der Mitarbeiterbefragung im Jahr 2002 bei 94 Prozent der Mitarbeitenden zu einer hohen Identifikation mit dem Unternehmen führte.

Bei Grundfos und Novo Nordisk wird das Unternehmensziel mit Hilfe der Balanced Scorecard sukzessiv und systematisch auf alle Ebenen heruntergebrochen. Der Vorstandsvorsitzende von Grundfos sieht es dabei als eine seiner Hauptaufgaben, die Ziele nachvollziehbar zu kommunizieren. Die Geschäftsergebnisse werden im Intranet monatlich veröffentlicht, die Quartalsergebnisse werden in Gesprächsrunden diskutiert. Die jährlichen Mitarbeiterbefragungen zeigen hohe Identifikation mit dem Unternehmen (bei Grundfos 98 Prozent). 2003 hat die Europäische Gesellschaft für Qualitätsmanagement (EFQM) Grundfos mit einem Sonderpreis für Führung und Beständigkeit ausgezeichnet, da sie das Unternehmen als vorbildlich im Bereich der klaren Vermittlung der Ziele und Strategien an die Mitarbeiter betrachtet.

Diese Beispiele zeigen, dass sich die Unternehmen nicht mit der Formulierung von Vision und Mission oder der Kodifizierung von Leitbildern, Werten und Verhaltensregeln zufrieden geben. Vielmehr kommt es ihnen darauf an, dass das, was ihnen wichtig ist, auch in der täglichen Arbeit gelebt wird. Hierbei unterstützen die weiteren neun Charakteristika der Unternehmenskultur.

2.2 Konsequente Ausrichtung auf den Kunden

2.2.1 Einige Erkenntnisse aus der empirischen Forschung

Der zentrale Maßstab unternehmerischen Erfolgs ist der Kunde. Hierbei geht es um Fragen wie: Ist der Kunde von den Produkten und Dienstleistungen begeistert? Werden seine Sorgen, Fragen und Wünsche berücksichtigt? Ist der Umgang mit dem Kunden fair? Sind die Leistungen transparent? Werden für den Kunden Werte geschaffen?[9] Steht er, wie mehrere Autoren[10] fordern, im Zentrum unternehmerischen Wirkens?

Zahlreiche empirische Studien zeigen einen positiven Zusammenhang zwischen der Kundenorientierung des Unternehmens und der Zufriedenheit seiner Kunden, die sich in deren Loyalität gegenüber dem Unternehmen zeigen kann. Auch wurden positive Korrelationen zwischen Kundenzufriedenheit und finanziellen Indikatoren festgestellt,[11] obwohl eine verstärkte Kundenorientierung mit hohen Kosten verbunden ist und als langfristige Investition in die Zukunft betrachtet werden sollte.[12] Appiah-Adu/Singh[13] fanden in ihrer Studie von kleinen und mittleren Unternehmen in Großbritannien eine signifikant positive Beziehung zwischen der Kundenorientierung eines Unternehmens und wirtschaftlichen Kennzahlen wie Return on Investment, Umsatzwachstum sowie dem Markterfolg neuer Produkte.

In einer weiteren Studie wurden 188 Industrieunternehmen im Hinblick auf das Niveau ihrer Kundenorientierung untersucht und ein positiver Zusammenhang zwischen Kundenorientierung und der Unternehmensleistung gefunden.[14] Demnach sind Unternehmen mit einer höheren Kundenorientierung, die sich u.a. in einer besseren Produktverlässlichkeit und Produkthaltbarkeit sowie pünktlicher Lieferung äußert, profitabler, haben einen höheren Umsatz und Gewinn im Vergleich zum Vorjahr, einen höheren Marktanteil und sie erreichen höhere Returns on Sales (ROS), on Investment (ROI) und on Assets (ROA). Dies bedeutet, dass Unternehmen, die in diesem Sinne kundenorientiert und fair agieren, generell eine bessere Leistung aufweisen als solche, die dies nicht tun.

Auch Studien über Marktorientierung zeigen einen positiven Effekt auf die wirtschaftliche Leistung. Allerdings können die Vorteile einer Marktorientierung nur dann ausgeschöpft werden, wenn es langfristig eine enge Verbindung zwischen den Vorstellungen der Kunden bzw. Lieferanten und denen des Produzenten gibt,[15] d.h. das Unternehmen kennt die Wünsche und Probleme seiner Kunden. Hierbei sind die Vorstellungen der Kunden wichtiger als die Annahmen des Unternehmens über seine

Kundenorientierungen.[16] Bei der Gestaltung der konkreten Käufer-Verkäufer-Beziehung beeinflusst eine unterstützende Unternehmenskultur des Verkäuferunternehmens das Verhalten kundenorientierter Verkäufer positiv,[17] wobei die von den Verkäufern wahrgenommene Kundenorientierung eines Unternehmens von Bedeutung ist und nicht die von ihnen gewünschte.

Ebenso hat die Arbeitsatmosphäre einen Einfluss auf die Kundenorientierung von Mitarbeitern. Nimmt der Mitarbeiter eine große Unterstützung z.B. von Seiten seiner Kollegen wahr, erhöht sich seine Kundenorientierung.[18] Dagegen sind zu stark zentralisierte Entscheidungsbefugnisse eher an die Verkaufsorientierung gekoppelt. Wenn den Mitarbeitern keine Freiheiten im Umgang mit dem Kunden gewährt werden, neigen sie zu einer Einstellung, die eher einem Dienst nach Vorschrift gleichkommt. Ein Interviewpartner in der Studie von Boles/Babin/Brashear/Brooks[19] drückte diese Einstellung oder Haltung folgendermaßen aus: „Talk to enough costumers and I'll make my numbers."

Wie sieht dies nun bei den sechs dargestellten Firmen aus?

2.2.2 Erkenntnisse aus den Fallbeispielen: „Bei uns dreht sich alles um den Kunden"

Die sechs Firmen zeigen eine ausgeprägte, spür- und sichtbare Kundenorientierung, die im Zweifelsfall Vorrang vor anderen Aktivitäten hat. Mit langfristigen Kundenbeziehungen will man Mehrwert für den Kunden schaffen. Die Bedeutung dieser zentralen Kundenorientierung zeigt sich in verschiedensten Aspekten wie einer kundennahen Produktentwicklung bzw. der Einbindung von Kunden in den Produktentwicklungsprozess, der Art der Serviceleistungen, dem Umgang mit dem Kunden im direkten und indirekten Kontakt, der Ausrichtung des Vertriebssystems sowie der gesamten Organisation auf den Kunden. Eine klare Kundensegmentierung unterstützt die fokussierte Ausrichtung auf die jeweilige Kundengruppe. Um sicher zu stellen, dass die gewollte Kundenorientierung auch tatsächlich gelebt und nicht durch Einzeleindrücke verzerrt wird, werden regelmäßig Kundenbefragungen durchgeführt. Deren Ergebnisse werden diskutiert und führen zur Identifikation von Maßnahmen, um im Kontakt mit dem Kunden noch besser zu werden.

2.2.2.1 In Erfahrung bringen, was der Kunde will – Eingehen auf die spezifischen Kundenwünsche

So wird der Kunde bei Lufthansa an der Spitze des „magischen Dreiecks" gesehen. Kunden werden über Befragungen in die Produkt- und Dienstleistungsentwicklung einbezogen. Das Customer-Relationship-Management, dessen Datenbank etwa acht Millionen Kunden umfasst, wird für einen individualisierten Kundenservice genutzt. Das „Miles-and-More"-Programm soll die Kundenbindung erhöhen. Lufthansa hat bisher für ihre Kundenorientierung zahlreiche Auszeichnungen erhalten.

Bei Grundfos bezieht sich die Kundenorientierung auf den gesamten Produktlebenszyklus: von der kundenspezifischen Anpassung eines Produktes und seiner Dokumentation über die Lieferung, Wartung und Entsorgung der gelieferten Produkte. Grundfos sieht sich daher nicht als Lieferant, sondern als langfristiger Partner der Kunden, der diese im Umgang mit den Produkten unterweist, mit Schlüsselkunden und Zulieferern einen Wissens- und Erfahrungsaustausch betreibt sowie umfassende Produktbeschreibungen und Dokumentationen bereitstellt. Außerdem besteht eine umfangreiche After-Sales-Garantie mit einer Zehn-Jahres-Garantie auf alle Produkte, die zu 90 bis 98 Prozent recycelt werden. Grundfos erhielt den dänischen Logistikpreis als Auszeichnung für den „Weltklasse-Service" gegenüber internen und externen Kunden.

Der Kunde wird bei BMW als „primus inter pares" gesehen, dem ein individualisierter Kundenservice geboten wird. Trotz weltweitem Standardsystem im Bereich Kundenbeziehung orientiert man sich an nationalen Besonderheiten. So sieht ein Serviceprogramm in Deutschland anders aus als in Japan. Das weltweite Servicenetzwerk wird auch zur Erfassung von Kundenbedürfnissen genutzt. Die Kulanzpolitik im Umgang mit Garantieproblemen wird großzügig gehandhabt. Der Mobilitätsservice kommt den Kundenbedürfnissen entgegen. Vertriebs- und Produktionsprozesse sind kundenorientiert ausgelegt. Mit der „BMW Quality Trophy" will das Unternehmen bei seinen Vertriebspartnern einen Anreiz zur Verbesserung der Kundenorientierung schaffen.

2.2.2.2 Konsequente Ausrichtung auf den Kunden

Bei Hilti ist das gesamte Unternehmen auf den Kunden ausgerichtet, wie im Organigramm,[20] in der Strategie und im Leitbild deutlich sichtbar wird. Die in der Branche einmalige Direktvertriebsstrategie wurde entwickelt, um dem Kunden die neue Technologie vor Ort besser erklären zu können. Zwei Drittel der Mitarbeiter bei Hilti stehen in direktem Kundenkontakt und auch das Top-Management sowie die Mitglieder des Verwaltungsrates sind verpflichtet, einmal jährlich einen Vertreter bei seinem Kundenbesuch zu begleiten. In den 1980er-Jahren änderte das Unternehmen seine

Strukturen und Prozesse bewusst, um wieder näher beim Kunden zu sein, da nur noch 60 Prozent der Mitarbeiter im Bereich Marketing/Sales arbeiteten. Auf der Basis der jährlichen Kundenbefragungen werden jeweils bei Bedarf Maßnahmen zur weiteren Verbesserung der Kundenorientierung entwickelt, in die Zielvereinbarungen übernommen und deren Umsetzung im Zielvereinbarungsprozess überprüft. Auch Novo Nordisk hat sein Unternehmen umstrukturiert, um kundennäher agieren zu können.

2.2.2.3 Überprüfung der Kundenzufriedenheit

Kundenorientierung ist bei Novo Nordisk oberstes Unternehmensziel und wird aufgrund ihres spezifischen Produkts als Teil der gesellschaftlichen Verantwortung gesehen. Drei Viertel der Mitarbeitenden stehen in direktem Kundenkontakt. Auch hier begleitet jeder Manager mindestens einmal jährlich einen Vertreter zum Kunden. Die Kunden bzw. Patienten werden in Forschung und Produktentwicklung eingebunden und zudem im Bereich der Prävention weitergebildet. Die letzte Kundenbefragung zeigte auf globaler Ebene eine über 85-prozentige Zufriedenheit mit den Produkt- und Dienstleistungen des Unternehmens. Bei Lufthansa zeigt die Kundenbefragung von 2003, dass 73 Prozent der Kunden die Produkt- und Serviceleistungen von Lufthansa uneingeschränkt weiterempfehlen würden.

In Abbildung III-2-2 sind die zentralen Parameter der konsequenten Kundenorientierung aufgeführt mit den jeweiligen Instrumenten, die von den Unternehmen eingesetzt werden. Resultat dieser vielfältigen Aktivitäten, die auf eine langfristige, partnerschaftliche Kundenbeziehung ausgerichtet sind, ist eine hohe Kundenzufriedenheit, wie die durchgeführten Kundenbefragungen bestätigen.

2. Charakteristika einer erfolgsunterstützenden Unternehmenskultur

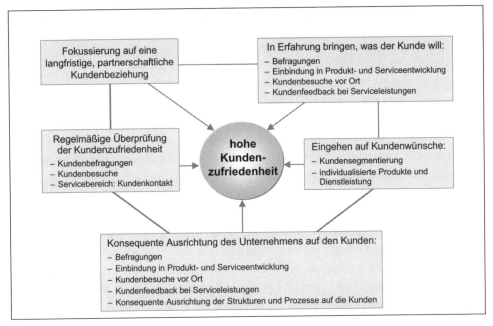

Abbildung III-2-2: Konsequente Kundenorientierung

2.3 Innovations-, Lern- und Entwicklungsorientierung

2.3.1 Einige Erkenntnisse aus der empirischen Forschung

Veränderungen im Unternehmensumfeld erfordern Anpassungsfähigkeit auf Seiten des Unternehmens, um überlebensfähig zu bleiben. Hierzu gehört die Fähigkeit zu erkennen, wann Bewährtes beibehalten, wann es weiterentwickelt oder durch Neues ergänzt werden sollte. Adaptionsfähigkeit beinhaltet auch die Fähigkeit, Innovationen zu entwickeln und umzusetzen sowie mit Unvorhergesehenem wirksam umgehen zu können.

Das frühzeitige Erkennen relevanter Veränderungen im Unternehmensumfeld, deren mögliche Auswirkungen auf das Unternehmen und die Nutzung der damit verbundenen Chancen erfordert Früherkennungsmechanismen sowie kognitive, strategische, organisatorische und unternehmenskulturell verankerte Flexibilität.[21] Diese Fähigkeiten sind auch im Umgang mit unvorhergesehenen und komplexen Situationen notwendig.[22] Eingefahrene Denk- und Verhaltensmuster, falsch verstandenes Durchsetzen einer Linie aufgrund eines „Big Egos" oder zu starke demographische Homogenität der Entscheider können rechtzeitige und notwendige Anpassungen verhindern.[23]

Das Ausmaß an notwendiger Anpassungsfähigkeit hängt dabei von der Veränderungsgeschwindigkeit in der unternehmensrelevanten Umwelt[24] wie auch von den Ansprüchen und Erwartungen der Kunden[25] ab. So konnten z.B. Burns/Stalker[26] in ihrer klassischen Studie über die Auswirkungen von technologischen Innovationen bei 20 britischen und schottischen Industrieunternehmen zwei ganz unterschiedliche Organisationsdesigns identifizieren, ein mechanistisches und ein organisches, die seither in der Organisationsliteratur Eingang gefunden haben. Organische Systeme waren in turbulenten Unternehmensumwelten wesentlich effektiver. Sie zeichneten sich aus durch einen geringen Grad an Standardisierung bzw. Spezialisierung, durch Neudefinition von Aufgaben, Wissen und Erfahrung und deren Beitrag zum übergeordneten Ziel, durch ein generelles Gefühl von Verantwortlichkeit, die nicht abgeschoben wurde, eine allgemeine Identifikation mit dem Gesamtunternehmen und nicht nur mit der Abteilung oder Funktion, eine breite und gleichmäßige Verteilung von Wissen und Kompetenzen im gesamten Unternehmen, wobei diese bei Problembearbeitungen gebündelt wurden, sowie durch sachbezogene Kommunikation und Problemlösung bei einer kosmopolitischen Orientierung.

Deshpandé/Farley/Webster/Frederick[27] konnten einen positiven Zusammenhang zwischen der Innovationsorientierung eines Unternehmens und wirtschaftlichen Leistungsfaktoren aufdecken. Hinloopen[28] stellte in seiner Untersuchung über die Innovationsleistung von Unternehmen in 14 europäischen Ländern fest, dass Unternehmen in Ländern mit höheren Kundenerwartungen bezüglich Innovationen auch eher marktfähige Innovationen produzierten.

Innovationsleistungen sind jedoch nicht nur auf Produkte und Dienstleistungen beschränkt. So sind nach Hamel/Välikangas[29] Unternehmen in turbulenten Zeiten nur dann erfolgreich, wenn sie sich selbst genauso effizient erneuern können, wie sie ihre Produkte und Dienstleistungen produzieren. Bei den Prozessinnovationen scheint es allerdings noch nationalkulturelle Unterschiede zu geben. Manu[30] untersuchte Unterschiede und Gemeinsamkeiten der Auswirkungen von Innovationen auf wirtschaftliche Leistungsfaktoren im amerikanischen und europäischen Markt und stellte fest, dass Prozessinnovationen nur auf dem amerikanischen Markt positive Auswirkungen auf den Marktanteil hatten. Dies könnte darauf hinweisen, dass Prozessinnovationen im europäischen Markt entweder nicht so gut vermarktet werden oder aber die Vernetzung zwischen Produkt- und Prozessinnovationen eher gering ist.

Steigender Wettbewerb, Internationalisierung und Globalisierung erfordern zunehmend die Fähigkeit, Kooperationen einzugehen, Netzwerke zu bilden, um Ressourcen zu poolen und voneinander zu lernen.[31] Auch hierbei ist Flexibilität gefragt.

2.3.2 Erkenntnisse aus den Fallbeispielen: „Wir entwickeln uns ständig weiter durch Innovationen in allen Bereichen, durch Lernen und durch Kooperationen"

Alle sechs Unternehmen legen besonders starken Wert auf Innovation und die Weiterentwicklung des Unternehmens in allen Bereichen. Diese grundlegende Orientierung ist in den Unternehmensleitlinien verankert und steuert das Verhalten der Führungskräfte und Mitarbeiter. Die vielfältigen Aktivitäten zeigen, dass sie sich weder mit dem einmal Erreichten zufrieden geben, noch sich auf dem Status quo ausruhen. Vielmehr hinterfragen sie diesen Status quo regelmäßig, um sich in einem permanenten Entwicklungsprozess weiter zu verbessern und sich somit auf neue Situationen und Herausforderungen einzustellen. So gilt bei der BMW Group, bei Hilti und bei Grundfos, dass das Erreichte stets nur der Ausgangspunkt zu Besserem ist.

Die Innovations-, Lern- und Entwicklungsfreudigkeit ist dabei nicht nur auf Produkte beschränkt, sondern zeigt sich auch in einer Reihe von Prozessinnovationen und Kooperationen. Zwei zentrale Rahmenbedingungen scheinen diese Innovations- und Entwicklungsorientierung zu ermöglichen – erstens die Verankerung der Bedeutung von Innovationen und ständiger Entwicklung für die Erhaltung der Lebensfähigkeit im Top-Management und zweitens die Freiräume, die Mitarbeitern gewährt werden, um Veränderungen zu initiieren und umzusetzen. Im Überblick sind die zentralen Aspekte dieser Innovations-, Lern- und Entwicklungsorientierung in Abbildung III-2-3 dargestellt.

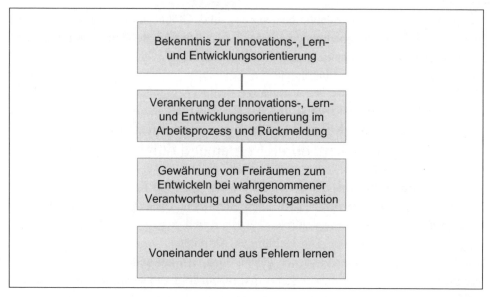

Abbildung III-2-3: Innovations-, Lern- und Entwicklungsorientierung

2.3.2.1 Bekenntnis zur Innovations-, Lern- und Entwicklungsorientierung

Die Ausgaben für Forschung und Entwicklung sowie Aus- und Weiterbildung sind in Form eines Prozentsatzes vom Umsatz zum Teil fest bei den Unternehmen verankert. Dies demonstriert, dass das Top-Management der Unternehmen diese Ausgaben als Investitionen in die Zukunft ihres Unternehmens betrachten. Grundfos unterhält das größte Forschungs- und Entwicklungszentrum in der Branche und reinvestiert einen Großteil seines Gewinns in weitere Forschung und Entwicklung. Novo Nordisk berichtet eine F&E-Quote von 16 Prozent, die BMW Group investiert 2,5 Prozent des Umsatzes in Produktinnovationen. In den Bereich Aus- und Weiterbildung investieren Hilti 1,2 Prozent des Gesamtumsatzes, Henkel und Lufthansa 1 Prozent und die BMW Group 0,5 Prozent des Umsatzes.

2.3.2.2 Verankerung der Innovations-, Lern- und Entwicklungsorientierung im Arbeitsprozess

Alle sechs Firmen haben eine Reihe von Instrumenten verankert, welche die Innovationsorientierung der Mitarbeiter und deren Ideen für Prozessverbesserungen fördern sollen. Bei Hilti existieren Qualitätszirkel und Teams für kontinuierliche Verbesserungsprozesse (KVP). Konstruktive Verbesserungsvorschläge werden im regelmäßigen Dialog mit Mitarbeitervertretern erarbeitet. Auch das Rotationsprinzip hilft, Verbesserungspotenziale aufzuzeigen. Grundfos bindet Mitarbeiter und Kunden in kontinuierliche Verbesserungsprozesse ein mit einem Fokus auf Total Quality Management. Bei Lufthansa ist Eigeninitiative gefragt. Im ständigen Dialog werden Ideen entwickelt. Das **D-Check-Programm** bindet Mitarbeiter in Effizienzsteigerungsprogramme ein. Das **Ideenportal** im Intranet bietet eine Plattform, Vorschläge mitzuteilen. Von diesen werden herausragende Ideen prämiert. Ein **Denk-Mit**-Programm fördert Verbesserungsvorschläge im Umweltschutzbereich. Bei Henkel werden Produktinnovationen fokussiert und deren Fortschritt vierteljährlich überprüft. Der **Fritz-Henkel-Preis** zeichnet Mitarbeiterteams weltweit für innovative, wertsteigernde Projekte aus. Zum Vorschlagswesen wird zweimal jährlich ein Innovationsseminar für Mitarbeiter angeboten. Auch bei der BMW Group werden Mitarbeitervorschläge über ein systematisches Vorschlagswesen sowie kontinuierliche Verbesserungsprozesse aufgenommen.

2.3.2.3 Gewähren von Freiräumen für Unternehmertum – bei wahrgenommener Verantwortung und Selbstorganisation

Die zweite Rahmenbedingung für die Ermöglichung dieser Innovations- und Entwicklungsorientierung stellen die Freiräume dar, die den Mitarbeitern in den sechs Firmen gewährt werden, um tatsächlich auch Veränderungen initiieren und umzusetzen sowie sich selbst weiter entwickeln zu können. Diese Freiräume betreffen zum einen zeitliche und finanzielle Freiräume, zum anderen aber auch psychische Denk-Freiräume sowie Wirkungsfelder, die Ideen und Vorschläge auch tatsächlich auszuprobieren, Initiative zu ergreifen und zum Unternehmer im Unternehmen zu werden.

Auch legen alle Firmen bei ihren Mitarbeitern und Führungskräften Wert auf lebenslanges Lernen. Dies bezieht sich jedoch nicht nur auf die fachliche Seite, sondern beinhaltet auch strategisches Denken sowie Persönlichkeitsentwicklung und die Förderung persönlicher Stärken. Zur Umsetzung werden On-the-Job-Maßnahmen genutzt wie Job-Rotation auf internationaler Ebene (Henkel), die eigene Corporate University (Lufthansa) oder Akademie (Henkel), wie auch verschiedene Kooperationen mit bekannten Universitäten und Management-Development-Instituten. So gilt bei Grundfos der Grundsatz **Freedom and Responsibility,** der beinhaltet, dass vom Unternehmen Freiräume zur Gestaltung des Arbeitsumfeldes gewährt werden, dies aber hohe Eigenverantwortung auf Seiten der Mitarbeiter erfordert.

2.3.2.4 Voneinander und aus Fehlern lernen

Der Umgang mit Wissen, das gegenseitige Weitergeben von Wissen wird geschätzt und z.B. durch Rotation gefördert. Hierzu gehören auch bereichsübergreifende Diskussionen, Erfahrungsaustausch über Abteilungs- und Werksgrenzen hinaus und die bewusst bereichsübergreifende Zusammensetzung bei Aus- und Weiterbildungsprogrammen. Bei der BMW Group tauschen Schwesterwerke Wissen und Erfahrungen aus. Beide der letzteren Maßnahmen dienen vor allem auch dazu, Netzwerke im Unternehmen aufzubauen.

Das Unternehmen BMW hat für das Teilen von Wissen Anreizsysteme entwickelt und fördert insgesamt die Innovationsbereitschaft durch einen hohen Grad an Selbstorganisation sowie eine große Fehlertoleranz. Auch werden die Mitarbeiter aktiv in die Entwicklung des Unternehmens eingebunden.

Externe Kooperationen werden aus strategischen Gesichtspunkten eingegangen und ermöglichen gegenseitiges Lernen. So war Lufthansa in der Luftfahrtbranche mit der Star Alliance führend im Auf- und Ausbau ihrer strategischen Allianzen. Auch die BMW Group zeichnet sich durch zahlreiche Kooperationen mit Zulieferern, High-Tech-Unternehmen, Forschungslaboratorien und Hochschulen aus und versteht sich als gestaltender Akteur in Netzwerken von Märkten, Politik und Gesellschaft.

Fehler werden als eine Quelle für Lernen betrachtet. Dabei sind diese allerdings nicht mit Gambling bzw. dem Eingehen eines unkalkulierbaren Risikos zu verwechseln. Bei der starken Betonung der Innovationsorientierung ist den sechs Firmen klar, dass bei neuen Arbeiten und Projekten nicht alles sofort perfekt funktionieren wird. Wichtig ist die regelmäßige und kritische Evaluation im Umgang mit neuen Aufgaben. Diese hilft, Fehlentwicklungen rechtzeitig zu erkennen und entsprechend gegenzusteuern. Daher werden z.B. bei Hilti auch keine „Fehler" gemacht, sondern „Erfahrungen" gesammelt, aus denen gelernt wird.

2. Charakteristika einer erfolgsunterstützenden Unternehmenskultur 209

In Abbildung III-2-4 sind die jeweils eingesetzten Instrumente zusammenfassend dargestellt:

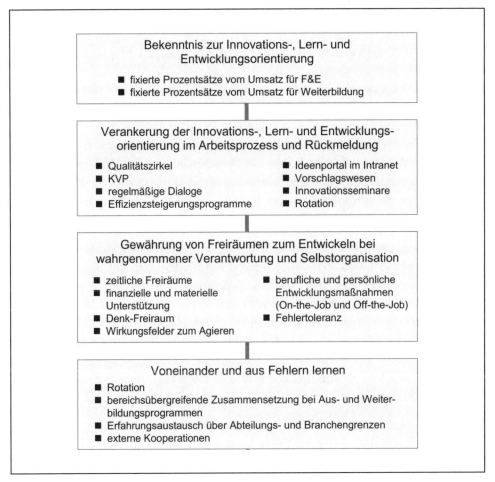

Abbildung III-2-4: Innovations-, Lern- und Entwicklungsorientierung

Die tatsächliche Gewährung solcher Freiräume, die Ideen und Innovationspotenzial freisetzen, hängt dabei maßgeblich vom gelebten Führungsverhalten ab.

2.4 Partnerschaftliches und kulturkonformes Führungsverhalten

2.4.1 Einige Erkenntnisse aus der empirischen Forschung

Führungskräfte können die Identifikation der Mitarbeiter mit dem Unternehmen und damit auch deren Leistung beeinflussen.[32] Die konkrete Ausgestaltung von wirksamem Führungsverhalten wird seit Ende des 19. Jahrhunderts systematisch untersucht[33] mit unterschiedlichen Schlussfolgerungen und Empfehlungen für die Praxis. Verschiedene Ansätze zeigen auf, dass die Berücksichtigung der Anforderungen des konkreten Führungskontextes einen Einfluss auf die Wirksamkeit der Führung hat. Hierzu gehören die Anforderungen der Aufgabe, die Besonderheiten der Mitarbeiter und der Führungskraft wie auch der unternehmensspezifische Kontext.

Sieht man sich den Gesamtzusammenhang an, in dem Führung heute und künftig praktiziert wird, so lassen sich einige generelle Anforderungen ableiten.[34] Aufgrund demokratischer Erziehungs- und Ausbildungspraktiken bestehen auf Seiten der Mitarbeiter verstärkt Erwartungen nach partnerschaftlichem Führungsverhalten,[35] das Mitwirkung erlaubt und Mitgestaltung ermöglicht. Auch Hochschulabsolventen erwarten Möglichkeiten zur Mitwirkung und Mitgestaltung, wie die Befragung der Continental AG[36] gezeigt hat. Andererseits erfordert der Umgang mit neuen, komplexen Fragestellungen eine Vielfalt an interdisziplinärem Wissen sowie Erfahrung, um neue, geeignete Lösungen zu entwickeln.

Eine Reihe empirischer Untersuchungen belegen die positive Beziehung zwischen Partizipationsmöglichkeiten und Mitarbeiterzufriedenheit,[37] Mitarbeitermotivation,[38] dem Ausmaß an Anstrengung[39] und mit der Leistung selbst.[40] Wie Studien im deutschen Sprachraum zeigen, erhöhen Partizipationsmöglichkeiten das Vertrauen, die Loyalität und die wahrgenommene Bindung der Mitarbeiter an das Unternehmen.[41] Im Gegensatz dazu können fehlende Einbindung in betriebliche Abläufe[42] und fehlende Mitsprache und Mitentscheidungsmöglichkeiten[43] zu demotivierenden Effekten führen.

Speziell bei Teams wurden bei zugestandener Autonomie und partizipativem Führungsverhalten eine Reihe positiver Folgen beobachtet. Hierzu gehören gesteigertes Vertrauen und Commitment (Engagement), Zufriedenheit und Zusammenhalt, eine größere Ideenvielfalt beim Lösen von Problemen, größere Anstrengung und Bereitschaft, sich über den eigentlichen Arbeitsbereich hinaus einzusetzen, Bereitschaft zur Zusammenarbeit sowie gesteigerte Produktivität und Leistung.[44]

Freiräume sind jedoch nur dann sinnvoll nutzbar, wenn die erwarteten Ziele vereinbart und verständlich kommuniziert werden. Auch eine partizipative, dialogorientierte Durchführung der Leistungsbeurteilung hat positive Auswirkungen auf die Zufriedenheit der Mitarbeiter. Hierbei ist insbesondere die Botschaft wichtig, dass der Vorgesetzte den Mitarbeiter und seine Meinung ernst[45] und sich selbst dabei nicht zu wichtig nimmt. So zeichneten sich die Führungskräfte erfolgreicher Firmen durch erstaunliche Zurückhaltung aus[46] – eine Beobachtung, die sich mit anderen Untersuchungen von Top-Führungskräften deckt.[47]

Die Erwartungen des Unternehmens an Führungskräfte werden zunehmend in Führungsleitbildern und Führungsgrundsätzen postuliert, die Orientierungshilfen geben und die Gestaltung der Zusammenarbeit beeinflussen wollen.[48] Die konkrete Ausgestaltung des Führungsverhaltens wird jedoch von individuellen Werthaltungen, Interessen, Erfahrungen und Fähigkeiten beeinflusst, die sich implizit in der täglichen Arbeit wie auch in Mitarbeiter- und Beurteilungsgesprächen niederschlagen. Daher ist es nicht nur wichtig, Führungsleitbilder und -grundsätze zu formulieren und diese nachvollziehbar und verständlich zu kommunizieren, sondern auch dafür zu sorgen, dass sie tatsächlich in einem entsprechenden Umfeld handlungswirksam und im Führungsverhalten manifest werden. Nur gelebte Führungsgrundsätze wirken motivierend[49] bzw. vermindern eine mögliche Demotivation der Mitarbeiter.[50]

2.4.2 Erkenntnisse aus den Fallbeispielen: „Unsere Unternehmenskultur wird im Führungsverhalten sichtbar"

Die Fallbeschreibungen zeigen, dass alle sechs Unternehmen sich der Bedeutung von Führungskräften und ihrer Rolle bei der Gestaltung, Erhaltung, Pflege und Anpassung der Unternehmenskultur bewusst sind. Dies hat dazu geführt, dass Führungspositionen vorwiegend intern besetzt werden, da durch langjährige Sozialisationsprozesse gewährleistet wird, dass die intern rekrutierte Führungskraft die Spezifika der Unternehmenskultur, insbesondere den Kulturkern kennt, lebt und verkörpert. Zur weiteren Führungsqualifikation werden verschiedenste Unterstützungsmaßnahmen angeboten. Außerdem kann durch diesen Prozess auch sichergestellt werden, dass die bei Führungskräften als wichtig erachteten Verhaltensweisen, wie z.B. die aktive Einbindung der Mitarbeiter, der offene Dialog und partnerschaftliche Umgang wie auch eine gewisse Bescheidenheit, vorhanden sind. Abbildung III-2-5 zeigt die zentralen Aspekte des gelebten Führungsverhaltens im Überblick, die nachfolgend näher beschrieben werden.

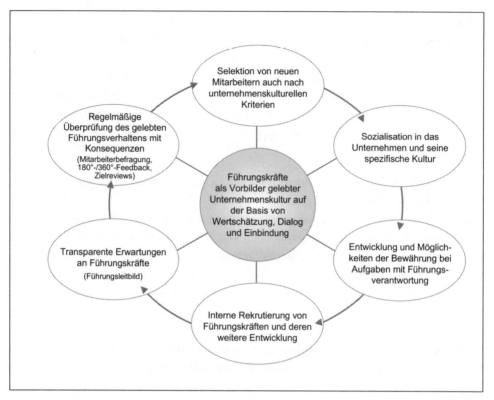

Abbildung III-2-5: Führungsverhalten als gelebte Unternehmenskultur

2.4.2.1 Führungskräfte als Vorbilder für gelebte Unternehmenskultur

In ihrer Führungsfunktion haben Vorgesetzte Rollenmodellcharakter, wie auch Heinrich[51] und Habbel[52] ausführen. Daher ist es zentral, was sie in und mit ihrem täglichen Führungsverhalten vorleben und kommunizieren und ob dies mit den normativen Vorstellungen des Unternehmens, die u.a. in Leitbildern proklamiert werden, übereinstimmt. Die Unternehmensleitungen der sechs Firmen sind sich bewusst, dass das Vorbild der Führungskraft wesentlich zur Glaubwürdigkeit der Unternehmensphilosophie beiträgt. Auch bei Novo Nordisk gilt die Führungskraft als Vorbild, was für Skandinavien eher unüblich ist. Die Beschreibungen der sechs Unternehmen zeigen ferner, dass sie Führungskräfte nicht nur im Hinblick auf deren fachliche bzw. Führungsqualifikation aussuchen, sondern auch im Hinblick auf deren Passung mit der bestehenden bzw. gewünschten Unternehmenskultur. Wird zwischen dem, was dem Unternehmen wichtig ist und dem aktuell gelebten Führungsverhalten eine zu große Diskrepanz wahrgenommen, werden Konsequenzen gezogen und man trennt sich von der Führungskraft, wie Beispiele bei Hilti, Henkel, Novo Nordisk und Grundfos zeigen.

2. Charakteristika einer erfolgsunterstützenden Unternehmenskultur 213

Trotz individueller Unterschiedlichkeiten scheinen sich bei der Selektion von Führungskräften und deren Führungsverhalten einige Charakteristika bei den Unternehmen durchzuziehen. Gemäß der Führungsgrundsätze dieser Firmen qualifiziert sich eine Führungskraft als solche durch verantwortungsbewusstes, korrektes und verlässliches Verhalten, durch partnerschaftliche und dialogorientierte Zusammenarbeit, durch Wertschätzung der Mitarbeiter sowie durch eine Art kritischer Loyalität und eine gewisse Bescheidenheit bezüglich der eigenen Position.

2.4.2.2 Vorwiegend interne Besetzung von Führungspositionen

Die Bedeutung der Vorbildfunktion in den Bereichen, die dem Unternehmen wichtig sind, hat dazu geführt, dass in den sechs Firmen Führungspositionen vorwiegend intern besetzt werden, da extern rekrutierte Führungskräfte in der Vergangenheit speziell auf höheren Ebenen eher Mühe hatten, sich in die bestehende und gewünschte Kultur des Unternehmens einzupassen. Das heißt die Einbindung in die Unternehmenskultur, das Kennen und damit das glaubhafte Leben der unternehmenskulturellen Werte und Prioritäten scheint für extern rekrutierte Führungskräfte eher schwieriger zu sein. Daher nutzt z.B. Henkel seine **Global Academy** und das **Management Review Grid,** um Nachwuchsführungskräfte intern zu rekrutieren. Auch die anderen Firmen verfügen über Instrumente, interne Führungskräfte mit weiterem Potenzial zu identifizieren. Der interne Entwicklungsprozess fängt bei der Selektion, Sozialisation und Entwicklung von Mitarbeitern mit Potenzial an, denen dann Chancen gegeben werden, sich in Aufgaben mit Führungsverantwortung zu bewähren.

2.4.2.3 Sozialisation in die Unternehmenskultur und weitere Entwicklung

Einmal eingestellt, werden Mitarbeiter sorgfältig in die Unternehmenskultur eingeführt. Über vielfältige Aus- und Weiterbildungsmaßnahmen werden sie On-the-Job, Off-the-Job und Near-the-Job mit der jeweiligen Unternehmenskultur vertraut gemacht und weiter sozialisiert. Bei entsprechendem Potenzial werden sie dann für künftige Führungspositionen qualifiziert. So gibt es bei Grundfos ein zweijähriges Trainee-Programm mit informellem Monitoring der Entwicklung. Die BMW Group bietet Einsteigerprogramme für neue Mitarbeiter und zwar für Abiturienten, Studenten und Doktoranden. Generell werden in den jährlichen Mitarbeitergesprächen die Leistung der Mitarbeiter, neue Ziele und deren Entwicklungswünsche besprochen. Um einer zu engen Sichtweise vorzubeugen, wird bei der Entwicklung auch auf eine gewisse Breite an Erfahrung im Unternehmen z.B. in verschiedenen Funktionsbereichen und an verschiedenen Standorten Wert gelegt.

2.4.2.4 Transparente Erwartungen an Führungskräfte

Die Erwartungen an Führungskräfte werden in allen Unternehmen transparent in Leitbildern kommuniziert. Bei der BMW Group sind diese beispielsweise im Führungsleitbild spezifiziert. Die Führungskraft wird sowohl als Vorbild, Coach und Mentor gesehen. Der Fokus der Beurteilung liegt auf der Erreichung wirtschaftlicher Kennzahlen, Fachkompetenz, unternehmerischem Handeln sowie Team- und Führungsverhalten. Auch in den anderen Unternehmen beinhalten eine Reihe von Instrumenten, die zur Beurteilung des Führungsverhaltens herangezogen werden, transparente Erwartungen an das Verhalten der Führungskräfte.

2.4.2.5 Regelmäßige Überprüfung des gelebten Führungsverhaltens

Das gelebte Führungsverhalten wird mit Hilfe verschiedenster Instrumente erfasst, um sicherzustellen, dass das, was dem Unternehmen wichtig ist, auch tatsächlich gelebt wird. Hierzu gehört bei Hilti das **Red-Thread-Modell,** eine Kompetenzmatrix für die Beurteilung ihrer Führungskräfte. Diese Matrix beinhaltet sowohl wirtschaftliche wie auch soziale und wertbezogene Anforderungen und dient gleichzeitig als Arbeitsplatzprofil, das für die Mitarbeiter jederzeit eingesehen werden kann. In der personenspezifischen Balanced Scorecard wird bei Novo Nordisk ein breites Spektrum von Zielen vereinbart, für welche die jeweilige Führungskraft verantwortlich ist. Diese wie auch das konkret gelebte Führungsverhalten werden in verschiedenen Feedback-Prozessen überprüft.

Bei Lufthansa sind die Erwartungen an Führungskräfte im Leadership Compass enthalten, der auch für die Beurteilung herangezogen wird. Zudem wird ein 360°-Feedback-Prozess zur Zielerreichung durchgeführt und extern evaluiert. Die Führungseignung wird bei Henkel anhand von zwölf Kriterien gemessen, wobei diese aus Kopf- (Intellekt/Problemlösung), Herz- (Umgang mit Menschen) und Hand- (Arbeitshaltung) Kriterien bestehen. Zur Beurteilung des Führungsverhaltens und der Führungsleistung werden mehrere Instrumente kombiniert: Im Management Competence Assessment wird alle zwei Jahre die Umsetzung der zwölf Kriterien überprüft; im Leadership Dialogue erhält der Vorgesetzte ebenfalls im Zwei-Jahres-Rhythmus über eine 270°-Beurteilung Feedback von den direkt unterstellten Mitarbeitern und im Target Dialogue werden die Zielvereinbarungen durchgeführt und überprüft. Außerdem werden die ca. 150 obersten Führungskräfte von ihren Kollegen beurteilt. Auch bei der BMW Group existieren eine Reihe in sich verzahnter Maßnahmen auf der Basis ihres ‚Management House'. Eine anonymisierte Mitarbeiterbefragung zum Führungsverhalten wird auch hier regelmäßig durchgeführt und auf Teamebene kommuniziert.

2.4.2.6 Wertschätzung, Dialog, partnerschaftlicher Umgang und Bescheidenheit

Obwohl das konkrete Führungsverhalten von Unternehmen zu Unternehmen, von Person zu Person wie auch von Situation zu Situation variiert, lassen sich doch einige Invarianten in den Erwartungen an „gute" Führungskräfte identifizieren. Hierzu gehören die generelle Wertschätzung von und der Respekt gegenüber Menschen, die sich sowohl im Innen- wie auch im Außenverhältnis zeigen. „People before product" lautet bei Grundfos die Devise. Zudem wird in allen Firmen darauf geachtet, dass die Führungskräfte den Dialog mit ihren Mitarbeitern suchen und halten. Diese Dialogorientierung erstreckt sich zu anderen internen Kunden wie dem Betriebsrat und Aufsichtsrat sowie auch zu externen Kunden und Zulieferern. Mitarbeiter werden als erwachsene, qualifizierte, mitdenkende und eigenverantwortlich handelnde Menschen betrachtet und entsprechend partnerschaftlich behandelt – „wie Familienmitglieder und gute Freunde", um mit Grundfos zu sprechen. Im Gegenzug scheinen diese die gewährten Spielräume im Sinne des Unternehmens zu nutzen, wobei die internalisierte Unternehmenskultur als Orientierung für Denken und Handeln dient. Wenig geschätzt wird in allen Firmen egozentriertes, status- und hierarchiebewusstes Verhalten bei den Führungskräften. Statussymbole sind auf ein Minimum reduziert, Hierarchieunterschiede wenig spürbar in der täglichen Arbeit – man will keine Primadonnen oder „Big Egos" und setzt eher auf Bescheidenheit.

2.5 Führungskontinuität

2.5.1 Einige Erkenntnisse aus der empirischen Forschung

Eine gewisse Führungskontinuität und -stabilität ist unabdingbar für die erfolgreiche Umsetzung einer einmal eingeschlagenen Strategie oder eines initiierten Wandels. Erst in der Umsetzung der getroffenen Entscheidungen zeigt sich deren Wirksamkeit. Es stellt sich also die Frage, wie Führungskräfte rekrutiert, entwickelt und ans Unternehmen gebunden werden und wie lange sie in ihrer Position verbleiben. Eine Reihe von empirischen Untersuchungen führen zu dem Schluss, dass eine interne Nachbesetzung der obersten Führungsposition bei „mittlerer" Verweildauer für das Unternehmen die positivsten Wirkungen hat – es sei denn, dass ein radikaler Wandel durchgeführt werden muss.

So kann ein Führungswechsel auf oberster Ebene einerseits zu einem signifikanten Ansteigen des Aktienwertes des Unternehmens führen, da sich die Aktionäre – zumindest in den USA – einen positiven Impuls vom neuen CEO erwarten.[53] Andererseits stellt ein solcher Wechsel eine Herausforderung für die Kontinuität dar, die sich auch negativ auf den Unternehmenserfolg auswirken kann. Solch negative Auswirkungen wurden beobachtet, wenn das Umfeld, in dem ein Unternehmen agiert, instabil und unsicher ist, oder aber wenn bei stabilem Umfeld größere personelle Veränderungen auf der nächsthöheren Führungsebene mit dem Wechsel verbunden sind.[54]

In einer umfassenden Studie wurden Kriterien bzw. Merkmale einer Nachfolgeregelung identifiziert, die sich positiv auf den Unternehmenserfolg in Form der Reputation und des wirtschaftlichen Erfolgs des Unternehmens auswirken. Zu den wesentlichen Kriterien gehören der Einfluss des amtierenden CEO auf die Nominierung von potenziellen Nachfolgern, der Einsatz von entwicklungsförderlichen Instrumenten zur Leistungsbeurteilung sowie Belohnungssystemen, fachliche Kompetenz im Hinblick auf die zukünftigen Anforderungen und die Kompatibilität zwischen den Werthaltungen potenzieller Nachfolger mit jenen des Unternehmens.[55]

Die Frage stellt sich daher, ob Führungskräfte firmenintern aufgebaut oder eher von außen eingestellt werden sollten.[56] Interne Kandidaten bieten den Vorteil, dass sie das Unternehmen bereits gut kennen, interne Netzwerke aufgebaut haben[57] und deshalb eher Kontinuität sicherstellen können.[58] Daher sind sie in der Lage, das Unternehmen im Einklang mit der bestehenden Unternehmenskultur weiterzuführen, während Externe mit dieser Kultur in der Regel in der kritischen Anfangsphase nur oberflächlich vertraut sind. Auf interne Nachbesetzungen gegenüber den externen reagierte auch der Aktienmarkt in den USA in der Vergangenheit mit einem oft markanten Anstieg des Unternehmenskurswertes.[59]

Wirtschaftlich weniger erfolgreiche Unternehmen rekrutieren ihre obersten Führungskräfte häufig von außen, da sie keinen geeigneten Nachfolger in den eigenen Reihen identifizieren können bzw. einen strategischen Wandel herbeiführen wollen oder müssen.[60] Erfolgreichere Unternehmen, die keinen solchen strategischen Wandel vollziehen müssen, bauen ihren Führungskräftenachwuchs eher intern auf und entwickeln diesen entsprechend.[61]

Außerdem kann die Nachbesetzung der obersten Führungsposition generell indirekt zu einem vorübergehenden Rückgang der Unternehmensleistung führen, da es in der Regel bei unfreiwilligem Ausscheiden der bisherigen Unternehmensleitung zu einem Anstieg der Fluktuation auf der nächsten Managementebene kommt und dann in Folge die Unternehmensleistung absinkt.[62] Dabei zeigt die Nachbesetzung mit einem Externen in Kombination mit gleichzeitigem Ansteigen der Fluktuation im höheren Führungskreis eine deutlich negativere Auswirkung auf den Unternehmenserfolg als bei einer internen Nachbesetzung.

Eine weitere Frage der Nachfolgeregelung betrifft die Zeitdauer, die eine Führungskraft in ihrer Position verbringt. Häufige Wechsel können Kontinuität und Unternehmenserfolg beeinträchtigen.[63] Eine zu große Verweildauer kann sich ebenso negativ auswirken, wenn damit zu lange am Status quo festgehalten wird und so notwendige Anpassungen an die Erfordernisse der Unternehmensumwelt versäumt oder behindert werden.[64] Bei Neubesetzung der Top-Führungsposition nach einer sehr langen Verweildauer des bisherigen Vorstandsvorsitzenden steigt auch eher die Fluktuation im höheren Führungskreis, da es schwer fallen kann, sich auf den neuen CEO einzustellen.[65] So scheint eine „mittlere" Verweildauer des Vorsitzenden in seiner Position am günstigsten für den langfristigen Unternehmenserfolg zu sein,[66] wobei die „Idealdauer" von einer ganzen Reihe zusätzlicher Faktoren abhängt und daher nicht allgemeingültig ermittelt werden kann. In einer Studie, bei der 50 Top-Führungskräfte in den USA befragt wurden, betrachteten diese in Bezug auf ihre Tätigkeit eine Dauer von fünf bis sieben Jahren als geeignet, da dann das Unternehmen die besten Impulse von ihnen erhalten hätte und danach eventuell eine neue Orientierung für das Unternehmen sinnvoll sein könnte.[67] Auch das Alter des neu ernannten CEO scheint eine gewisse Rolle zu spielen: Die Aktienmärkte in den USA reagierten bisher besonders positiv auf die Nachbesetzung mit einem jüngeren Kandidaten.[68]

2.5.2 Erkenntnisse aus den Fallbeispielen: Lange Führungszyklen

Die Unternehmensspitzen der sechs Unternehmen zeichnen sich durch eine große Kontinuität in ihrer Besetzung aus, die eine langfristige Verfolgung der Unternehmensziele und Strategie ermöglicht. Bei Hilti ist seit der Gründung des Unternehmens vor 65 Jahren der dritte Vorstandsvorsitzende im Amt. Grundfos hat ebenfalls den dritten Vorstandsvorsitzenden seit seiner Gründung vor fast 60 Jahren. Ähnlich sieht es bei Novo Nordisk aus. Auch BMW und Lufthansa weisen sehr lange Führungszyklen ihrer Vorstandsvorsitzenden auf.

Diese Führungskontinuität gewährleistet und ermöglicht Kontinuität in der strategischen Ausrichtung der Unternehmen und deren kontinuierliche Umsetzung. Radikale strategische Neuorientierungen scheinen in keinem der Unternehmen notwendig gewesen zu sein, die einen Führungswechsel bedingt haben könnten. Die sechs Firmen bestätigen daher die Erkenntnisse jener Studien,[69] wonach erfolgreichere Unternehmen, die keinen (radikalen) strategischen Wandel vollziehen müssen, ihren Führungskräftenachwuchs eher intern aufbauen und diesen entsprechend entwickeln.

Die lange Verweildauer der Vorstandsvorsitzenden in den sechs Unternehmen ist einerseits ein Beleg für deren Offenheit, Lern- und Entwicklungsfähigkeit. Andererseits könnte diese im Vergleich zu den USA in der Regel längere Verweildauer an der Unternehmensspitze eine europäische Besonderheit sein, da hier zumindest bisher noch weniger Wert auf das regelmäßige Präsentieren neuer Gesichter und die damit erhofften neuen Impulse gelegt wird. Außerdem besitzt Kontinuität in Europa im Gegensatz zu den USA einen höheren Stellenwert.

2.6 Unternehmertum im Unternehmen

2.6.1 Einige Erkenntnisse aus der empirischen Forschung

Die Sicherung der Überlebensfähigkeit eines Unternehmens erfordert Gestaltung. Hierfür sind unternehmerisches Denken, Handeln und Mitgestaltung auf allen Ebenen notwendig.[70] Die Ergebnisse einer empirischen Studie zeigen, dass Firmen mit einer unternehmerischen Strategie im Sinne von risikofreudig, innovativ und proaktiv stärker wachsen im Vergleich zu Unternehmen mit einer risikoscheuen, nicht-innovativen und reaktiven Strategie, wobei letztere allerdings eine höhere Kundenloyalität aufwiesen.[71] Eine Reihe von Studien berichten über einen positiven Zusammenhang von unternehmerischem Handeln mit wirtschaftlichen Leistungsfaktoren wie termintreue Lieferungen, Umsatzwachstum, Gewinnmarge und Gewinnzuwachs[72] wie auch mit dem Marktanteil.[73]

Allerdings reicht es nicht aus, kreative und innovative „Intrapreneurs",[74] „a dreamer who does"[75] oder Mitarbeiter einzustellen, die von sich aus aktiv werden und Initiative ergreifen.[76] Das Arbeitsumfeld muss entsprechend ausgestaltet sein.[77] Hierzu gehört die Gewährung entsprechender Freiräume von Seiten des Unternehmens und seiner Führungskräfte, die diese nicht nur bereitstellen, sondern auch aktiv fördern,[78] wie auch die Ergebnisse einer Studie über das Verhalten von 50 Top-Führungskräften im Umgang mit komplexen Situationen zeigen.[79] Diese Freiräume können jedoch nur genutzt werden, wenn mit den Aufgaben auch die entsprechende Verantwortung delegiert und Kompetenzen übertragen werden, was wiederum dezentrale Strukturen bedingt.[80] So resümiert Ross,[81] dass unternehmerisches Denken und Handeln im Werte-

2. Charakteristika einer erfolgsunterstützenden Unternehmenskultur 219

system des Unternehmens bzw. seiner Unternehmenskultur verankert sein sollte, die auf Kundenorientierung, Qualität und Innovation fokussiert ist.

Bei Teams wurde beobachtet, dass gewährtes Mitunternehmertum mit höherer Produktivität, stärkerer Kundenorientierung, mehr Arbeitszufriedenheit und höherem Commitment dem Team wie auch der Organisation gegenüber einhergeht.[82] Allerdings kann sich zuviel Unterstützung des Vorgesetzten bei Teams, die sich in hohem Ausmaß selbst steuern, durchaus negativ auswirken.[83]

Auch wenn die entsprechenden Untersuchungen eindrücklich die positiven Wirkungen von Führung, die Partizipation und Mitgestaltung erlaubt, aufzeigen, ist die Umsetzung von Mitunternehmertum und Mitgestaltung gar nicht so einfach. Hierfür werden z.B. häufig Instrumente wie Job Enrichment, Selbstmanagement, Teamarbeit, Qualitätszirkel und TQM eingesetzt.[84] Die Einführung dieser Instrumente alleine reicht allerdings nicht aus, die Mitarbeiter müssen auch entsprechend geschult werden sowie die notwendigen Freiräume und Kompetenzen erhalten. Doch häufig sind es gerade die Manager, die – trotz öffentlich proklamierter Unterstützung dieser Instrumente bei der Umsetzung – durch ihr Verhalten, bewusst oder unbewusst, kontraproduktiv wirken. Viele Manager haben mit ihren defensiven Routinen[85] zum Teil Angst davor, Verantwortung zu delegieren und größere Autonomie zu gewähren, da für sie damit ein Verlust an Kontrolle und auch potenzieller Macht verbunden ist.

Zwar scheinen Unternehmer im Unternehmen primär nicht an materiellen Belohnungen interessiert zu sein,[86] dennoch haben diese eine Orientierungsfunktion für das Verhalten und können im Sinne einer Messlatte wirken. So ist die Einführung von Teamarbeit in Unternehmen gescheitert, weil zum einen die notwendigen Kompetenzen und Verantwortung nicht delegiert und zu geringe Handlungsfreiräume gewährt wurden. Zum anderen blieb auch die Belohnung von Einzelleistungen erhalten, ohne Ergänzung durch eine entsprechende Teamzielerreichungskomponente. Dies führte dazu, dass sich Mitarbeitende im Konfliktfall mit ihrem Verhalten daran orientierten, woran sie gemessen wurden. Konsequenterweise impliziert daher Unternehmertum und Mitunternehmertum auch eine finanzielle Partizipation am Team- bzw. Gesamterfolg.

2.6.2 Erkenntnisse aus den Fallstudien: „Bei uns sind Leistung, Beitrag und Initiative gefragt"

Leistung ist eine für alle sechs Unternehmen zentrale Orientierung, die sich von den Erwartungen an die Mitarbeiter, an Teams und an das gesamte Unternehmen bis hin zu den Erwartungen an die Aufsichtsratsmitglieder durchzieht. Zum einen wird hohe Leistung von Führungskräften und Mitarbeitern erwartet, zum anderen werden aber auch von Seiten des Unternehmens Bedingungen geschaffen, die Leistung und einen konstruktiven Beitrag erlauben, ermöglichen und belohnen, wie bereits oben im Zusammenhang mit gelebtem Führungsverhalten beschrieben wurde und auch von Malik[87] gefordert wird.

2.6.2.1 Hohe Leistungserwartungen an unternehmerisch Handelnde

Die sechs Unternehmen haben hohe Leistungserwartungen – an jeden einzelnen Mitarbeiter, jede einzelne Führungskraft, jedes Team wie auch an das gesamte Unternehmen. Die hohen Leistungserwartungen an Mitarbeiter werden schon in den Einstellungsgesprächen vermittelt. Sie zeigen sich in den vereinbarten Zielen – sowohl bei Führungskräften, Mitarbeitern und Teams. Diese Zielvereinbarungen spezifizieren das zu erreichende Resultat und geben dann bei der Zielerreichung im Rahmen der unternehmenskulturellen Leitlinien Freiraum zur eigenständigen Gestaltung. Hierbei wird darauf geachtet, dass Mitarbeiter auch im Bereich ihrer Stärken eingesetzt werden und dadurch auch tatsächlich einen Beitrag leisten können. „Die eigenen Stärken kennen und nutzen" ist bei der BMW Group die Devise. In regelmäßig stattfindenden Gesprächen wird bei allen sechs Firmen der Grad der Zielerreichung überprüft.

Diese hohen Leistungserwartungen, die bei Hilti im Leitspruch für Führungsverhalten oder bei der Henkel-Gruppe in den „Vision & Values" verankert sind, setzen allerdings eine gewisse Reife, Eigenverantwortlichkeit und Fähigkeiten zur Selbstorganisation voraus. Selbstverantwortung ist bei Hilti einer der postulierten Werte des Unternehmens, wobei dies auch die eigene Entwicklung umfasst. Hiltis People Strategy umfasst Teamarbeit und Eigenverantwortung, wobei alle Mitarbeiter zeichnungsberechtigt sind.

2.6.2.2 Rahmenbedingungen für Unternehmertum

Von den Vorgesetzten bei Hilti, Novo Nordisk, Henkel und BMW wird erwartet, dass sie ein Umfeld schaffen, in dem die Mitarbeiter auch eigenverantwortlich arbeiten können. Dies beinhaltet die Übertragung herausfordernder Tätigkeiten im Rahmen ei-

2. Charakteristika einer erfolgsunterstützenden Unternehmenskultur 221

nes Zielvereinbarungsprozesses, die Delegation von Verantwortung und Kompetenzen sowie bei Bedarf auch eine Unterstützung durch den Vorgesetzten. Bei Novo Nordisk können Ideen in Form eines Business Case direkt dem Management präsentiert werden. Für die Umsetzung auch ungewöhnlicher Ideen werden bei Henkel, wenn diese hartnäckig verfolgt werden und im Rahmen der strategischen Orientierung sinnvoll erscheinen, Budgets verabschiedet.

Auch die Strukturen und Prozesse erlauben in den sechs Firmen unternehmerisches sowie schnelles, unkompliziertes Handeln über Hierarchieebenen hinweg. Überschaubare, eigenverantwortliche Einheiten – seien dies z.B. (Projekt-) Teams, Profit Center oder Business Units – geben Transparenz, Identität und Heimat. Teamorientierung und partnerschaftlicher, direkter Umgang auch über Hierarchieebenen hinweg lassen Hierarchiedenken kaum aufkommen.

2.6.2.3 Leistung lohnt sich

Leistung wird in allen sechs Firmen belohnt. Hierbei wird der Beitrag zum Team- und Gesamtergebnis mit Ausnahme des Vertriebs zum Teil stärker betont als die individuelle Zielerreichung. So orientiert sich die variable Vergütung bei Hilti an Team- und Konzernzielen, was dazu führt, dass sich selbst das Reinigungspersonal über das Konzernergebnis informiert. Bei Lufthansa sind alle Mitarbeiter am Ergebnis beteiligt und erhalten ein zinsloses Darlehen zur Finanzierung eines Aktienpakets: Etwa 5 Prozent der Lufthansa-Aktien werden von Mitarbeitern gehalten. Für Führungskräfte gibt es ein Aktienbonusprogramm. Die variable Vergütung orientiert sich bei Novo Nordisk an Team- und Individualzielen und kann zwischen ein und drei Monatsgehältern liegen. Außerdem besteht die Möglichkeit der Beteiligung an einem Aktienprogramm. Auf der Ebene des Top-Managements gibt es ein Benchmark-Fixum sowie eine Zielerreichungsprämie, die ein Drittel des Fixums ausmachen kann. Zudem wird ein Jahresgehalt in Aktien investiert.

Bei Grundfos erhalten alle Mitarbeiter auf der Basis ihrer Balanced Scorecards eine Leistungsbeurteilung und je nach Zielerreichungsgrad einen Bonus. Dieser orientiert sich beim Top-Management an der Erreichung von Leistungs- und Verhaltenskriterien sowie der Kundenzufriedenheit. Bei Henkel ist die Vergütung der obersten Führungskräfte an die Kursentwicklung der Vorzugsaktie gekoppelt. Ein Drittel der Mitarbeiter sind berechtigt, sich am Employee-Share-Programm zu beteiligen, bei dem Henkel für jeden Euro 50 Cent bis zu einer Höhe von 4 Prozent des Gehalts sponsert. Die BMW Group hat schon 1973 eine Erfolgsbeteiligung für alle Mitarbeiter eingeführt, die bis zu drei Bruttomonatsgehälter einer Vollbeschäftigung ausmachen können. Zudem können Mitarbeiter Vorzugsaktien erwerben und sich an der betrieblichen Vermögensbildung beteiligen.

In Abbildung III-2-6 sind die eingesetzten Maßnahmen im Überblick zusammengefasst.

Hohe Leistungserwartungen an unternehmerisch Handelnde
- Selektion auf Leistungsbereitschaft
- Stärkenorientierter Einsatz
- Regelmäßige Gespräche zwischen Vorgesetzten und Mitarbeitern (Zielüberprüfung, Coaching)
- Beförderung auf der Basis von demonstrierter Leistung und Beitrag

Rahmenbedingungen für Unternehmertum
- Übertragung herausfordernder Aufgaben mit entsprechenden Kompetenzen und Verantwortung
- Strukturen, die eigenverantwortliches Handeln unterstützen (Teams, Profit Center, Business Units)
- Prozesse, die unternehmerisches Denken und Handeln ermöglichen (kurze, unkomplizierte Entscheidungsprozesse)
- Instrumente, die eigenverantwortliches Handeln unterstützen (Zielvereinbarungsprozess)

Leistung lohnt sich
- Variable Vergütung mit aufeinander abgestimmten Komponenten für individuelle – und Teamzielerreichung sowie die Zielerreichung des gesamten Unternehmens
- Möglichkeiten der finanziellen Beteiligung am Unternehmen
- Transparente und zeitnahe Informationen über den Stand der Zielerreichungsgrade einschließlich Unternehmensergebnis

---

Abbildung III-2-6: Unternehmertum im Unternehmen

2.7 Das Selbstverständnis eines Corporate Citizen

2.7.1 Einige grundsätzliche Überlegungen und Erkenntnisse aus der empirischen Forschung

Die mehrjährige intensive Diskussion um den Shareholder Value hat zum Teil verdeckt, dass Unternehmen nicht kurzfristig den Gewinn für ihre Aktionäre maximieren, sondern letztlich die Überlebensfähigkeit des Unternehmens und damit eine langfristige Wertsteigerung sichern sollten. Als Akteur im Kontext von und der Interaktion mit

2. Charakteristika einer erfolgsunterstützenden Unternehmenskultur

der sie umgebenden Gesellschaft tragen Unternehmen daher dieser Gesellschaft gegenüber auch eine gewisse Verantwortung, wie Reinhard Mohn aus der Sicht eines Unternehmers eindrücklich ausführt.[88] Peter Drucker fordert, dass der Unternehmenszweck einer Firma außerhalb des Geschäfts und zwar in der Gesellschaft selbst liegen sollte, da ein Unternehmen ein Organ der Gesellschaft ist.[89] Nach Drucker existieren Unternehmen grundsätzlich, um Güter und Dienstleistungen zu produzieren, die den Bedürfnissen gegenwärtiger und künftiger Kunden besser dienen als jene des Wettbewerbers. Diese Art der Interpretation von gesellschaftlicher Verantwortung werden wir weiter unten unter Kundenorientierung behandeln.

Gesellschaftliche Verantwortung wird in jüngerer Zeit verstärkt unter dem Begriff der Corporate Social Responsibility diskutiert, der jedoch häufig in der Praxis auf ökologische Verantwortlichkeit reduziert wird. Gemäß dieser Interpretation haben eine Reihe empirischer Untersuchungen versucht, den Zusammenhang von Corporate Social Responsibility und finanziellem Erfolg darzustellen. Die Ergebnisse dieser Studien sind bisher allerdings kontrovers. Sie reichen von einem positiven[90] über einen fehlenden[91] bis hin zu einem negativen Zusammenhang. Während Rothchild/Brown provokativ argumentieren, dass sozial bewusstes Investieren eine dumme Idee sei, die zu unterdurchschnittlichen Ergebnissen führe,[92] konnten Konar/Cohen[93] positive Effekte von Umweltschutzbemühungen auf den Unternehmenswert von börsennotierten Unternehmen feststellen. Dieser positive Effekt ist umso deutlicher, je größer das Wachstum der Branche ist.[94] Daher argumentieren die Autoren Russo/Fouts, dass es sich durchaus lohnt „grün" zu sein.[95]

Das World Business Council for Sustainable Development (WBCSD) definiert Corporate Social Responsibility als „the commitment of business to contribute to sustainable economic development, working with employees, their families, the local community and society at large to improve their quality of life".[96] Fasst man den Begriff der Corporate Social Responsibility gemäß dieser Definition breiter und betrachtet man ein Unternehmen analog zum Bürger als Corporate Citizen einer Gesellschaft, stellt sich die generelle Frage nach seinem Leistungsbeitrag für diese Gesellschaft, deren Ressourcen er in Anspruch nimmt. Die Ressourcen sind vielfältiger Art, wie beispielsweise die Mitarbeiter, die zunächst in der Gesellschaft in Kindergarten, Schul- und Ausbildung qualifiziert wurden. Es sind aber auch Materialien, Finanzen, Informationen, Infrastruktur oder die generelle Attraktivität eines Standortes, für die Faktoren wie kulturelles Angebot oder Umweltverschmutzung eine Rolle spielen. Für Standorte in der „alten Welt" besteht ein solcher Leistungsbeitrag auch in der Sicherung von Arbeitsplätzen, im gesellschaftlichen Engagement durch Projekte und konkreten Aktivitäten[97] wie auch der Berücksichtigung einer gewissen Balance zwischen Arbeits- und Familien- bzw. Privatleben ihrer Mitarbeiter und Führungskräfte.

Die Forschung hat sich bisher vorwiegend auf die negative Imagewirkung von gesellschaftlich verantwortungslosem Verhalten konzentriert, aufbauend auf dem Argument und der Erkenntnis, dass dieses rascher und nachhaltiger wirkt als positive Anstrengungen.[98] Dies kann bis zum Boykott von Produkten durch Konsumenten führen, die ein Unternehmen als verantwortungslos wahrnehmen.[99] Doch auch Anstrengungen in den Bereichen der Social Corporate Responsibility, die auf Arbeitsplatzerhalt und attraktive Arbeitsplatzbedingungen ausgerichtet sind, zeigen indirekt positive Wirkungen über die Imagebildung. So haben Firmen, die z.B. in jährlichen Ratings bei „Bester Arbeitgeber" oder „Best Places to Work"[100] gut plaziert sind, weniger Aufwand und Mühe, qualifizierte Mitarbeiter und Führungskräfte zu finden und zu halten. Außerdem wirkt sich dieses positive Image auch positiv verstärkend auf die Identifikation von Mitarbeitern und Führungskräften mit dem Unternehmen aus, wie Mitarbeiterbefragungen und auch eine neuere Studie[101] zeigen.

2.7.2 Erkenntnisse aus den Fallbeispielen: „Ein Unternehmen tut Gutes – und spricht nicht unbedingt darüber"

Die sechs Unternehmen verstehen sich nicht nur als verantwortungsvoller Arbeitgeber, sondern auch als verantwortungsvolles und aktives Mitglied der Gesellschaft. Ihr Engagement zeigt sich in unternehmensinternen wie auch zahlreichen unternehmensübergreifenden Aktivitäten, die über ein erwartetes Ausmaß hinausgehen und zum Teil noch auf das große gesellschaftliche Engagement der Gründer zurückzuführen sind.

2.7.2.1 Erhaltung und Schaffung von Arbeitsplätzen

Alle Unternehmen sind bemüht, Arbeitsplätze zu erhalten oder weiterhin zu schaffen. Lufthansa hat zum Erhalt der Arbeitsplätze eine Betriebsvereinbarung getroffen. Andere Firmen versuchen, ökonomisch schwierige Zeiten durch natürliche Fluktuation, Sozialpläne oder Outplacement-Programme zu überbrücken. Bei der BMW Group erfolgen Einstellungen unter dem Gesichtspunkt, dass langfristig ein Arbeitsplatz geboten werden kann. Auszubildende werden bedarfsorientiert eingestellt und finden in der Regel auch anschließend eine Stelle. In 39 Jahren gab es nach Aussagen des Unternehmens keine betrieblichen Entlassungen, vielmehr wurden weiterhin Arbeitsplätze geschaffen. Diese Bemühungen um Arbeitsplätze wurden 2002 mit dem Arbeitsplatzinvestor-Preis ausgezeichnet und bestätigten das Unternehmen als „Jobmaschine Nummer 1".[102]

2. Charakteristika einer erfolgsunterstützenden Unternehmenskultur

2.7.2.2 Förderung von Sicherheit, Gesundheit und Umweltschutz am Arbeitsplatz

Die Förderung von Sicherheit und Gesundheit am Arbeitsplatz nimmt bei allen sechs Firmen einen hohen Stellenwert ein. Hierunter zählen bei Novo Nordisk auch Stress-, Alkohol- und psychosoziale Beratung oder permanente Aufklärungsinitiativen zur Unfallprävention bei Grundfos. Henkel hat weltweit einheitliche Standards in den Bereichen Sicherheit, Gesundheit und Umwelt eingeführt. Die Produktionsstätten aller Unternehmen sind nach dem Umweltmanagementsystem ISO 14001[103] bzw. EMAS zertifiziert.[104]

2.7.2.3 Chancengleichheit

An Chancengleichheit wird in den meisten der sechs Firmen aktiv gearbeitet. So hat sich bei Lufthansa der Frauenanteil im Management seit 1990 versechsfacht. Bei der BMW Group gibt es zwar keine Quoten, doch werden Frauen bei gleicher Eignung bevorzugt. Lufthansa fördert mit der Initative „pro 40" auch ältere Fachspezialisten. Bei Novo Nordisk beschäftigt sich eine Equal Opportunity Task Force mit der Thematik Diversity im Hinblick auf Religion, Kultur, Geschlecht und Bildung und ist bemüht, mit speziellen Programmen diesbezügliche Barrieren zu überwinden. Grundfos hat ein Integrationsprojekt für Flüchtlinge in Dänemark gestartet, das ihnen in den ersten 18 Monaten während der Hälfte der Arbeitszeit einen Sprachunterricht ermöglicht. Zusätzlich hilft ein Mentor bei der Integration. In so genannten Workshops bietet Grundfos geschützte Arbeitsplätze für Behinderte, um ihnen eine sinnvolle Tätigkeit im Rahmen ihrer Möglichkeiten zu bieten.

2.7.2.4 Familienverträgliche Arbeitsbedingungen

Auch sind die meisten der sechs Firmen inzwischen bemüht, möglichst familienverträgliche Arbeitsbedingungen zu schaffen. Hierzu gehören flexible Arbeitszeitmodelle und Telearbeitsplätze. Der „Spielraum für Väter" soll bei Lufthansa auch Väter zu einer Elternzeit motivieren. Außerdem besteht gemäß der Betriebsvereinbarung „Lufthansa und Familie" ein Jahr Anspruch auf unbezahlten Urlaub für die Pflege von Angehörigen. Novo Nordisk bezahlt während der Elternzeit das Gehalt im ersten Jahr nach der Geburt des Kindes weiter.

2.7.2.5 Gesellschaftliches Engagement

Firmenübergreifende gesellschaftliche Aktivitäten sind zahlreich. Sie scheinen weniger der Medienwirksamkeit zuliebe als vielmehr aus dem Bedürfnis heraus motiviert zu sein, unterstützen und helfen zu wollen. „Ein Unternehmen tut Gutes" ist bei Henkel im Leitbild verankert – aber die sechs Firmen sprechen nicht permanent öffentlich darüber. Hierzu gehören nicht nur Mitgliedschaften wie in dem von Kofi Annan initiierten UN Global Compact,[105] sondern auch aktive Projektarbeiten, Sponsorentätigkeiten und Stiftungen. Diese gesellschaftlichen Engagements sind zum Teil in ihren inhaltlichen Ausrichtungen sehr breit angelegt, andererseits aber dennoch an der Unternehmensphilosophie und häufig auch an der Kerngeschäftstätigkeit orientiert. So hat Henkel seit 1991 Öko-Leadership als Unternehmensziel postuliert, ehrenamtliche Initiativen der Mitarbeiter werden in Form von Spenden und Freistellungen gesponsert und die Henkel Friendship-Initiative unterstützt weltweite Hilfsaktionen, wie z.B. bei der Hochwasserkatastrophe an der Elbe im Jahr 2002. Die BMW Group engagiert sich in Wissenschaft, Sport, Umwelt, Bildung, Technik und Kultur sowie in Projekten, die Hilfe zur Selbsthilfe fördern. Mit der Stiftung Herbert Quandt wird der nationale und internationale Dialog zwischen Wirtschaft und Gesellschaft gefördert, mit der Eberhard von Kuenheim Stiftung unternehmerisches Denken und Handeln.

Novo Nordisk engagiert sich u.a. weltweit in der Diabetesbekämpfung. Hierzu gehören die Bereitstellung günstigerer Arzneimittel für wie auch die aktive Arbeit von Mitarbeitern in Entwicklungsländern. Mit der Take**Action!**-Initative werden die Mitarbeiter aktiv angesprochen und motiviert, ihren gesellschaftlichen Beitrag zu leisten. Die Poul-Due-Jensen-Stiftung von Grundfos vergibt jährlich einen Preis für innovative Lösungsansätze in den Ingenieur- und Sozialwissenschaften und sponsert auch das dänische Olympiateam. Das gesellschaftliche Engagement von Lufthansa umfasst die Unterstützung lokaler sozialer, kultureller und sportlicher Aktivitäten, die Förderung des sozialen Engagements von Mitarbeitern, die Bereitstellung von technischem Know-How für Entwicklungsländer, Forschungsprogramme zur Reduktion der Umweltbelastung durch den Flugbetrieb, wie auch die Unterstützung des Artenschutzes, insbesondere für ihre Wappentier, den Kranich. Hilti vergibt u.a. Ausbildungsstipendien für Mitarbeiter und unterstützt über die Familie Ausgrabungen vor Alexandria.

Abbildung III-2-7 zeigt zusammenfassend die Aktivitäten, die im Rahmen des Selbstverständnisses als Corporate Citizen und der damit verbundenen hohen Verantwortung gegenüber der Gesellschaft durchgeführt werden.

2. Charakteristika einer erfolgsunterstützenden Unternehmenskultur

- Hohes Verantwortungsbewusstsein gegenüber der Gesellschaft
- Erhaltung und Schaffung von Arbeitsplätzen
- Förderung von Sicherheit, Gesundheit und Umweltschutz am Arbeitsplatz
- Arbeit an Chancengleichheit
- Familienverträgliche Arbeitsbedingungen
- Firmenübergreifendes Engagement in der Gesellschaft
  - Mitgliedschaften (u.a. UN Global Compact)
  - Projekte
  - Stiftungen
  - Sponsorenschaften
  - Preise

Abbildung III-2-7: Das Selbstverständnis eines Corporate Citizen

Dieses ausgeprägte soziale Engagement geht zum Teil auf die Firmengründer zurück und ist fest in den Überzeugungen und Werten der Unternehmen verankert.

2.8 Engagierte, transparente und qualifizierte Unternehmensaufsicht

2.8.1 Einige Erkenntnisse aus der empirischen Forschung

Die Ereignisse der letzten Jahre in Firmen wie Parmalat, Worldcom oder Tyco haben gezeigt, dass eine einseitige Shareholder-Orientierung für die Entwicklung eines Unternehmens dysfunktional sein kann und daher eine aktiv wahrgenommene Unternehmensaufsicht zunehmend wichtiger wird. Worldcom hat seine Gewinne um insgesamt 11 Milliarden US-Dollar künstlich erhöht und Enron seit 1997 um ca. 600 Millionen US-Dollar.[106] Als Reaktion wurde in den USA das Sarbanes-Oxley Act[107] verabschiedet, das die Verantwortlichkeiten von Unternehmen speziell auch bezüglich interner

Kontrollen regelt und nach Donald[108] für eine Teilung der Leitungs- und Aufsichtsaufgaben gemäß dem deutschen System plädiert.[109] Dieses Sarbanes-Oxley Act, das für alle Firmen anzuwenden ist, die in den USA tätig sind, wird daher künftig für größere formale Transparenz sorgen.

Funktionale Corporate Governance-Strukturen scheinen nicht nur Investitionsentscheidungen institutioneller Anleger zu beeinflussen, sondern sind zum Teil auch positiv mit wirtschaftlichen Kennzahlen von Unternehmen korreliert.[110] Dies konnte allerdings in anderen Untersuchungen nicht nachgewiesen werden.[111]

Was zeichnet nun eine „gute" Unternehmensaufsicht aus? Gemäß einer Umfrage von McKinsey[112] ist diese durch vier zentrale Kriterien gekennzeichnet:

- eine Mehrheit an externen Direktoren, die vom Management unabhängig sind,
- Direktoren oder Vorstände, die eine signifikante Anzahl von Aktien des Unternehmens besitzen und damit ein Interesse an der langfristigen Entwicklung des Unternehmens haben,
- eine Bezahlung der Direktoren, die in hohem Maß aktienbezogen ist[113] sowie
- Informationstransparenz nach außen bezüglich der Arbeit der Unternehmensaufsicht.

Eine Untersuchung in Großbritannien[114] hat allerdings gezeigt, dass weniger die Anzahl an externen Direktoren als vielmehr die Kontrolle und Transparenz der Tätigkeit des Unternehmensaufsichtsgremiums einen positiven Einfluss auf wirtschaftliche Kennzahlen hat. Monks bringt dies mit der Aussage auf den Punkt, dass ein beobachtetes Board sich anders verhält.[115]

Auch die Größe der Unternehmensaufsichtsgremien, die nicht in jedem Land gesetzlich geregelt ist, die Fluktuation in Vorstand und Aufsichtsrat sowie das Ausmaß an Diversität im Board haben die Forschung beschäftigt. Eine Studie in den größten australischen Unternehmen[116] kam zu dem Ergebnis, dass ein positiver Zusammenhang zwischen der Größe des Boards und dem Firmenwert besteht. Größere Unternehmen haben ein größeres Board, mehr externe Direktoren und neigen eher dazu, wie in Deutschland, die Positionen von CEO und Chairman zu trennen. Zudem korreliert auf Basis des Marktes der Anteil der internen Direktoren positiv mit der Unternehmensleistung.

Stephen Kaplan[117] konnte einen Zusammenhang des Aktienwertes mit der Fluktuation in Vorstand und Aufsichtsrat unter den 42 größten deutschen Unternehmen feststellen. Ein Personalwechsel in den beiden Gremien steht demnach in Zusammenhang mit einem Rückgang des Aktienwertes und Verlusten, nicht jedoch mit Umsatz- und Gewinnwachstum.

Auch das Ausmaß an Diversität in Aufsichtsgremien hat in letzter Zeit Beachtung gefunden. Betrachtet man die Diversität in Boards in Bezug auf den Anteil von Frauen und Minderheiten, so konnte in einer Studie ein positiver Zusammenhang zwischen ihrem Vorhandensein und dem Firmenwert festgestellt werden.[118] Diversität bedeutet zusätzliche Perspektiven, die in die Diskussionen eingebracht werden können und sich dabei nicht auf das Geschlecht und die Nationalität beschränken, sondern auch Aspekte einer Bandbreite von Ausbildungs- und Erfahrungshintergründen sowie Branchenzugehörigkeiten umfassen. Gemäß Ashby's Prinzip der „Requisite Variety" kann Komplexität z.B. im Unternehmensumfeld nur mit entsprechender Komplexität im Unternehmen begegnet werden. Daher argumentieren Robinson/Dechant,[119] dass eine gewisse Diversität in der Zusammensetzung von Aufsichtsgremien zu einem besseren Verständnis des Marktes, zu einer höheren Kreativitäts- und Innovationsrate sowie zu effektiveren Problemlösungen führen kann.

2.8.2 Erkenntnisse aus den Fallstudien: „Von der Unternehmensaufsicht wird kritisches Engagement erwartet"

Die Berücksichtigung des möglichen Beitrags eines Mitglieds des Unternehmensaufsichtsgremiums findet schon bei der Selektion Externer in das Gremium statt. Einmal im Gremium, wird von den Aufsichtsratsmitgliedern ein aktiver Beitrag und Engagement für das Unternehmen erwartet. Einige der Unternehmen evaluieren die Tätigkeit ihrer Aufsichtsratsmitglieder regelmäßig und berichten über die Tätigkeiten des Gremiums wie auch zum Teil über die Bezüge ihrer Mitglieder. Hierbei orientieren sich die sechs Firmen an bestehenden Regeln von Corporate-Governance-Richtlinien wie z.B. der Global Reporting Initiative[120] oder dem Deutschen Corporate Governance Kodex.[121]

2.8.2.1 Qualifizierte Leistung

Die Auswahl externer Mitglieder für das Gremium der Unternehmensaufsicht orientiert sich an ihrem möglichen Beitrag für das Unternehmen. Hierfür setzt Novo Nordisk ein Executive-Search-Unternehmen ein. Bei Hilti werden Mitglieder der Unternehmensaufsicht anhand eines Qualifikations- und Kompetenzprofils ausgesucht. Neben der fähigkeitsbasierten Eignung spielt u.a. bei Grundfos bei der Auswahl von Mitgliedern für das Aufsichtsgremium die Kompatibilität der persönlichen Werthaltungen mit denen des Unternehmens eine wesentliche Rolle. Bei Novo Nordisk werden Aufsichtsrats- und Vorstandsmitglieder jährlich bewertet. Doppelmandate werden bei Hilti vermieden. Aufgabenverteilungen zwischen Aufsichtsrat und Vorstand sowie einzelnen Gremien sind klar und transparent. So betrachtet sich z.B. die Unternehmensaufsicht bei Grundfos als Kulturbotschafter und sieht sich für die Erhaltung und Verbreitung der Unternehmenskultur zuständig.

2.8.2.2 Engagement für das Unternehmen

Leistung wird in den sechs Firmen nicht nur von den Vorgesetzten und Mitarbeitern erwartet, sondern auch von den Mitgliedern der Unternehmensaufsicht. Von externen Mitgliedern wird erwartet, dass sie die Spezifika des Unternehmens und seiner Herausforderungen kennen, damit sie auch einen fachlichen und strategischen Beitrag leisten können. Hilti besteht auf einen „Arbeits"-Verwaltungsrat, dessen Mitglieder zwischen 20 und 40 Tage im Jahr ins Unternehmen eingebunden sind und auch einmal im Jahr einen Vertreter bei seinen Kundenbesuchen begleiten.

2.8.2.3 Transparenz der Tätigkeit

Da sich die Unternehmen an den Richtlinien der Corporate Reporting Initiative bzw. dem Deutschen Corporate Governance Kodex orientieren, ist formale Transparenz der Tätigkeit des Unternehmensaufsichtsgremiums gegeben. Diese umfasst z.B. bei BMW auch die regelmäßige, zeitnahe und umfassende Information des Vorstandes gegenüber dem Aufsichtsrat in Bezug auf relevante Themen der Planung, Geschäftsentwicklung, Risikosituation und des Risikomanagements; die Bewilligung größerer Anteilserwerbe und -veräußerungen; die Bestellung der Vorstandsmitglieder durch den Aufsichtsrat; die zeitnahe Kommunikation wesentlicher Veränderungen in der Eigentümerstruktur, die Koppelung von variablen Vergütungsanteilen der Vorstände und Aufsichtsräte an Leistungskriterien und die wirtschaftliche Situation des Unternehmens wie auch die Genehmigungspflicht von Nebentätigkeiten der Vorstände durch den Aufsichtsrat.

2.9 Orientierung an profitablem, nachhaltigem Wachstum

2.9.1 Einige grundsätzliche Überlegungen und Erkenntnisse aus der empirischen Forschung

In den 1990er-Jahren wurde auch in Europa und speziell in Deutschland die Diskussion um den Shareholder Value stärker, der bei börsennotierten Firmen in den USA schon immer im Vordergrund unternehmerischer Aktivitäten gestanden hatte. Allerdings war und ist das gesamte System der Corporate Governance in den USA ein anderes als das in Deutschland oder Japan. Wie Lorsch/Graff[122] vergleichend beschreiben, dominieren in den USA der Checks- und Balances-Ansatz im Gegensatz zum Netzwerkansatz in Deutschland und Japan. Börsennotierte amerikanische Unternehmen haben eine breit gestreute Aktionärsgemeinschaft im Gegensatz zur noch vorhandenen Dominanz institutioneller Anleger in Deutschland. Außerdem basiert die gesamte Corporate Governance in den USA in der Regel auf einem Shareholder- und nicht auf einem Stakeholder-Welfare-Ansatz. Die stärkere Internationalisierung und Globalisierung trugen einerseits zum gesteigerten Interesse am Shareholder-Ansatz in Deutschland bei. Dieser geriet aber auch verstärkt ins Blickfeld durch das zunehmende Interesse von Kleinanlegern an einer Investition in Aktien, bedingt durch die steigenden Aktienkurse in der zweiten Hälfte der 1990er-Jahre.

Manche Diskussionen um den Shareholder Value scheinen diesen zum eigentlichen Unternehmensziel zu machen mit den bekannten Folgen von Missmanagement durch eine zu kurzfristige Orientierung auf Quartalsergebnisse. Nach Heery/Wood[123] hat eine einseitige Fokussierung auf den Shareholder Value in Großbritannien in Unternehmensstrategien resultiert mit einem Fokus auf die finanzielle Leistung, die mit Hilfe von Managementkontrollsystemen und Kostenreduktionen erreicht werden soll. Außerdem hat diese einseitige Orientierung zu Fehlern in der praktischen Berufsausbildung, der geringen Verbreitung von „High-Involvement"-Arbeitssystemen und dem Fortgang der verhärteten Positionen zwischen Gewerkschaften und Arbeitgebern geführt.

Bei der Diskussion um den Shareholder Value wird oft vergessen, dass Shareholder Value weniger ein Selbstzweck oder Ziel an sich ist als vielmehr die Folge und das Ergebnis verantwortungsvoller unternehmerischer Aktivitäten auf der Basis einer Langfristperspektive. Wirtschaftlicher Erfolg ist notwendig, damit ein Unternehmen überhaupt in seine Zukunft investieren kann. Wird der gesamte Gewinn jährlich an die

Investoren oder Eigentümer ausbezahlt, ist eine Finanzierung von zukunftsorientierten Investitionen nicht mehr möglich und die Überlebensfähigkeit des Unternehmens gefährdet. Solch ein Ansatz kann nur im Sinne äußerst kurzfristig orientierter Investoren sein, die keinerlei Interesse am eigentlichen Geschäft haben.

Nachhaltiger wirtschaftlicher Erfolg ist letztendlich das Resultat der Kombination all jener Aktivitäten, die wirksame Unternehmensführung kennzeichnen und damit auch – aber nicht ausschließlich – den Shareholdern einen angemessenen Ertrag auf ihre Investitionen erwirtschaften. Hierzu werden alle Aspekte des operativen wie auch des strategischen Managements gebraucht. Ohne Cashflow wird die Realisierung der besten Strategien unmöglich und ohne eine Unternehmensstrategie, die sich am eigentlichen Kundenbedürfnis orientiert, sind die Überlebenschancen eines Unternehmens in einem turbulenten Umfeld schwierig.

Allerdings stellt sich eben die Frage, wie wirtschaftlicher Erfolg im Unternehmen wie auch bei Investoren und Anlageberatern definiert wird und welchen Stellenwert er einnimmt. So hat die Studie von Collins/Porras[124] gezeigt, dass Gewinnorientierung nicht im Hauptfokus der von ihnen untersuchten und als hervorragend eingestuften Firmen war. Dennoch erwirtschafteten diese einen höheren Gewinn als die stärker auf Gewinn fokussierten Unternehmen. Der wirtschaftliche Erfolg wie auch die Zufriedenheit der Investoren bestätigt ihren eingeschlagenen Weg. Zahlreiche empirische Studien zeigen, dass gesellschaftliches Engagement keineswegs einen Widerspruch zur Maximierung des Shareholder Value darstellen muss[125] und widerlegen damit die scheinbaren Konflikte zwischen sozialer Verantwortung und Gewinnmaximierung.

2.9.2 Erkenntnisse aus den Fallstudien: „Wir investieren in unsere Zukunft und sichern damit unseren wirtschaftlichen Erfolg"

Die Diskussion der letzten Jahre um den Shareholder Value scheint die sechs Firmen wenig beeindruckt zu haben. Wirtschaftlicher Erfolg oder Return on Investment (ROI) war ihnen schon immer wichtig – allerdings nicht als ultimatives Ziel, sondern vielmehr als notwendiges Mittel, Investitionen in ihre Zukunft zu ermöglichen. Daher orientieren sich Entscheidungen nicht an einer kurzfristigen Gewinnmaximierung, sondern an der Möglichkeit für profitables und nachhaltiges Wachstum bei einer Eigentümerstruktur, die diese Orientierung mitträgt und mit den erwirtschafteten Ergebnissen und dem Return on Investment zufrieden ist.

2.9.2.1 Stakeholder-/Shareholder-Orientierung

Bei der Fokussierung auf nachhaltiges, profitables Wachstum werden Shareholder nur als eine von mehreren Stakeholdergruppen betrachtet – wobei Firmen wie die BMW Group und die Deutsche Lufthansa ganz klar nach außen kommunizieren, dass sie eine Shareholder-Orientierung verfolgen. Novo Nordisk hingegen bekennt sich öffentlich auch zur **Triple Bottom Line:** Hierzu gehören die Shareholder, die Mitarbeiter und die Gesellschaft. Auch die anderen fünf Firmen orientieren sich in ihrem Handeln an einer von ihnen jeweils definierten Stakeholdergruppe. Diese Stakeholder werden dabei nicht nach Gutdünken, Situation und geschäftlicher Lage eher willkürlich berücksichtigt, wie manche Kritiker des Stakeholderansatzes befürchten.[126] Vielmehr scheinen sich die Firmen ihrer mehrfachen Verantwortung bewusst zu sein und Entscheidungen unter Berücksichtigung der ihnen wichtigen Stakeholder mit einem Blick in die Zukunft zu treffen. Der wirtschaftliche Erfolg stellt sich dennoch oder vielleicht gerade deshalb ein, und mit diesem sind auch die Investoren zufrieden, wie z.B. Umfragen bei der BMW Group zeigen.

2.9.2.2 Stabile Eigentümerstruktur als Voraussetzung der Kontinuität

Diese Kontinuität sowie Mittel- und Langfristorientierung scheint durch eine sehr stabile Eigentümerstruktur mit hoher Mehrheitsbeteiligung begünstigt oder aber vielmehr ermöglicht worden zu sein. Bei Grundfos werden 86,6 Prozent des Aktienkapitals von der unabhängigen Poul-Due-Jensen-Stiftung gehalten, 13,1 Prozent von der Familie Jensen und 0,5 Prozent von den Mitarbeitern. Zwei Jahre vor seinem Tod hat der Unternehmensgründer von Grundfos die Stiftung gegründet, um das Fortbestehen der Firma zu sichern. In ähnlichen Konstrukten sichern Hilti und Novo Nordisk den Fortbestand ihrer Unternehmen. Der Hilti-Familientrust hält 98,6 Prozent der Anteile an der Firma Hilti mit dem deklarierten Ziel, dass das langfristige Wohl der Firma Vorrang vor den Interessen der Familie hat. Henkel hat die besondere Rechtsform einer KGaA gewählt, deren Stammaktien zu 56,11 Prozent im Besitz der Familie bzw. einer Vermögensverwaltung sind. Damit wurde versucht, die Familieninteressen zu wahren und den Einfluss des Kapitalmarktes zu beschränken. 46,6 Prozent des Aktienkapitals der BMW Group sind in Besitz von Stefan und Johanna Quandt sowie Susanne Klatten.

Diese stabile Eigentümerstruktur, die im Fall von Grundfos, Hilti und Novo Nordisk bewusst gewählt wurde, um das Fortbestehen und die weitere Entwicklung der Firma zu gewährleisten, erlaubt einen langfristigen Planungshorizont, längerfristige Investitionen und eine gleichzeitige Fokussierung auf mehrere Stakeholder, ohne dabei jedoch die unternehmerische Verantwortung abzuschieben. Die Mehrheitsaktionäre oder

Eigentümer tragen auch einen Veränderungsprozess mit oder wenden sich bei einem Quartal mit schlechterem Ergebnis nicht sofort von der Firma ab. So ist es erklärtes Ziel von Grundfos, die finanzielle Unabhängigkeit zu bewahren. Das Unternehmen hat in seiner fast 60-jährigen Firmengeschichte noch nie rote Zahlen geschrieben. Und Hilti hat einen Reprivatisierungsprozess vollzogen, um wieder unabhängiger vom Finanzmarkt agieren zu können.

2.10 Grundlegende Überzeugungen, Haltungen und gelebte Werte

2.10.1 Einige grundsätzliche Überlegungen und Erkenntnisse aus der empirischen Forschung

Wie wir in Teil I, Kapitel 1 ausgeführt haben, besteht der Kern oder die Basis von Unternehmenskultur aus grundlegenden, gemeinsam gehaltenen Überzeugungen, die das Denken, Fühlen und Handeln der Träger einer Kultur beeinflussen. Diese grundlegenden Überzeugungen beinhalten all das, was dem Unternehmen wichtig ist. Sie manifestieren sich auf Seiten des Unternehmens in postulierten Werten, die in normativen Unternehmensgrundsätzen, Leitbildern und Werten für alle sichtbar verankert sind. Bei den Kulturträgern äußern sich die gemeinsam gehaltenen, grundsätzlichen Überzeugungen in Form einer bestimmten Haltung, in den von ihnen gesetzten Prioritäten, die Wichtiges von Unwichtigem zu unterscheiden helfen und zeigen sich letztendlich in ihrem konkreten Verhalten.

Hierbei sind nun zwei Aspekte wichtig: zum einen die spezifische inhaltliche Ausgestaltung der Haltungen, Werte und Überzeugungen und zum anderen die Konsistenz der, nach außen gezeigten und postulierten Werte mit den zugrunde liegenden Überzeugungen bzw. die Übereinstimmung zwischen der äußeren, offiziellen Haltung und der inneren Haltung, die sich im gelebten Verhalten ausdrückt. Beide Aspekte werden nachfolgend diskutiert.

2.10.1.1 Die konkrete Ausgestaltung der Überzeugungen und Werte

Aufgrund der sich abzeichnenden Entwicklungen in unserem gesellschaftlichen Umfeld lassen sich einige grundlegende Orientierungen identifizieren, die künftig mit hoher Wahrscheinlichkeit noch stärker erforderlich sein werden als bisher.[127] Hierbei

2. Charakteristika einer erfolgsunterstützenden Unternehmenskultur

sind allerdings branchenspezifische Unterschiede zu berücksichtigen. Für eine zukunftsorientierte Unternehmenskultur, die die Bestandsfähigkeit eines Unternehmens in einem unsicheren, kompetitiven und komplexen Unternehmensumfeld unterstützt, ist hohe Leistungsbereitschaft auf allen Ebenen unabdingbar. So zeigen die Ergebnisse einer empirischen Studie,[128] dass erfolgreiche Firmen eine höhere Leistungsbereitschaft aufweisen als weniger erfolgreiche. Chusmir/Azevedo[129] beobachteten, dass das Ausmaß an Leistungsorientierung des CEO mit steigenden Umsätzen des Unternehmens korreliert. Wie die Ergebnisse einer kürzlich im Auftrag der Continental AG[130] durchgeführten Befragung zu den Erwartungen von Hochschulabsolventen aufzeigen, rechnen auch diese damit, dass hohe Leistungsbereitschaft künftig von ihnen erwartet wird.

Leistungsbereitschaft führt jedoch erst zu Ergebnissen, wenn sie sich in konkretem Verhalten äußert. Damit eine solche manifeste Leistungsbereitschaft auch in die richtige Richtung zielt, sollte sie auf allen Ebenen mit einer kritischen Reflexionsfähigkeit gekoppelt sein und zwar auf der Ebene von Einzelpersonen, Gruppen und Abteilungen wie auch auf der Ebene der gesamten Organisation. Kritische Reflexionsfähigkeit ist Bestandteil einer Form höheren Lernens und Bedingung für das Lernen aus Erfahrung wie Erfolgen und Misserfolgen. Ohne solche Reflexionsfähigkeit kann hohes Engagement und Einsatz einerseits in repetitiven Handlungen auf der Basis von vertrauten Routinen resultieren oder aber zu reinem Aktionismus führen, der letztendlich ein Unternehmen in eine Krise führen und seine Existenz bedrohen kann.[131] Die Untersuchung von Collins/Porras,[132] in der 18 hervorragende Firmen mit den jeweils zweitbesten ihrer Branche verglichen wurden, zeigt, dass sich diese Firmen ständig selbst reflektieren, um sich kontinuierlich zu verbessern.

In einer Gesellschaft, die sich immer stärker hin zu einer Dienstleistungs- und Wissensgesellschaft bewegt, werden Menschen zur zentralen Ressource. In diesem Zusammenhang haben zwei Fragen eine große Bedeutung: Wie gehen das Unternehmen und seine Vertreter mit diesen Menschen um? Wie werden sie eingebunden? Ouchi/Jaeger[133] fanden beispielsweise in ihrem Vergleich zweier Elektronikfirmen heraus, dass eine stärkere Mitarbeiterorientierung, kollektive Entscheidungsfindung sowie langfristige Anstellungsverhältnisse einen positiven Einfluss auf den wirtschaftlichen Erfolg des Unternehmens haben.

Die zunehmende Internationalisierung und Globalisierung und auch das politisch bedingte Zusammenwachsen von Wirtschaftsräumen, wie die Erweiterung der EU auf 25 Mitgliedsländer, werden die kulturelle Diversität in Unternehmen wie auch im unternehmensrelevanten Umfeld weiter erhöhen. Wirksamer Umgang mit und Nutzen von Menschen aus unterschiedlichen Kulturen und demographischen Gruppen erfordern zunächst Respekt vor diesen Menschen sowie Respekt und Toleranz vor deren Andersartigkeit, damit diese Diversität auch tatsächlich zu gewünschten positiven Effekten führt.[134] Sind diese Bedingungen nicht gegeben, können negative Konsequenzen resultieren, wie z.B. DiStefano/Maznevski[135] bei der Zusammenarbeit von international besetzten Teams beobachteten.

Neue Formen der Arbeitsorganisation und die daraus resultierenden unterschiedlichen physischen und psychologischen Bindungen an ein Unternehmen stellen zunehmend Herausforderungen für die Zusammenarbeit dar. So zeigen Studien im Bereich der alternierenden Telearbeit,[136] dass sich bei längerer Abwesenheit vom Arbeitsplatz im Unternehmen die Identifikation mit dem Unternehmen reduziert. Auch rein transaktionale Beziehungen zwischen Mitarbeitern und Unternehmen, die auf einer Austauschbeziehung basieren, stellen in Bezug auf die Identifikation mit dem Unternehmen ein Problem dar.[137] Letztendlich braucht jede Form von Zusammenarbeit ein Mindestmaß an Spielregeln im Umgang miteinander sowie gegenseitige Verlässlichkeit im Einhalten der bestehender Spielregeln – sei es in Form gesellschaftlicher Rahmenbedingungen und/oder unternehmensspezifisch entwickelter Spielregeln im Umgang miteinander.

2.10.1.2 Konsistenz der postulierten Werte mit Haltungen und Überzeugungen sowie dem gelebten Verhalten

Einige Publikationen zum Thema Unternehmenskultur weisen auf die Bedeutung einer **starken** Unternehmenskultur hin.[138] Doch was konkret ist unter „stark" zu verstehen? Bei genauerer Betrachtung ist hiermit vielfach die intra- und interindividuelle Konsistenz zwischen postulierten Werten und grundlegenden Überzeugungen wie auch die Übereinstimmung zwischen postulierten Werten und gelebtem Verhalten gemeint.

Um glaubwürdig zu sein, müssen einerseits postulierte Werte auch im Denken und in der generellen Orientierung bzw. der Haltung von Mitarbeitenden und Führungskräften als Repräsentanten des Unternehmens verankert sein. Andererseits sollten Worte und Taten, also verbales und nonverbales Verhalten, übereinstimmen, um keine Interpretationsprobleme entstehen zu lassen. Nehmen Mitarbeiter zwischen gesprochenem Wort und gelebtem Verhalten eine Diskrepanz wahr, wird die entsprechend wahrgenommene Person als nicht glaubwürdig eingeschätzt. Die beiden Harvard-Professoren Argyris/Schön[139] haben dies mit ihrer „Theory in Use" oder handlungsleitenden Alltagstheorie und der „Espoused Theory", der proklamierten Handlungstheorie, charakterisiert und die Folgen der Diskrepanzen zwischen diesen beiden beschrieben.

2. Charakteristika einer erfolgsunterstützenden Unternehmenskultur 237

Diese Ausführungen legen nahe, dass postulierte Werte und Haltungen nur dann glaubhaft wirken, wenn sie auch tatsächlich im täglichen Verhalten gelebt und dadurch von den Mitarbeitern sichtbar nachvollzogen werden können. So zeigen die Untersuchungen von Flamholtz[140] sowie Flamholtz/Aksehirli,[141] dass jene strategischen Geschäftseinheiten einer Firma erfolgreicher waren, die eine ausgeprägtere Übereinstimmung und weitgehende Umsetzung der in der Mission postulierten Werte zeigten.

2.10.2 Erkenntnisse aus den Fallbeispielen: „Das, was uns wichtig ist, leben wir auch"

Generell zeichnen sich die sechs Firmen dadurch aus, dass sie sich ihrer Unternehmenskultur mit den grundlegenden Überzeugungen und postulierten Werten bewusst sind, sie aktiv pflegen und darauf achten, dass diese nicht ungewollt abdriften, verwässern oder in der Hektik des Tagesgeschäfts vergessen werden. In der inhaltlichen Ausgestaltung decken diese grundlegenden Überzeugungen und postulierten Werte die oben geschilderten Charakteristika der Identität und gemeinsamen Zielorientierung, der Ausrichtung auf den Kunden, der Innovations-, Lern- und Entwicklungsorientierung, der partnerschaftlichen Führung, des Unternehmertums, des Selbstverständnisses eines Corporte Citizen, des profitablen und nachhaltigen Wachstums sowie der Wichtigkeit von Führungskontinuität und der besonderen Ausgestaltung der Unternehmensaufsicht ab, wobei die beiden letzten Charakteristika auch als Enabler und Erhalter der speziellen unternehmenskulturellen Ausprägungen betrachtet werden können.

In dem Prozess der bewussten Erhaltung und Pflege der gewollten Unternehmenskultur spielen das Top-Management und die Führungskräfte mit ihrem gelebten Führungsverhalten eine zentrale Rolle. Wichtig sind hierbei nicht Intentionen, sondern das konkrete, gezeigte und gelebte Verhalten von Mitarbeitern und Führungskräften. In Kombination mit einem Umweltscanning und der kritischen Selbstreflexion entsteht eine lernende Organisation, die sich und ihre Kultur ständig evolutionär weiterentwickelt. Abbildung III-2-8 zeigt die zentralen Aspekte dieses Prozesses im Überblick.

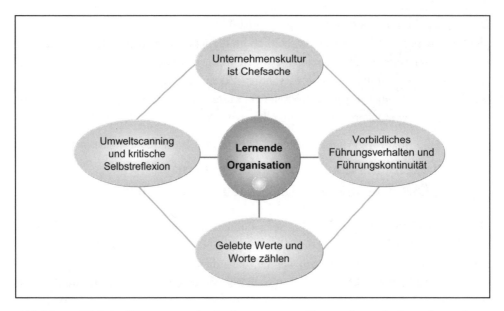

Abbildung III-2-8: Wissen um die Bedeutung von Unternehmenskultur, deren kompromisslose Umsetzung und Erhaltung

2.10.2.1 Unternehmenskultur ist Chefsache

Hinter diesem Prozess der aktiven Erhaltung, Pflege und regelmäßigen Überprüfung steht das Top-Management und speziell der Vorstandsvorsitzende persönlich, weil ihnen die spezifische Ausgestaltung der Unternehmenskultur wichtig ist und sie hierbei keine Kompromisse eingehen wollen. Das, was wichtig ist, wird in Form von Werten in der Vision bzw. im Unternehmensleitbild deklariert. Eine Reihe aufeinander abgestimmter und miteinander verzahnter Maßnahmen sorgen für die Umsetzung und das Leben dieser Prioritäten und Werte.

So versteht sich der Aufsichtsratsvorsitzende von Grundfos und Sohn des Gründers als Kulturbotschafter, dessen Hauptfunktion die Kommunikation der zentralen Prioritäten und Werte der Unternehmenskultur ist und deren Festigung in dem weltweit agierenden Unternehmen. Bei Hilti wurde eine Festschreibung der Erwartungen an die Führungskräfte vom Firmengründer initiiert. Auch bei Novo Nordisk und Henkel gehen die grundlegenden unternehmenskulturellen Überzeugungen auf den Firmengründer zurück.

2.10.2.2 Gelebte Werte und Worte zählen

In den Zielvereinbarungen wird das verankert, was dem Unternehmen wichtig für eine Umsetzung ist. So kann bei Novo Nordisk die Balanced Scorecard eines Mitarbeiters Ziele im Bereich von Wirtschaftlichkeit, Forschung und Entwicklung, Umwelt, Ethik, Diversity und sozialer Verantwortung beinhalten. In regelmäßigen Zielreview-Gesprächen wird auf die kulturkonforme Umsetzung geachtet. Bei Henkel wird auf Kopf-, Hand- und Herzkriterien geachtet, d.h. bei der Zielerreichung ist dann nicht nur das **Was**, sondern auch das **Wie** von Bedeutung – gemäß der Aussage bei Novo Nordisk, dass man sich immer einen Arbeitsfehler erlauben kann, doch niemals eine Verletzung der grundlegenden Werte des Unternehmens. Allerdings werden bei der Umsetzung der vereinbarten Ziele keine konkreten Vorschriften gemacht, wie diese nun erreicht werden sollen. Vielmehr gelten die grundlegenden Überzeugungen und Werte des Unternehmens als Orientierungsparameter für das Denken und Handeln der eigenverantwortlich agierenden Unternehmensmitglieder.

Die Wirkungen des konkreten Verhaltens der Führungskräfte werden dann u.a. in Mitarbeiter- und 180°-, 270°- oder 360°-Feedbackbefragungen überprüft. Bei Bedarf bzw. bei Abweichungen vom gewünschten Spektrum, das offen kommuniziert ist, wird gehandelt. Als Konsequenz können verschiedenste Entwicklungsmaßnahmen durchgeführt werden oder aber es kann auch zu einer Trennung von einer Führungskraft kommen, da man die Unternehmenskultur nicht wegen des Verhaltens einer Führungskraft aufs Spiel setzen will.

2.10.2.3 Regelmäßige Überprüfung der gelebten Unternehmenskultur

Eine Reihe von Maßnahmen wird zur regelmäßigen Überprüfung der gelebten Unternehmenskultur eingesetzt. Hierzu zählen eher ganzheitliche wie auch sehr spezifische Maßnahmen. Zu den eher ganzheitlichen gehört z.B. das „Sensing" des Top-Managements, das sich bei seinen Besuchen vor Ort in informellen Gesprächen mit Mitarbeitern und Führungskräften aus verschiedenen Bereichen und Hierarchieebenen einen Eindruck verschafft, inwieweit die ihnen wichtige Unternehmenskultur tatsächlich gelebt wird. Die hierarchieübergreifenden Kaminabende mit Bereichsleitern bei der BMW Group oder die „Gipfeli-Treffen" geben dem Top-Management von Hilti einen Eindruck von den Sorgen der Mitarbeiter und über die Qualität der Umsetzung ihrer Unternehmenskultur. Novo Nordisk setzt so genannte Facilitators ein, die weltweit die gelebte Unternehmenskultur überprüfen.

Zu den spezifischen Überprüfungsmaßnahmen gehören u.a. die Ergebnisse der Feedbackbefragungen zum erlebten Führungsverhalten, die gleichzeitig wichtige Informationsquellen für das Ausmaß an gelebter Unternehmenskultur darstellen. Da bei allen untersuchten Firmen Kundenorientierung inklusive der Serviceleistungen und Produktqualität hohe Priorität haben und als Wert verankert sind, werden auch bei den Kunden die Wirkungen unternehmerischen Handelns regelmäßig überprüft. Zeigen die Ergebnisse Entwicklungsspielraum an, werden Maßnahmen eingeleitet, um die Zufriedenheit der Kunden mit dem Unternehmen, seinen Produkten und Serviceleistungen weiter zu erhöhen. Sämtliche eingeleiteten Maßnahmen werden wiederum in Zielvereinbarungen verankert, um sicherzustellen, dass sie auch tatsächlich umgesetzt werden.

2.10.2.4 Umweltscanning und kritische Selbstreflexion als Basis einer lernenden Organisation

Die regelmäßige Auseinandersetzung mit den Herausforderungen, die sich in der unternehmensrelevanten Umwelt entwickeln, und deren mögliche Auswirkungen für das Geschäft und das Unternehmen soll frühzeitig notwendige Veränderungen ermöglichen. Dieses Umweltscanning wird kombiniert mit einer kritischen Überprüfung des gesamten Unternehmens und seiner Wirksamkeit. Hierzu gehört auch eine Überprüfung, ob die unternehmenskulturell gesetzten Prioritäten künftig noch adäquat sein werden. So hat die jüngste Überprüfung bei Hilti zu einer Reduktion und Neufokussierung der für wichtig erachteten Werte geführt. Durch diese selbstkritischen und vorausschauenden Maßnahmen, die auch unternehmenskulturell verankert sind, wird einer Abschottung und einer zu starken Konzentration nach innen bewusst entgegengetreten. Vielmehr ist die Vorausschau und frühzeitige Veränderungsbereitschaft ein wesentliches Merkmal der Unternehmenskulturen dieser Firmen, die auch als lernende Organisationen charakterisiert werden können.

3. Resümee

Zusammenfassend lässt sich sagen, dass Unternehmenskultur nur dann zu einem Erfolgsfaktor werden kann, wenn sie ebenfalls im Zentrum der Aufmerksamkeit sämtlicher Führungskräfte eines Unternehmens steht.[142] Damit ist eine derartige Unternehmenskultur kein Zufallsprodukt, sondern das Ergebnis eines langjährigen Prozesses, das auch als kulturbewusstes Management[143] charakterisiert werden kann. Im Zentrum dieses kulturbewussten Managements stehen die Führungskräfte des Unternehmens. Diese werden zunächst sorgfältig in Bezug auf ihre Kulturpassung ausgewählt, dann gezielt in die Unternehmenskultur sozialisiert, und als gute Repräsentanten der Unternehmenskultur geben sie diese Kultur täglich mit ihrer Art des Wirkens im Unternehmen an ihre Mitarbeiter weiter. In diesem Prozess wird die Unternehmenskultur zum einen aufrechterhalten und zum anderen an neue Mitarbeiter weitergegeben.

Damit Unternehmenskultur in diesem sich selbst erhaltenden Kreislauf nicht zur Verkrustung des Unternehmens führt, wird sie in regelmäßigen Abständen kritisch hinterfragt. Nur so kann sichergestellt werden, dass sie nicht zu den von Probst/ Raisch[144] beschriebenen Burn-Out- oder Premature-Aging-Syndromen beiträgt, die letztendlich zum Untergang der von ihnen untersuchten Firmen führten. Bei einem regelmäßigen kritischen Hinterfragen wird auf oberster Ebene überprüft, inwieweit neue Herausforderungen, die aus dem Umfeld auf Unternehmen zukommen, auch eine Anpassung im Sinne einer Neuakzentuierung bestimmter Aspekte der bestehenden Unternehmenskultur erfordern. Die im Teil II dieses Buches geschilderten Unternehmen zeichnen sich alle durch eine so genannte **lernende** Kultur aus: Die grundlegenden kollektiven Überzeugungen, Haltungen und Werte beinhalten als zentrales Element ein kritisches Hinterfragen zur weiteren Entwicklung des Unternehmens und seiner Kultur, was auch die Entwicklung und Umsetzung notwendiger Veränderungsmaßnahmen beinhaltet. Die BMW Group drückt dies in ihrer Strategie treffend aus: „Das eben Erreichte, so perfekt es auch sein mag, ist stets nur der Ausgangspunkt zu etwas Besserem. Diese Überzeugung bewegt jeden Einzelnen in der BMW Group, sie prägt die Unternehmenskultur und bestimmt die Prozesse im Unternehmen." Diese Lernorientierung wirkt auch der Gefahr einer potenziellen Verkrustung, bedingt durch die langen Führungszyklen und Mitarbeiterzugehörigkeit, entgegen.

Unternehmenskultur ist außerdem keine einzelne Variable, die sich beliebig manipulieren lässt. Unternehmenskultur besteht aus einer Reihe grundlegender und gemeinsam gehaltener Überzeugungen, die das Denken, Fühlen und Handeln der Menschen in einem Unternehmen prägen und insgesamt typisch für die Unternehmensmitglieder sind. Sie zeigt sich zum einen in den spezifischen Ausprägungen, die weiter oben beschrieben wurden, und in dem Grad der Übereinstimmung zwischen den Werten, die vom Unternehmen postuliert werden und dem von den Führungskräften und Mitarbeitenden gelebten Verhalten. Dieses beinhaltet u.a. die Prioritäten, welche die Unternehmensmitglieder setzen, die Art, **wie** die Unternehmensmitglieder ihre Arbeit erledigen, mit anderen Menschen in Kontakt treten, mit Veränderungen umgehen etc.

Ein weiteres Erfolgskriterium für eine Unternehmenskultur ist daher zum einen die Konsistenz zwischen postulierter Vision, Mission, Werten und Leitbildern und dem gelebten Verhalten von Führungskräften und Mitarbeitern auf allen Ebenen. Zum anderen zeigen die sechs Firmenbeispiele, dass ein zentrales Erfolgskriterium die erzielte Balance auf hohem Niveau zwischen den zehn oben geschilderten Kriterien ist. Trotz Fokussierung auf Kernkompetenzen weisen die sechs Unternehmen im Vergleich mit ihrer jeweiligen Branche eine zwischen den einzelnen Kriterien ausgewogene und innerhalb eines jeden Kriteriums hohe Ausprägung auf. Das bedeutet, dass sich diese Unternehmen nicht zufrieden geben mit einer einseitig hohen Ausprägung in einigen wenigen Bereichen, wie z.B. partnerschaftliche Führung, Kundenorientierung oder Unternehmertum.

Die gleichzeitige Betonung aller zehn diskutierten Charakteristika in Kombination mit dem regelmäßig kritischen Hinterfragen hilft diesen Unternehmen, nicht in die von Probst/Raisch[145] geschilderten Burn-Out- oder Premature-Syndrome zu verfallen und damit ihre Existenz zu gefährden. Vielmehr zeigen sie hohe Aufmerksamkeit und eine herausragende Stellung in **allen** dargestellten Kriterien: Sie legen Wert auf klare, aufeinander abgestimmte Ziele, deren Nachvollziehbarkeit und Umsetzung. Die aus den grundlegenden Überzeugungen resultierenden und von Unternehmensseite postulierten Werte sind den Führungskräften nicht nur bewusst, sondern sie leben diese auch. Mitarbeiter werden aktiv eingebunden und können ihre Initiative in einem unternehmerfreundlichen Umfeld einbringen und damit sich und das Unternehmen weiterentwickeln. Kunden stehen nicht nur im Mittelpunkt, sondern werden aktiv eingebunden, wie z.B. bei Produktentwicklungen. Damit stehen sie, wie von einigen Autoren[146] gefordert, im Fokus sämtlicher unternehmerischer Aktivitäten. Da sorgfältig ausgewählt und entwickelt, setzt man auf die eigenen Führungskräfte und damit auch auf die Kontinuität in der Führung bei gleichzeitiger Offenheit für ständige Verbesserungen. Unternehmensaufsicht wie auch das gesellschaftliche Engagement werden ernsthaft und vorbildlich praktiziert.

Anmerkungen

1. Vgl. Sackmann, 2002.
2. Vgl. Ellsworth, 2002.
3. Vgl. Ellsworth, 2002.
4. Vgl. Klein/Kim, 1998.
5. Vgl. Earley/Wojnaroski/Prest, 1987.
6. Vgl. Rodgers/Hunter, 1991.
7. Vgl. Milledge, 1996.
8. Vgl. Boswell, 2000.
9. Vgl. Hartmann/Gsell, 2001.
10. Vgl. Drucker, 1973; Ellsworth, 2002; Malik, 2002.
11. Vgl. Yeung/Ennew, 2000.
12. Vgl. Ogden/Watson, 1999.
13. Vgl. Appiah-Adu/Singh, 1998.
14. Vgl. Wright/Pearce/Busbin, 1997.
15. Vgl. Langerak, 2001.
16. Vgl. Deshpandé/Farley/Webster/Frederick, 1993.
17. Vgl. Williams/Attaway, 1996, 2003.
18. Vgl. Boles/Babin/Brashear/Brooks, 2001.
19. Boles/Babin/Brashear/Brooks, 2001, S. 8.
20. Hilti Annual Report 2002, Organigramm „Corporate Organization", S. 29.
21. Vgl. Eckardstein/Riedl, 2001; Hamel/Välikangas, 2003.
22. Vgl. Sackmann, 1991.
23. Vgl. Lyon/Ferrier, 2002; Pelton/Sackmann/Boguslaw, 1991; Starbuck/Milliken, 1988.
24. Vgl. z.B. Bartelsman/Van Leeuwen/Nieuwenhuijsen, 1998; Hall/Kramarz, 1998; Irwin/Hoffman/Geiger, 1998.
25. Vgl. Hinloopen, 2003.
26. Vgl. Burns/Stalker, 1961.
27. Vgl. Deshpandé/Farley/Webster/Frederick, 1993.
28. Vgl. Hinloopen, 2003.
29. Vgl. Hamel/Välikangas, 2003.
30. Vgl. Manu, 1992.
31. Vgl. Jochmann, 2001.
32. Vgl. Gifford, 1997.
33. Vgl. im Überblick Oswald Neuberger, 2002.
34. Vgl. Sackmann, 2003.
35. Vgl. auch Mohn, 1996.

36   Vgl. Continental AG/TNS Emnid, 2004.
37   Vgl. z.B. Kim, 2002; Lau/Chong, 2002; Miller/Monge, 1986.
38   Vgl. Brewer/Selden/Facer, 2000.
39   Vgl. Stashevsky/Elizur, 2000.
40   Vgl. Stashevsky/Elizur, 2000; Wagner/LePine, 1999; Miller/Monge, 1986.
41   Vgl. Wunderer/Küpers, 2003; Benz, 2000.
42   Vgl. Cropanzano/Howes/Grandey/Toth, 1997; Ferris/Frink/Gilmore/Kacmar, 1994.
43   Vgl. Witt/Andrews/Kacmar, 2000.
44   Vgl. z.B. Jung/Sosik, 2002; Yan/Sorensen, 2002; Perry/Pearce/Sims, 1999; Campion/ Medsker/Higgs, 1993; Guzzo/Yost/Campbell/Shea, 1993; Pearce/Ravlin, 1987; Gladstein, 1984.
45   Vgl. Beyer/Fehr/Nutzinger, 1995; Cawley/Keeping/Levy, 1998; Farh/Werbel/Bedeian, 1988; Ferris/Judge/Rowland/Fitzgibbons, 1994; Harris/Schaubroeck, 1988; Pearce/Porter, 1986.
46   Vgl. Collins/Porras, 1995.
47   Vgl. Pelton/Sackmann/Boguslaw, 1990; Sackmann, 1990.
48   Vgl. Matje, 1996; Rühli, 1992; Kubicek, 1984a, 1984b; Kossbiel, 1983; Wunderer, 1983.
49   Vgl. Wunderer/Küpers, 2003.
50   Vgl. Wunderer/Klimecki, 1990.
51   Vgl. Heinrich, 2001.
52   Vgl. Habbel, 2001.
53   Vgl. Huson/Malatesta/Parrino, 2004; Davidson/Worrell/Cheng, 1990.
54   Vgl. Tushman/Rosenkopf, 1996.
55   Vgl. Friedman, 1986.
56   Vgl. Brady/Helmich, 1984.
57   Vgl. Chung/Lubatkin/Rogers/Owers, 1987.
58   Vgl. Carlson, 1961.
59   Vgl. Davidson/Worrell/Cheng, 1990.
60   Vgl. Ocasio, 1999; Cannella/Lubatkin, 1993; Brady/Helmich, 1984.
61   Vgl. Lauterbach/Vu/Weisberg, 1999; Datta/Guthrie, 1994.
62   Vgl. Shen/Cannella, 2002; vgl. auch Friedman/Saul, 1991.
63   Vgl. Grusky, 1963; Kesner/Sebora, 1994.
64   Vgl. Miller, 1991.
65   Vgl. Friedman/Saul, 1991.
66   Vgl. Shen/Cannella, 2002.
67   Vgl. Pelton/Sackmann/Boguslaw, 1990.
68   Vgl. Davidson/Worrell/Cheng, 1990.
69   Vgl. Lauterbach/Vu/Weisberg, 1999; Datta/Guthrie, 1994.
70   Vgl. Beyer/Fehr/Nutzinger, 1995; Wunderer, 1999.
71   Vgl. Covin, 1991.
72   Vgl. Barrett/Balloun/Weinstein, 2000; Goosen/de Coning/Smit, 2002.
73   Vgl. Pearce/Carland, 1996.

Teil III – Erfolgsfaktor Unternehmenskultur

74 Vgl. Pinchot III, 1986.
75 Vgl. Duncan/Ginter/Rucks/Jacobs, 1988.
76 Vgl. Frese/Kring/Soose/Zempel, 1996.
77 Vgl. Armbruster/Kieser, 2003.
78 Vgl. Beisheim, 1999.
79 Vgl. Pelton/Sackmann/Boguslaw, 1990.
80 Vgl. Baecker, 2001.
81 Vgl. Ross, 1987.
82 Vgl. Kirkman/Rosen, 1999.
83 Vgl. Cohen/Ledford/Spreitzer, 1996.
84 Vgl. Wall/Cordery/Clegg, 2002.
85 Vgl. Argyris, 1998.
86 Vgl. Duncan/Ginter/Rucks/Jacobs, 1988.
87 Vgl, Malik, 2001.
88 Vgl. Mohn, 2003.
89 Drucker, 1973, S. 61.
90 Vgl. Waddock/Graves, 1997.
91 Vgl. McWilliams/Siegel, 2000.
92 Rothchild/Brown, 1996, S. 197.
93 Vgl. Konar/Cohen, 2001.
94 Vgl. Russo/Fouts, 1997.
95 Russo/Fouts, 1997, S. 534.
96 World Business Council for Sustainable Development (WBCSD). 2002, S. 2 www.wbcsd.org.
97 Vgl. Mohn, 2003.
98 Vgl. Sen/Bhatacharya, 2001; Konar/Cohen, 2001.
99 Vgl. Mohr/Webb/Harris, 2001.
100 Siehe z.B. Great Place to Work® Institute: www.greatplacetowork.de; www.greatplacetowork.com; oder auch www.capital.de/heft/presse/255691.html [8. August 2004].
101 Simón/Martinez, 2004.
102 Aussage des Vorstandsvorsitzenden Joachim Milberg, zitiert in DIE WELT und KFZ Wirtschaft.
103 International Organization for Standardization: www.iso.org.
104 Eco-Management and Audit Scheme (EMAS): europa.eu.int/comm/environment/emas [8. August 2004].
105 Siehe www.unglobalcompact.org [8. August 2004].
106 Vgl. Liebert, 2003.

107 www.sec.gov/spotlight/sarbanes-oxley.htm oder www.sarbanes-oxley.com [8. August 2004].
108 Vgl. Donald, 2003.
109 Vgl. auch die Empfehlungen der Regierungskommission Deutscher Corporate Governance Kodex: www.corporate-governance-code.de/ger/kodex/.
110 Vgl. Bradley, 2004.
111 Vgl. Young, 2003; Heracleous, 2001; Patterson, 2001.
112 Vgl. Coombes/Watson, 2000; McKinsey, 2002.
113 Diese stark aktienbezogene Bezahlung wird in jüngster Zeit speziell in Europa eher kritisch gesehen, da sie potenziell einen zu starken und singulären Fokus auf den Aktienpreis fördern kann.
114 Vgl. Laing/Weir, 1999.
115 Monks, 2002, S. 123.
116 Vgl. Kiel/Nicholson, 2003.
117 Vgl. Kaplan, 1995.
118 Vgl. Carter/Simkins/Simpson, 2003.
119 Vgl. Robinson/Dechant, 1997.
120 Global Reporting Initiative (GRI) siehe www.globalreporting.org [8. August 2004].
121 www.corporate-governance-code.de/ger/kodex/1.html [8. August 2004].
122 Vgl. Lorsch/Graff, 1997.
123 Vgl. Heery/Wood, 2003.
124 Vgl. Collins/Porras, 1995.
125 Vgl. Orlitzky/Schmidt/Rynes, 2003).
126 Vgl. Malik, 2002.
127 Vgl. Beyer/Fehr/Nutzinger, 1995.
128 Vgl. Van Yperen, 2003.
129 Vgl. Chusmir/Azevedo, 1992.
130 Vgl. Continental AG/TNS Emnid, 2004.
131 Vgl. Probst/Raisch, 2004.
132 Vgl. Collins/Porras, 1995.
133 Vgl. Ouchi/Jaeger, 1978.
134 Vgl. Sackmann/Bissels/Bissels, 2002.
135 Vgl. DiStefano/Maznevski, 2000.
136 Vgl. Büssing/Moranz, 2003.
137 Vgl. Sattelberger, 1999.
138 Vgl. Kotter/Heskett, 1992; Peters/Waterman, 1982; Sørensen, 2002.
139 Vgl. Argyris/Schön, 1991.
140 Vgl. Flamholtz, 2001.
141 Vgl. Flamholtz/Aksehirli, 2000.
142 Vgl. auch Karg/Kurse/Meister, 2001.
143 Vgl. Sackmann, 2002.
144 Vgl. Probst/Raisch, 2004.

145 Vgl. Probst/Raisch, 2004.
146 Vgl. Drucker, 1973; Ellsworth, 2002; Malik, 1999.

Anhang

Checkliste:
Unternehmenskultur und Führungsverhalten als Erfolgsfaktoren

Im Folgenden werden die spezifischen Charakteristika der sechs Firmen in Aussageform zusammengefasst. Diese Firmen zeichnen sich zum Zeitpunkt der Betrachtung durch ein kulturbewusstes Management sowie eine Unternehmenskultur und ein Führungsverhalten aus, die als hervorragende Beispiele gelten können.

1. Klare Identität, Zielorientierung und Umsetzung der Ziele

1.1 Den Mitarbeitern und Führungskräften im Unternehmen ist bekannt, wofür das Unternehmen steht. Sie haben eine klare und nachvollziehbare Identität, eine kommunizierte Mission sowie kodifizierte Werte, die auch gelebt werden.

1.2 Den Mitarbeitern und Führungskräften im Unternehmen ist der Unternehmenszweck bzw. die Vision klar. Sie wissen, welchen Beitrag das Unternehmen mit seiner Existenz und seinem unternehmerischen Handeln erbringen will.

1.3 Den Mitarbeitern und Führungskräften im Unternehmen ist klar, wie das Unternehmen seinen Unternehmenszweck bzw. seine Vision erreichen will. Die entwickelte Unternehmensstrategie, Geschäftsfeld- bzw. Bereichsstrategien und Funktionalstrategien sind bekannt und werden umgesetzt.

1.4 Den Mitarbeitern und Führungskräften im Unternehmen ist bewusst, wodurch sich das Unternehmen von den zentralen Wettbewerbern unterscheidet und worin das Unternehmen einzigartig ist.

1.5 Den Mitarbeitern und Führungskräften im Unternehmen ist klar, welchen Beitrag jeder persönlich mit seiner Arbeit zu dieser übergeordneten Zielsetzung leistet. Der erwartete Beitrag ist in der Zielvereinbarung verankert und die Umsetzung wird regelmäßig überprüft und aktiv unterstützt.

1.6 Den Mitarbeitern und Führungskräften im Unternehmen ist transparent, welchen Beitrag die Teammitglieder und Kollegen zur übergeordneten Zielsetzung des Unternehmens leisten und wie sie diese bei ihrer Zielerreichung unterstützen können.

2. Konsequente Ausrichtung auf den Kunden

2.1 Mitarbeiter und Führungskräfte kennen die Bedürfnisse und Wünsche der Kunden des Unternehmens.

2.2 Um die Wünsche und Bedürfnisse der Kunden zu kennen, werden verschiedene Informationsquellen genutzt wie direkte Kundenkontakte (z.B. Verkauf, Service, Reklamationen) und regelmäßig durchgeführte Kundenbefragungen.

2.3 Jeder im Unternehmen hat regelmäßigen Kundenkontakt – auch Top Executives und Mitglieder des Aufsichtsgremiums.

2.4 Um noch gezielter auf die Bedürfnisse und Wünsche der Kunden eingehen zu können, sind diese in entsprechende Kundengruppen segmentiert.

2.5 Um den Wünschen und Bedürfnissen der Kunden zu entsprechen, werden ausgewählte Kunden in die Produkt- bzw. Serviceentwicklung eingebunden.

2.6 Der Umgang mit Kunden ist darauf ausgerichtet, eine langfristige Beziehung mit den Kunden zu entwickeln und zu pflegen. Sie ist daher durch Höflichkeit und Entgegenkommen geprägt.

2.7 Außendienstmitarbeiter verbringen den größten Anteil ihrer Arbeitszeit beim Kunden.

2.8 Bestehende Strukturen und Prozesse werden regelmäßig überprüft und konsequent auf den Kunden ausgerichtet.

3. Innovations-, Lern- und Entwicklungsorientierung

3.1 Innovationen, Lernen und Weiterentwicklung werden als Investitionen in die Zukunft betrachtet. Daher wird für Forschung und Entwicklung wie auch für Aus- und Weiterbildung ein fester Prozentsatz des Umsatzes budgetiert.

3.2 Erreichtes wird immer wieder in Frage gestellt, mit dem Ziel sich zu verbessern.

3.3 Die Entwicklung neuer Ideen, deren schnelle Überprüfung und Umsetzung werden aktiv gefördert und belohnt.

3.4 Die Entwicklung und Umsetzung neuer Ideen und Innovationen umfasst Produkte, Serviceleistungen und organisationale Prozesse und ist im Vergleich zu den Wettbewerbern hoch ausgeprägt.

3.5 Bestehende Prozesse werden regelmäßig auf ihre Adäquatheit hin überprüft und bei Bedarf angepasst.

3.6 Zur Verbesserung von bestehenden Prozessen, Verfahren, Produkten oder Dienstleistungen werden eine Reihe von Instrumenten eingesetzt, wie z.B.:
- Qualitätszirkel
- Kontinuierliche Verbesserungsprozesse (KVP)
- regelmäßige Dialoge
- Effizienzsteigerungsprogramme
- Ideenportale
- Vorschlagswesen
- Rotation

3.7 Die Mitarbeiter verbringen täglich einen Teil ihrer Arbeitszeit mit Tätigkeiten, die das Unternehmen und sie selbst weiter entwickeln.

3.8 Die Mitarbeiter werden aktiv eingebunden und ihnen werden Freiräume für Gestaltungsmöglichkeiten in ihrem Verantwortungsbereich gewährt.

3.9 Den Mitarbeitern werden herausfordernde Aufgaben mit der entsprechenden Verantwortung übertragen.

3.10 Fehler sind erlaubt, speziell im Umgang mit neuen, ungewohnten Situationen. Fehlentwicklungen werden bei Erkennen offen angesprochen, korrigiert und als Lern- und Entwicklungschancen betrachtet. Unreflektiertes Agieren ist hiermit nicht gemeint.

3.11 Die Mitarbeiter und Führungskräfte erhalten regelmäßig Rückmeldung über ihre Arbeitsergebnisse und ihr Verhalten.

3.12 Die Mitarbeiter und Führungskräfte unterschiedlicher Bereiche tauschen sich regelmäßig untereinander aus.

3.13 Jobrotationen werden genutzt, um die Perspektiven der Mitarbeiter zu erweitern und voneinander zu lernen.

3.14 Die verschiedenen Bereiche im Unternehmen arbeiten übergreifend und kooperativ zusammen.

3.15 Informationen und Wissen werden über Abteilungs- und Bereichsgrenzen hinweg ausgetauscht.

4. Partnerschaftliches und kulturkonformes Führungsverhalten

4.1 Bei der Selektion von Mitarbeitern und Führungskräften wird neben ihren fachlichen Qualifikationen darauf geachtet, dass sie mit ihren Einstellungen, Werten und Verhalten zur Unternehmenskultur passen.

4.2 Neue Mitarbeiter werden in ihrer Einarbeitungszeit aktiv über die Spezifika der Unternehmenskultur informiert und wissen, worauf im Unternehmen Wert gelegt wird.

4.3 Für die Beförderung von Mitarbeitern und Führungskräften ist nicht nur ihre fachliche Leistung, sondern auch ihr gezeigtes Verhalten im Sinne der grundlegenden Werthaltungen des Unternehmens maßgeblich.

4.4 Den Mitarbeitern und Führungskräften werden motivierende Perspektiven für regelmäßige berufliche und persönliche Entwicklung geboten.

4.5 Bei der Durchführung von Weiterbildungsmaßnahmen wird darauf geachtet, dass sie nicht nur fachliche Inhalte vermitteln, sondern auch im Sinne der Unternehmenskultur konzipiert sind, diese vermitteln und insgesamt kulturprägend wirken.

4.6 Projekte und herausfordernde Tätigkeiten werden dazu genutzt, qualifizierte Mitarbeiter und Führungsnachwuchskräfte On-the-Job weiter zu entwickeln.

4.7 Die Erwartungen des Unternehmens an Führungskräfte sind klar kommuniziert (z.B. in Führungsleitlinien).

4.8 Die Führungskräfte und Mitarbeiter wissen, was eine „gute" Führungskraft im Unternehmen auszeichnet. Hierzu gehören partnerschaftliches Verhalten, die Einbindung und Entwicklung von Mitarbeitern, der kontinuierliche Dialog mit Mitarbeitern, Kollegen, dem Betriebsrat und Kunden, wie auch eine gewisse Bescheidenheit bezüglich der eigenen Position.

4.9 Das gelebte Führungsverhalten ist für das Weiterkommen im Unternehmen ein entscheidendes Kriterium und wird regelmäßig evaluiert.

4.10 Verhält sich eine Führungskraft nicht gemäß der entsprechenden Unternehmenskultur, wird mit ihr das offene Gespräch gesucht und es werden gemeinsam Maßnahmen zur Verbesserung erarbeitet. Verändert sich ihr Verhalten nicht, dann trennt sich das Unternehmen von der Führungskraft, statt Kompromisse bezüglich der Unternehmenskultur einzugehen.

4.11 Das gelebte Führungsverhalten wird regelmäßig überprüft. Hierzu dienen eine Reihe von Informationsquellen, wie z.B. persönliche Kontakte mit der Führungskraft, Zielerreichungsgespräche, Gespräche mit Mitarbeitern sowie Mitarbeiterbefragungen, 180°-, 270°- oder 360°-Feedbackprozesse, wie auch Kundenkontakte und Kundenbefragungen.

4.12 Das Verhalten der Führungskräfte auf allen Ebenen und in allen Bereichen ist vorbildlich im Sinne der angestrebten Unternehmenskultur. Taten und Worte stimmen überein.

4.13 Die Zusammenarbeit mit dem Betriebsrat ist durch gegenseitige Akzeptanz, Dialog und partnerschaftliches Verhalten geprägt.

5. Führungskontinuität

5.1 Bei der Selektion von Führungskräften wird darauf geachtet, dass sie das Unternehmen und die Spezifika seiner Kultur kennen. Daher werden Führungskräfte vorwiegend intern rekrutiert.

5.2 Führungsnachwuchskräften mit Potenzial werden Möglichkeiten für ihre weitere Entwicklung in der Führungslaufbahn gegeben und zwar On-the-Job, Near-the-Job und Off-the-Job.

5.3 Führungsnachwuchskräfte mit Potenzial erhalten die Möglichkeit, sich in Aufgaben mit Führungsverantwortung frühzeitig zu bewähren.

5.4 Die Laufbahn für Führungskräfte beinhaltet Stationen in verschiedenen Funktionen, Bereichen und Standorten im globalen Kontext.

5.5 Zur weiteren Entwicklung der Führungskräfte werden Kooperationen mit anerkannten Weiterbildungspartnern eingegangen.

5.6 Für die interne Rekrutierung von Führungskräften werden verschiedene Instrumente eingesetzt, wie z.B. interne Akademien bzw. Corporate Universities sowie verschiedene Review-Prozesse.

5.7 Auch im Bereich des Top-Managements wird eine interne Rekrutierung verfolgt.

5.8 Die Verweildauer in Vorstandspositionen ist in der Regel lang, wobei die Lern- und Entwicklungsorientierung der Vorstandsmitglieder einer möglichen Verkrustung entgegenwirkt.

6. Unternehmertum im Unternehmen

6.1 Die Leistungsbereitschaft von Mitarbeitern ist ein wichtiges Kriterium bei der Entscheidung für eine Einstellung.

6.2 Die Leistungsbereitschaft von Mitarbeitern und Führungskräften ist in allen Unternehmensbereichen sehr stark ausgeprägt.

6.3 Den Mitarbeitern werden herausfordernde Aufgaben übertragen, bei deren Bearbeitung sie ihre Leistungsbereitschaft in sichtbare Resultate umsetzen können, d.h. den Mitarbeitern wird gezielt Verantwortung übertragen.

6.4 Die Führungskräfte kennen die Stärken ihrer Mitarbeiter und setzen diese auch entsprechend ein.

6.5 Gespräche zwischen Vorgesetzten und Mitarbeitern finden regelmäßig statt. Sie dienen zur Abstimmung, Zielüberprüfung und zum Coaching der Mitarbeiter.

6.6 Erbrachte Leistungen und der Beitrag von Mitarbeitern spielen für ihre weitere Karriere im Unternehmen eine wichtige Rolle.

6.7 Die variable Vergütung von Mitarbeitern und Führungskräften orientiert sich am Zielerreichungsgrad des Teams, des gesamten Unternehmens und der eigenen Ziele.

6.8 Mitarbeiter und Führungskräfte haben die Möglichkeit, sich finanziell am Unternehmen zu beteiligen.

6.9 Die Mitarbeiter und Führungskräfte werden regelmäßig und zeitnah über den Stand der erreichten Ziele und das Unternehmensergebnis unterrichtet.

7. Das Selbstverständnis eines Corporate Citizen

7.1 Das Unternehmen fühlt sich seinen Kunden, Eigentümern, Mitarbeitern und der Gesellschaft, in der es agiert, gleichermaßen verpflichtet. Es berücksichtigt deren Interessen bei seinen unternehmerischen Aktivitäten und ist sich möglicher Zielkonflikte bewusst.

7.2 Die Erhaltung von Arbeitsplätzen ist dem Unternehmen ein wichtiges Anliegen.

7.3 Die Förderung der Sicherheit am Arbeitsplatz und der Gesundheit wird mit konkreten Maßnahmen forciert.

7.4 Umweltgerechtes und umweltschonendes Verhalten ist eines der Unternehmensziele.

7.5 Die Chancengleichheit für Minoritäten wird aktiv durch eine Reihe von Maßnahmen gefördert. Hierzu gehören die bevorzugte Einstellung und Beförderung von Frauen bei gleicher Qualifikation, deren Unterstützung durch Coaching und Mentoring, flexible Arbeitszeitgestaltung sowie die Bereitstellung von Kinderbetreuungsangeboten und gezielte Integrationsprogramme von Ausländern und Behinderten.

7.6 Das Unternehmen gestaltet familienverträgliche Arbeitsbedingungen.

7.7 Das Unternehmen engagiert sich durch die Unterstützung verschiedener Projekte in der Gesellschaft. Hierzu gehört auch die Förderung des aktiven gesellschaftlichen Engagements ihrer Mitarbeiter und der Führungskräfte.

8. Engagierte, transparente und unabhängige Unternehmensaufsicht

8.1 Bei der Auswahl von externen Mitgliedern für die Unternehmensaufsicht wird darauf geachtet, dass sie aufgrund eines breiten, vielfältigen Erfahrungshintergrunds einen Beitrag für das Unternehmen leisten können, unabhängig vom Unternehmen und bereit sind, sich auch zeitlich intensiv für das Unternehmen zu engagieren.

8.2 Die Mitglieder der Unternehmensaufsicht werden in Aktivitäten des Unternehmens eingebunden. Hierzu gehören z.B. unmittelbare Kontakte mit Kunden, Mitarbeitern und Führungskräften, um sich ein konkretes Bild über die Tätigkeiten und Wirksamkeit des Unternehmens und die Bedürfnisse der jeweiligen Stakeholdergruppen machen zu können.

8.3 Die Zusammenarbeit zwischen Unternehmensaufsicht und Vorstand ist gekennzeichnet durch klare Aufgabenteilung sowie gute und partnerschaftliche Zusammenarbeit.

8.4 Die Mitglieder des Aufsichtsrats werden jährlich bewertet.

8.5 Die Tätigkeit des Unternehmensaufsichtsgremiums ist transparent und orientiert sich an einem allgemein akzeptierten Kodex.

9. Orientierung an profitablem und nachhaltigem Wachstum

9.1 Das Unternehmen orientiert sich bei seinen strategischen Entscheidungen an profitablem Wachstum auf der Basis einer nachhaltigen Perspektive.

9.2 Wirtschaftlicher Erfolg wird als notwendige Voraussetzung für Investitionsmöglichkeiten in die Zukunft und als das Ergebnis unternehmerischen Handelns gesehen.

9.3 Die Shareholder werden als eine wichtige Stakeholdergruppe gesehen, doch es besteht keine singuläre Fokussierung auf die Shareholder.

9.4 Die Investitionstätigkeit orientiert sich an Kriterien der Erhaltung und Stärkung der Überlebensfähigkeit des Unternehmens mit Fokus auf Nachhaltigkeit und profitablem Wachstum.

9.5 Die Eigentümerstruktur des Unternehmens ist stabil und unterstützt die nachhaltige, mittel- und langfristige Entwicklungsorientierung des Unternehmens. Die Haupteigentümer sind primär an einem nachhaltigen und profitablen Wertzuwachs des Unternehmens interessiert und nicht auf schnelle Gewinnmitnahmen aus.

10. Grundlegende Überzeugungen, Haltungen und gelebte Werte

10.1 Das Top-Management betrachtet die aktive Pflege und Entwicklung der Unternehmenskultur als eine seiner zentralen Aufgaben.

10.2 Die Mitglieder des Top-Managements kommunizieren regelmäßig und in eindeutiger Weise die grundlegenden Überzeugungen und Werte des Unternehmens durch Worte und Taten.

10.3 Bestehende Strategien, Prozesse, Managementsysteme und -instrumente sind aufeinander abgestimmt und konsistent mit den grundlegenden Überzeugungen und postulierten Werten.

10.4 Sämtliche Instrumente des Human Resource Managements sind mit der gewünschten Unternehmenskultur konsistent und unterstützen deren Umsetzung und Erhaltung.

10.5 Die für das Unternehmen relevante Umwelt wird regelmäßig kritisch überprüft und die Ergebnisse im Hinblick auf ihre Konsequenzen für die Unternehmenskultur analysiert und diskutiert.

10.6 Die gelebte Unternehmenskultur wird in regelmäßigen Abständen systematisch überprüft. Hierfür werden u.a. folgende Instrumente eingesetzt:
- Unternehmenskultur-Audits
- Mitarbeiterbefragung
- Mitarbeitergespräche
- Zielvereinbarungsgespräche
- Analyse des Führungsverhaltens (180°-, 270°- oder 360°-Feedback)
- Besuche von Unternehmens-Standorten
- Kundenbefragungen
- Kundengespräche
- externe Evaluation des Top-Managements

10.7 Als notwendig erachtete Kulturentwicklungsmaßnahmen werden in den Zielvereinbarungen verankert und ihre Umsetzung in Zielerreichungsgesprächen regelmäßig überprüft.

10.8 Die Mitglieder des Top-Managements besuchen regelmäßig die verschiedenen Standorte und orientieren sich mit Beobachtungen und hierarchieübergreifenden Gesprächen vor Ort über die gelebte Unternehmenskultur.

10.9 Die Führungskräfte agieren auf allen Ebenen im Sinne der Unternehmenskultur.

10.10 Ein Verstoß eines Mitarbeiters oder einer Führungskraft gegen wichtige Aspekte der Unternehmenskultur zieht spürbare Konsequenzen nach sich.

10.11 Auch die regelmäßig durchgeführten Kundenbefragungen werden für Informationen über die gelebte Unternehmenskultur herangezogen und für ihre bewusste Pflege und Entwicklung eingesetzt.

10.12 Eine Lern- und Entwicklungsorientierung ist auf allen Ebenen und in allen Bereichen bei Einzelpersonen, Teams und Abteilungen verankert.

10.13 Das Unternehmen hat die Fähigkeit, sich ständig aus sich selbst heraus weiter zu entwickeln.

10.14 Bei strategischen Allianzen und Akquisitionen erfolgt eine Überprüfung der involvierten Unternehmenskulturen, wobei eine Kompatibilität angestrebt wird.

10.15 Dem Unternehmen wichtige kulturelle Aspekte werden bei Akquisitionen nicht aufgegeben. Die übernommenen Führungskräfte und Mitarbeiter werden mit diesen wichtigen Aspekten der Unternehmenskultur vertraut gemacht und es wird erwartet, dass diese akzeptiert, aufgenommen und letztendlich auch gelebt werden.

Literaturverzeichnis

Appiah-Adu, Kwaku & **Singh**, Satyendra (1998). Costumer orientation and performance: A study of SMEs. Management Decision, 36 (6), 385-394.

Argyris, Chris & **Schön**, Donald A. (1991). Participative action research and action science compared: A commentary. In Whyte, William Foote (Hrsg.), Participatory Action Research. Newbury Park, CA: Sage. S. 85-96.

Argyris, Chris (1998). Empowerment: The emperor's new clothes. Harvard Business Review, 76 (3) (May-June), 98-105.

Armbruster, Dieter & **Kieser**, Alfred (2003). Jeder Mitarbeiter ein Unternehmer!? Wie Intrapreneurshipprogramme zwar nicht zu echten Unternehmern machen, aber doch zu höheren Leistungen anspornen können. Zeitschrift für Personalforschung, 17 (2), 151-175.

Baecker, Dirk (2001). Drei Regeln für eine wirtschaftlich effiziente Unternehmenskultur: Einfachheit, Autonomie und kulturelle Führung. In Bertelsmann Stiftung & Hans-Böckler-Stiftung (Hrsg.), Praxis Unternehmenskultur. Herausforderungen gemeinsam bewältigen. Bd. 1 Erfolgsfaktor Unternehmenskultur. Gütersloh: Verlag Bertelsmann Stiftung, S. 57-80.

Barnard, Chester Irving (1938). The Functions of the Executive. Cambridge, MA: Harvard University Press.

Barney, Jay B. (1986). Organizational culture: Can it be a sustained source of competitive advantage? Academy of Management Review, 11 (3), 656–665.

Barney, Jay B. (1991). The resource-based view of strategy: Origins, implications, and prospects. Editor of Special Theory Forum. Journal of Management, 17, 97-211.

Barney, Jay B. (2002). Gaining and Sustaining Competitive Advantage, 2. Aufl. Upper Saddle River, NJ: Prentice Hall.

Barrett, Hilton, **Balloun**, Joseph L. & **Weinstein**, Art (2000). Marketing mix factors as moderators of the corporate entrepreneurship-business performance relationship: A multistage, multivariate analysis. Journal of Marketing Theory and Practice, 8 (2) (Spring), 50-62.

Bartelsman, Eric J., **van Leeuwen**, George & **Nieuwenhuijsen**, Henry R. (1998). Adoption of advanced manufacturing technology and firm performance in the Netherlands. Economics of Innovation and New Technology, 6, 291-312.

Beisheim, Margret (1999). Empowerment als neue personalpolitische Strategie. In Elsik, Wolfgang & Mayrhofer, Wolfgang (Hrsg.), Strategische Personalpolitik, Festschrift für Prof. Dr. Dudo von Eckardstein. München/Mering: Hampp, S. 223-243.

Benz, Matthias (2000). Partizipation und Kommunikation als Motivatoren. Zeitschrift Führung und Organisation, 69 (1), 92-96.

Berlingske Tidende Nyhedsmagasin (2003). Image Survey. Berlingske Tidende Nyhedsmagasin, 15, 28. April 2003. www.bny.dk/images/bny/elementer/ downloadfiler/Imageanalysen_2003.pdf [8. August 2004].

Bertelsmann Stiftung (Hrsg.) (2003). Unternehmenskultur und Führungsverhalten als Erfolgsfaktoren. Gütersloh: Verlag Bertelsmann Stiftung. www.bertelsmann-stiftung.de/medien/pdf/CBP2003.pdf [8. August 2004].

Beyer, Heinrich, **Fehr**, Ulrich & **Nutzinger**, Hans G. (1995). Unternehmenskultur und innerbetriebliche Kooperation. Wiesbaden: Gabler.

Bloomberg (2004). www.bloomberg.com.

BMW AG (Hrsg.) (2001). BMW Group Sustainability Value Report 2001/2002. www.bmwgoup.com/sustainabilty.

Boles, James S., **Babin**, Barry J., **Brashear**, Thomas G. & **Brooks**, Charles (2001). An examination of the relationships between retail work environments, salesperson selling orientation-costumer orientation and job performance. Journal of Marketing Theory and Practice, 9 (3) (Summer), 1-12.

Booz Allen Hamilton (2003). Carl Bertelsmann-Preis 2003: Unternehmensprofile. Unveröffentl. Studie, Gütersloh: Bertelsmann Stiftung.

Boswell, Wendy R. (2000). Aligning Employees with the Organization's Strategic Objectives: Out of „Line of Sight", Out of Mind. Dissertation Abstracts International Section A: Humanities & Social Sciences, 61 (4-A), 1504.

Bradley, Nick (2004). Corporate governance scoring and the link between corporate governance and performance indicators: In search of the Holy Grail. Corporate Governance, 12 (1), 8-10.

Brady, Gene F. & **Helmich**, Donald L. (1984). Executive Succession: Toward Excellence in Corporate Leadership. Englewood Cliffs, NJ: Prentice Hall.

Brewer, Gene A., **Selden**, Sally Coleman & **Facer II**, Rex L. (2000). Individual conceptions of public service motivation. Public Administration Review, 60 (3), 254-263.

Bruch, Heike & **Bieri**, Sabine (2003). Hilti 2003 – Maintaining a proactive sense of urgency. Case Study an der Universität St. Gallen, Schweiz.

Büssing, André & **Moranz**, Claudia (2003). Initiales Vertrauen in virtualisierten Geschäftsbeziehungen. Zeitschrift für Arbeits- und Organisationspsychologie, 47 (2) (April), 95-103.

Burns, Tom & **Stalker**, George M. (1961). The Management of Innovation. 1. Aufl. London: Tavistock.

Campion, Michael A., **Medsker**, Gina J. & **Higgs**, A. Catherine (1993). Relations between work group characteristics and effectiveness: Implications for designing effective work groups. Personnel Psychology, 46 (4), 823-850.

Cannella Jr., Albert A. & **Lubatkin**, Michael (1993). Succession as a sociopolitical process: Internal impediments to outsider succession. Academy of Management Journal, 36 (4), 763-793.

Carlson, Richard O. (1961). Succession and performance among school superintenddents. Administrative Science Quarterly, 6, 210-227.

Carter, David A., **Simkins**, Betty J. & **Simpson**, W. Gary (2003). Corporate governance, board diversity, and firm value. The Financial Review, 38 (1) (February), 33-53.

Catellani, Bruno, **El Hage**, Bernard & **Erdönmez**, Mukadder (Hrsg.) (2004). Branchenkultur Assekuranz: Der unsichtbare Motor des Erfolgs? Institut für Versicherungswirtschaft, Universität St. Gallen.

Cawley, Brian D. & **Keeping**, Lisa M. & **Levy**, Paul E. (1998). Participation in the performance appraisal process and employee reactions: A meta-analytic review of field investigations. Journal of Applied Psychology, 83 (4), 615-633.

Chung, Kae H., **Lubatkin**, Michael H., **Rogers**, Ronald C. & **Owers**, James E. (1987). Do insiders make better CEOs than outsiders? Academy of Management Executive, 1 (4) (November), 325-331.

Chusmir, Leonard H. & **Azevedo**, Ana (1992). Motivation needs of sampled Fortune-500 CEOs: Relations to organization outcomes. Perceptual and Motor Skills, 75 (2), 595-612.

Cohen, Susan G., **Ledford Jr.**, Gerald E. & **Spreitzer**, Gretchen M. (1996). A predicttive model of self-managing work team effectiveness. Human Relations, 49 (5), 643-676.

Collins, James (Jim) C. & **Porras**, Jerry I. (1995). Visionary Companies: Visionen im Management. München: Artemis.

Collins, James (Jim) C. (2002). Der Weg zu den Besten. Die sieben Management-Prinzipien für dauerhaften Unternehmenserfolg. Stuttgart/München: Deutsche Verlags-Anstalt. Engl. Originalausgabe (2001). Good to Great. Why Some Companies Make the Leap... and Others Don't. New York, NY: Harper Business Essentials.

Continental AG & TNS Emnid (Hrsg.) (2004). Arbeitswelten der Zukunft: Continental Studentenumfrage 2004. Hannover: Continental AG. www.conti-online.com/generator/www/com/de/continental/portal/themen/presse_services/studentenumfrage/studentenumfrage_de.html [8. August 2004].

Coombes, Paul & **Watson**, Mark (2000). Three surveys on corporate governance. McKinsey Quarterly (4), 75–77. www.mckinseyquarterly.com.

Covin, Jeffrey G. (1991). Entrepreneurial versus conservative firms: A comparison of strategies and performance. Journal of Management Studies, 28 (5), 439-462.

Cropanzano, Russell, **Howes**, John C., **Grandey**, Alicia A. & **Toth**, Paul (1997). The relationship of organizational politics and support to work behaviors, attitudes, and stress. Journal of Organizational Behavior, 18 (2), 159-180.

Datta, Deepak K. & **Guthrie**, James P. (1994). Executive succession: Organizational antecedents of CEO characteristics. Strategic Management Journal, 15 (7), 569-577.

Davidson III, Wallace N., **Worrell**, Dan L. & **Cheng**, Louis (1990). Key executive succession and stockholder wealth: The influence of successor's origin, position, and age. Journal of Management, 16 (3), 647-664.

Deal, Terrence E. & **Kennedy**, Allan A. (1982). Corporate Cultures: The Rites and Rituals of Corporate Life. Reading, MA: Addison-Wesley.

Denison, Daniel R. (1984). Bringing corporate culture to the bottom line. Organizational Dynamics, 13 (2) (Winter), 4-22.

Deshpandé, Rohit, **Farley**, John U. & **Webster Jr.**, Frederick E. (1993). Corporate culture, customer orientation, and innovativeness in Japanese firms: A quadred analysis. Journal of Marketing, 57 (1) (January), 23-37.

Die Welt online (2002). BMW traut sich 2002 erneutes Rekordjahr zu. Vorstandschef Milberg verabschiedet sich mit Rekordbilanz. "Beachtliche Resonanz" bei 7er-Reihe. www.welt.de/daten/2002/03/20/0320un321383.htx [8. August 2004]

DiStefano, Joseph J. & **Maznevski**, Martha I. (2000). Creating value with diverse teams in global management. Organizational Dynamics, 29 (1), 45-63.

Donald, David C. (2003). Die Entwicklung der US-amerikanischen Corporate Governance nach Enron. WM Wertpapiermitteilungen, Zeitschrift für Wirtschafts- und Bankrecht, 57 (15), 705-752.

Drucker, Peter F. (1973). Management: Tasks, Responsibilities, Practices. New York, NY: Harper and Row.

Duncan, W. Jack, **Ginter**, Peter M., **Rucks**, Andrew C. & **Jacobs**, T. Douglas (1988). Intrapreneurship and the reinvention of the corporation. Business Horizons, 31 (3) (May-June), 16-21.

Earley, P. Christopher, **Wojnaroski**, Pauline & **Prest**, William (1987). Task planning and energy expended: Exploration of how goals influence performance. Journal of Applied Psychology, 72 (1), 107-114.

Eberle, Thomas S. (1997). Cultural contrasts in a democratic nonprofit organization: The case of a Swiss reading society. In Sackmann, Sonja A. (Hrsg.), Cultural Complexity in Organizations: Inherent Contrasts and Contradictions. Newbury Park, CA: Sage, S. 133-159.

Eckardstein, Dodo von & **Riedl**, Gabriele (2001). Großunternehmen flexibel halten: Partnerschaftliche Unternehmenskultur als Lösungsansatz. In Bertelsmann Stiftung & Hans-Böckler-Stiftung (Hrsg.), Praxis Unternehmenskultur. Herausforderungen gemeinsam bewältigen. Bd. 7 Großunternehmen flexibel halten. Gütersloh: Verlag Bertelsmann Stiftung, S. 7-31.

Ellsworth, Richard R. (2002). Leading with Purpose: The New Corporate Realities. Stanford, CA: Stanford University Press.

Farh, Jiing-Lih (Larry), **Werbel**, James D. & **Bedeian**, Arthur G. (1988). An empirical investigation of self-appraisal-based evaluation. Personnel Psychology, 41 (1), 141-156.

Ferris, Gerald R., **Frink**, Dwight D., **Gilmore**, David C. & **Kacmar**, K. Michele (1994). Understanding politics: Antidote for the dysfunctional consequences of organizational politics as a stressor. Journal of Applied Social Psychology, 24 (13), 1204-1220.

Ferris, Gerald R., **Judge**, Timothy A., **Rowland**, Kendrith M. & **Fitzgibbons**, Dale E. (1994). Subordinate influence and the performance evaluation process: Test of a model. Organizational Behavior and Human Decision Processes, 58 (1), (April), 101-135.

Financial Times & **PricewaterhouseCoopers** (2004): The world's most respected companies survey 2003. Financial Times/PwC, 20. January 2004. PricewaterhouseCoopers: www.pwc.com/wmrcs2003 [8. August 2004], Financial Times Deutschland: www.ftd.de/ub/in/1074331647257.html [8. August 2004]

Flamholtz, Eric G. (2001). Corporate culture and the bottom line. European Management Journal, 19 (3), 268-275.

Flamholtz, Eric G. & **Aksehirli**, Zeynep (2000). Organisational success and failure, an empirical test of a holistic model. European Management Journal, 18 (5) (October), 488-498.

Frese, Michael, **Kring**, Wolfgang, **Soose**, Andrea & **Zempel**, Jeanette (1996). Personal initiative at work: Differences between East and West Germany. Academy of Management Journal, 39 (1), 37-63.

Friedman, Steward D. (1986). Succession systems in large corporations: Characteristics and correlates of performance. Human Resource Management, 25 (2), 191-213.

Friedman, Steward D. & **Saul**, Kathleen (1991). A leader's wake: Organizational members reactions to CEO succession. Journal of Management, 17 (3), 619-642.

Gifford Jr., Dun (1997). CEO turnover: The importance of symbolism. Harvard Business Review, 75 (1) (January-February), 9-10.

Gladstein, Deborah L. (1984). Groups in context: A model of task group effectiveness. Administrative Science Quarterly, 29 (4) (December), 499-517.

Globokar, Tatjana (1997). Eastern Europe meets West: An empirical study on French management in a Slovenian plant. In Sackmann, Sonja A. (Hrsg.), Cultural Complexity in Organizations: Inherent Contrasts and Contradictions, Thousand Oaks, CA: Sage, S. 72-86.

Goosen, Chris J., **de Coning**, Tobie J. & **Smit**, Eon v.d.M. (2002). Corporate entrepreneurship and financial performance: The role of management. South African Journal of Business Management, 33 (4), 21-27.

Gordon, George G. (1985). The relationship of corporate culture to industry sector and corporate performance. In Kilmann, Ralph H., Saxton, Mary J. & Serpa, Roy (Hrsg.), Gaining Control of the Corporate Culture. San Francisco, CA: Jossey-Bass, S. 103-125.

Grusky, Oscar (1963). Managerial succession and organizational effectiveness. American Journal of Sociology, 69 (1) (July), 21-31.

Grundfos A/S (Hrsg.) (2004). Grundfos Mission, Vision and Compay Values. Bjerringbro, Dänemark: Grundfos A/S. www.grundfos.com/web/grfosweb.nsf/GrafikOpslag/Downloads03/$File/MissionValues.pdf [8. August 2004].

Grundfos A/S (Hrsg.) (2004). Social Report 2004. Bjerringbro, Dänemark: Grundfos A/S. www.grundfos.com/web/grfosweb.nsf/GrafikOpslag/socialreport/$File/socialreport2004_uk.pdf [8. August 2004].

Guzzo, Richard A., **Yost**, Paul R., **Campbell**, Richard J. & **Shea**, Gregory P. (1993). Potency in groups: Articulating a construct. British Journal of Social Psychology, 32 (1) (March), 87-106.

Habbel, Rolf W. (2001). Faktor Menschlichkeit: Führungskultur im Zeichen der Net-Economy. Frankfurt/Main: Ueberreuter Wirtschaftsverlag.

Hall, Bronwyn H. & **Kramarz**, Francis (1998). Introduction: The effects of technology and innovation on firm performance, employment, and wages. Economics of Innovation and New Technology, 5 (2-4), 99-107.

Hamel, Gary & **Välikangas**, Liisa (2003). Das Streben nach Erneuerung. Harvard Business Manager, 29 (12), 24-42.

Harris, Michael M. & **Schaubroeck**, John (1988). A meta-analysis of self-supervisor, self-peer, and peer-supervisor ratings. Personnel Psychology, 41 (1), 43-62.

Hartmann, Matthias & **Gsell**, Heiko (2001). Für den Kunden Werte schaffen: Kundenorientierung – dauerhafte Wandlungsfähigkeit – profitables Wachstum. In Bertelsmann Stiftung & Hans-Böckler-Stiftung (Hrsg.), Praxis Unternehmenskultur. Herausforderungen gemeinsam bewältigen. Bd. 3 Für den Kunden Werte schaffen. Gütersloh: Verlag Bertelsmann Stiftung, S. 9-30.

Heery, Edmund & **Wood,** Stephen (2003). Employment relations and corporate governance. British Journal of Industrial Relations, 41 (3), 477-479

Heinrich, Michael (2001). Nichts ist so ansteckend wie ein gutes Vorbild. Rückblick und Ausblick partnerschaftlicher Unternehmenskultur. In Bertelsmann Stiftung & Hans-Böckler-Stiftung (Hrsg.), Praxis Unternehmenskultur. Herausforderungen gemeinsam bewältigen. Bd. 1 Erfolgsfaktor Unternehmenskultur. Gütersloh: Verlag Bertelsmann Stiftung, S. 129-140.

Heracleous, Loizos (2001). What is the impact of corporate governance on organisational performance? Corporate Governance, 9 (3), 165-173.

Hilti Aktiengesellschaft (Hrsg.) (2002). Annual Report 2002. Schaan, Liechtenstein: Hilti Aktiengesellschaft. www.hilti.com/data/editorials/11002/2002_annual_image_screen_en.pdf [8.August 2004].

Hinloopen, Jeroen (2003). Innovation performance across Europe. Economics of Innovation and New Technology, 12 (2), 145-161.

Hofstede, Geert H. (2001). Cultures Consequences: Comparing Values, Behaviors, Institutions and Organizations Across Nations, 2. Aufl. Thousand Oaks, CA: Sage.

Huson, Mark R., **Malatesta**, Paul H. & **Parrino**, Robert (2004). Managerial succession and firm performance. Journal of Financial Economics (forthcoming).

impulse (Hrsg.) (1996). Unternehmenskultur als Bedingung für unternehmerischen Erfolg. Interview mit Reinhard Mohn, Vorsitzender des Vorstandes der Bertelsmann Stiftung. Gütersloh: Verlag Bertelsmann Stiftung.

Irwin, John G., **Hoffman**, James J. & **Geiger**, Scott W. (1998). The effect of technological adoption on organizational performance: Organizational size and environmental munificence as moderators. The International Journal of Organizational Analysis, 6 (1), 50-64.

Jochmann, Walter (2001). Erfolgreiches Gestalten von unternehmerischen Integrationsprozessen. In Bertelsmann Stiftung & Hans-Böckler-Stiftung (Hrsg.), Praxis Unternehmenskultur. Herausforderungen gemeinsam bewältigen. Bd. 5 Fusionen gestalten. Gütersloh: Verlag Bertelsmann Stiftung, S. 7-29.

Jung, Dong I. & **Sosik**, John J. (2002). Transformational leadership in work groups: The role of empowerment, cohesiveness, and collective-efficacy on perceived group performance. Small Group Research, 33 (3) (June), 313-336.

Kaplan, Stephen N. (1995). Corporate governance and incentives in German companies: Evidence from top executive turnover and firm performance. European Financial Management, 1 (1), 23-36.

Karg, Peter W., **Lurse**, Klaus & **Meister**, Hans-Peter (2001). Unternehmenskultur gestalten – die zentrale Führungsaufgabe. In Bertelsmann Stiftung & Hans-Böckler-Stiftung (Hrsg.), Praxis Unternehmenskultur. Herausforderungen gemeinsam bewältigen. Bd. 1 Erfolgsfaktor Unternehmenskultur. Gütersloh: Verlag Bertelsmann Stiftung, S. 37-55.

Kesner, Idalene (Idie) F. & **Sebora**, Terrence C. (1994). Executive succession: Past, present and future. Journal of Management, 20 (2) (Summer), 327-372.

KFZ Wirtschaft online (2002). Bayerisches Erfolgsjahr: Für BMW war 2001 das mit Abstand erfolgreichste Geschäftsjahr in der Geschichte. Österreichischer Wirtschaftsverlag, April 2002. www.automotive.co.at/ireds-1916.html [8.August 2004].

Kiel, Geoffrey C. & **Nicholson**, Gavin J. (2003). Board composition and corporate performance: How the Australian experience informs contrasting theories of corporate governance. Corporate Governance, 11 (3), 189-203.

Kim, Soonhee (2002). Participative management and job satisfaction: Lessons for management leadership. Public Administration Review, 62 (2) (April), 231-241.

Kirkman, Bradley L. & **Rosen**, Benson (1999). Beyond self-management: Antecedents and consequences of team empowerment. Academy of Management Journal, 42 (1), 58-74.

Klein, Howard J. & **Kim**, Jay S. (1998). A field study of the influence of situational constraints, leader-member exchange, and goal commitment on performance. Academy of Management Journal, 41 (1) (February), 88-95.

Konar, Shameek & **Cohen**, Mark A. (2001). Does the market value environmental performance? Review of Economics and Statistics, 83 (2), 281-289.

Kossbiel, Hugo (1983). Die Bedeutung formalisierter Führungsgrundsätze für die Verhaltenssteuerung in Organisationen. In Wunderer, Rolf (Hrsg.), Führungsgrundsätze in Wirtschaft und öffentlicher Verwaltung. Stuttgart: Poeschel, S. 17-27.

Kotter, John P. & **Heskett**, James L. (1992). Corporate Culture and Performance. New York, NY: Free Press.

Kubicek, Helmut (1984a). Führungsgrundsätze. Lösungen von gestern für die Probleme von morgen? Teil 1: Zeitschrift Führung und Organisation, 53 (2), 81-88; Teil 2: Zeitschrift Führung und Organisation, 53 (3), 182-188.

Kubicek, Helmut (1984b). Führungsgrundsätze als Organisationsmythen und die Notwendigkeit von Entmythologisierungsversuchen. Zeitschrift für Betriebswirtschaft, 54 (1), 4-29.

Laing, David & **Weir**, Charles M. (1999). Governance structures, size and corporate performance in UK firms. Management Decision, 37 (5), 457-464.

Langerak, Fred (2001). The relationship between customer and supplier perceptions of the manufacturer's market orientation and its business performance. International Journal of Market Research, 43 (1), 43-62.

Lau, Chong Man (James) & Chong, J. (2002). The effects of budget emphasis, participation and organizational commitment on job satisfaction: Evidence from the financial services sector. Advances in Accounting Behavioral Research, 5, 183-211.

Lauterbach, Beni, Vu, Joseph & Weisberg, Jacob (1999). Internal vs. external successions and their effect on firm performance. Human Relations, 52 (12), 1485-1504.

Liebert, Nicola (2003). Worldcom kauft sich bei US-Börsenaufsicht frei. Financial Times Deutschland online: ftd.de, 20. Mai 2003. www.ftd.de/tm/tk/1053090415348.html [8. August 2004].

Lorsch, Jay W. & Graff, Samantha K. (1997). Corporate governance. In Sorge, Arndt & Warner, Malcolm (Hrsg.), The IEBM Handbook of Organizational Behavior, London: Thomson, S. 252-261.

Lyon, Douglas W. & Ferrier, Walter J. (2002). Enhancing performance with product-market innovation: The influence of the top management team. Journal of Managerial Issues, 14 (4), 452-469.

Malik, Fredmund (1999). Wirksame Unternehmensaufsicht. Corporate Governance in Umbruchzeiten, 2. Aufl. Frankfurt/Main: Frankfurter Allgemeine Buch.

Malik, Fredmund (2001): Führen, Leisten, Leben: Wirksames Management für eine neue Zeit, 8. Auflage, München: Heyne.

Malik, Fredmund (2002). Die Neue Corporate Governance: Richtiges Top-Management. Wirksame Unternehmensaufsicht, 3., erw. Aufl. Frankfurt/Main: Frankfurter Allgemeine Buch.

Manu, Franklyn A. (1992). Innovation orientation, environment and performance: A comparison of U.S. and European markets. Journal of International Business Studies, Second Quarter, 23 (2), 333-359.

Martin, Joanne & Siehl, Caren (1983). Organizational Culture and Counter-Culture: An Uneasy Symbiosis, Organizational Dynamics, 12 (2) (Fall), 52-64.

Matje, Andreas (1996). Unternehmensleitbilder als Führungsinstrument. Komponenten einer erfolgreichen Unternehmensidentität. Wiesbaden: Gabler.

McKinsey & Company (2002). Global Investor Opinion Survey on Corporate Governance: Key Findings. New York, NY: McKinsey & Company. www.mckinsey.com/clientservice/organizationleadership/service/corpgovernance/pdf/GlobalInvestorOpinionSurvey2002.pdf

McWilliams, Abagail & Siegel, Donald (2000). Corporate social responsibility and financial performance: Correlation or misspecification? Strategic Management Journal, 21 (5) (May), 603-609.

Milledge, Vicky L. (1996). Goal setting and task performance at the organizational level: Studies of emissions reduction goals and performance. Dissertation Abstracts International Section A: Humanities & Social Sciences: 57 (3-A), 1224.

Miller, Danny (1991). Stale in the saddle: CEO tenure and the match between organization and environment. Management Science, 37 (1) (January), 34-52.

Miller, Katherine I. & **Monge**, Peter R. (1986). Participation, satisfaction, and productivity: A meta-analytic review. Academy of Management Journal, 29 (4), 727-753.

Mohn, Reinhard (1996). Erfolg durch Partnerschaft. Eine Unternehmensstrategie für den Menschen, 4. überarb. Aufl. Gütersloh: Verlag Bertelsmann Stiftung.

Mohn, Reinhard (2003). Die gesellschaftliche Verantwortung des Unternehmers. München: C. Bertelsmann Verlag.

Mohr, Lois A., **Webb**, Deborah J. & **Harris**, Katherine E. (2001). Do consumers expect companies to be socially responsible? The impact of corporate social responsibility on buying behavior. Journal of Consumer Affairs, 15 (1), 45-72.

Monks, Robert A.G. (2002). Creating Value through corporate governance. Corporate Governance, 10 (3), 116-123.

Moskowitz, Milton & **Levering**, Robert (2003). 10 great companies to work for in Europe: Good food, good people, lots of fun – sound like a European holiday? No, it's a great job. Fortune Magazine, 20 January 2003, 26-38. www.fortune.com/fortune/bestcompanies/articles/0,15114,573236,00.html [8. August 2004].

Neuberger, Oswald (2002). Führen und führen lassen. Ansätze, Ergebnisse und Kritik der Führungsforschung, 6. völlig neu bearb. und erw. Aufl. Stuttgart: Lucius & Lucius.

Novo Nordisk A/S (Hrsg.) (2003). Sustainability Report 2003. Bagsværd, Dänemark: Novo Nordisk A/S. www.novonordisk.com/images/Sustainability/sr03/Novo_SUS_2003_UK.pdf [8. August 2004].

Novo Nordisk A/S Corporate Communications (Hrsg.) (2004). Novo Nordisk Unternehmenskultur. Novo Nordisk A/S, Bagsværd, Dänemark: NovNordisk A/S.

Ocasio, William (1999). Institutionalized action and corporate governance: The reliance on rules of CEO succession. Administrative Science Quarterly, 4 (2), 384-416.

Ogden, Stuart & **Watson**, Robert (1999). Corporate performance and stakeholder management: Balancing shareholder and customer interests in the U.K. privatized water industry. Academy of Management Journal, 42 (5), 526-538.

Orlitzky, Marc, **Schmidt**, Frank L & **Rynes**, Sara L. (2003). Corporate social and financial performance: A meta-analysis. Organization Studies, 24 (3) (May-June), 403-441.

Ostroff, Cheri, **Kinicki,** Angelo J. & **Tamkins**, Melinda M. (2003), Organizational culture and climate. In Weiner, Irving B. (Hrsg.), Handbook of Psychology, Vol. 12 Industrial and Organizational Psychology. Hoboken, NJ: John Wiley & Sons, S. 565-593.

Ouchi, William G. & **Jaeger**, Alfred M. (1978). Social structure and organizational type. In Meyer, Marshall and Associates, Environments and Organizations, Jossey-Bass, S. 110-130.

Ouchi, William G. & **Johnson**, Jerry B. (1978). Types of organizational control and their relationship to emotional well-being. Administrative Science Quarterly, 23 (June), S. 293-317.

Patterson, D. Jeanne (2001). The impact of corporate governance activism on corporate performance. Corporate Governance Advisor, 9 (4), 10-18.

Pearce II, John A. & **Ravlin**, Elizabeth C. (1987). The design and activation of self-regulating work groups. Human Relations, 40 (11) (November), 751-782.

Pearce, James W. & **Carland III**, James W. (Trey) (1996). Intrapreneurship and innovation in manufacturing firms: An empirical study of performance implications. Academy Entrepreneurial Journal, 1 (2), 87-96.

Pearce, Jone L. & **Porter**, Lyman W. (1986). Employee responses to formal performance appraisal feedback. Journal of Applied Psychology, 71 (2), 211-218.

Pelton, Warren J., **Sackmann**, Sonja A. & **Boguslaw**, Robert (1990). Tough Choices. The Decision Making Styles of America's Top 50 CED's. Homewood, IL.: Dow Jones-Irwin.

Perry, Monica L., **Pearce**, Craig L. & **Sims Jr.**, Henry P. (1999). Empowered selling teams: How shared leadership can contribute to selling team outcomes. Journal of Personal Selling and Sales Management, 19 (3), 35-52.

Peters, Thomas J. & **Waterman**, Robert H. (1982). In Search of Excellence: Lessons from America's Best-run Companies. New York: Harper & Row.

Phillips, Margaret E. (1994). Industry mindsets: Exploring the cultures of two macro-organizational dettings. Organization Science, 5 (3), 384-402.

Pinchot III, Gifford (1986). Intrapreneuring. Why You Don't Have to Leave the Corporation to become an entrepreneur. New York, NY: Harper & Row.

Probst, Gilbert & **Raisch**, Sebastian (2004). Die Logik des Niedergangs. Harvard Business Manager, 3 (März), 37-45.

Robinson, Gail & **Dechant**, Kathleen (1997). Building a business case for diversity. Academy of Management Executive 11 (3) (August), 21-30.

Rodgers, Robert & **Hunter**, John E. (1991). Impact of management by objectives on organizational productivity. Journal of Applied Psychology, 76 (2), 322-336.

Ross, Joel E. (1987). Intrapreneurship and corporate culture. In Industrial Management, 29 (1) (January-February), 22-25.

Rothchild, John & **Brown**, E. (1996). Why I invest with sinners. Fortune Magazine, 133 (9), 13. May 1996, 197.

Rühli, Edwin (1992). Gestaltungsmöglichkeiten der Unternehmungsführung. Führungsstil, Führungsmodelle, Führungsrichtlinien, Mitwirkung und Mitbestimmung. Bern: Haupt.

Russo, Michael V. & **Fouts**, Paul A. (1997). A resource-based perspective on corporate environmental performance and profitability. Academy of Management Journal, 40 (3) (June), 534-559.

Sackmann, Sonja A. (1990). Möglichkeiten der Gestaltung von Unternehmenskultur. In Lattmann, Charles (Hrsg.), Die Unternehmenskultur. Heidelberg: Physica, 153-188.

Sackmann, Sonja A. (1991). Cultural Knowledge in Organizations: Exploring the Collective Mind. Thousand Oaks, CA: Sage.

Sackmann, Sonja A. (1992). Culture and subcultures: An analysis of organizational knowledge. Administrative Science Quarterly, 37 (1), 140-161.

Sackmann, Sonja A. (2002). Unternehmenskultur: Erkennen, Entwickeln, Verändern. Neuwied/Kriftel: Luchterhand.

Sackmann, Sonja A. (2003). Führung in den Verantwortungsstrukturen von Morgen. In Schwuchow, Karlheinz & Gutmann, Joachim (Hrsg.), Jahrbuch Personalentwicklung und Weiterbildung. Neuwied/Kriftel: Luchterhand: S. 73-82.

Sackmann, Sonja A., **Bissels**, Sandra & **Bissels**, Thomas (2002). Kulturelle Vielfalt in Organisationen: Ansätze zum Umgang mit einem vernachlässigten Thema der Organisationswissenschaften. Die Betriebswirtschaft (DBW), 62 (1), 43-58.

Sapienza, Alice M. (1985). Believing is seeing: How organizational culture influences the decisions top managers make. In Kilmann, Ralph H., Saxton Mary J. & Serpa, Roy (Hrsg.), Gaining Control of the Corporate Culture. San Francisco, CA: Jossey-Bass, S. 66-83.

Sattelberger, Thomas (1999). Wissenskapitalisten oder Söldner? Personalarbeit in Unternehmensnetzwerken des 21. Jahrhunderts. Wiesbaden: Gabler.

Schein, Edgar H. (1995). Unternehmenskultur: Ein Handbuch für Führungskräfte. Frankfurt/Main: Campus.

Schreyögg, Georg & **Sydow**, Jörg (Hrsg.) (2003). Strategische Prozesse und Pfade. Managementforschung, Bd. 13. Wiesbaden: Gabler.

Schumacher, Terry (1997). West Coast Camelot: The rise and fall of an organizational culture. In Sackmann, Sonja A. (Hrsg.), Cultural Complexity in Organizations: Inherent Contrasts and Contradictions. Thousand Oaks, CA: Sage, S. 107-132.

Sen, Sankar & **Bhattacharya**, C. B. (2001). Does doing good always lead to doing better? Consumer reactions to corporate social responsibility. Journal of Marketing Research, 38 (2) (May), 225-244.

Sharpe, Diana Rosemary (1997). Managerial control strategies and subcultural processes: On the shop floor in a Japanese manufacturing organization in the United Kingdom. In Sackmann, Sonja A. (Hrsg.), Cultural Complexity in Organizations: Inherent Contrasts and Contradictions. Thousand Oaks, CA: Sage, S. 228-251.

Shen, Wei & **Cannella Jr.**, Albert A. (2002). Revisiting the performance consequences of CEO succession: The impacts of successor type, postsuccession senior executive turnover, and departing CEO tenure. Academy of Management Journal, 45 (4), 717-733.

Siehl, Caren & **Martin**, Joanne (1990). Organizational culture: A key to financial performance? In Schneider, Benjamin (Hrsg.), Organizational Climate and Culture, San Francisco, CA: Jossey-Bass, S. 241-281.

Simón, Cristina & **Martinez**, Juan Luis (2004). The impact of corporate social responsibility policies on the employment relationship. Paper presented at the 20th EGOS Colloquium, Sub-Theme 8 The individualization of the employment relation, Ljubljana, 1-3 July.

Sørensen, Jesper B. (2002). The strength of corporate culture and the reliability of firm performance. Administrative Science Quarterly, 47 (1) 70-91.

Spender, John Christopher (1989). Industry Recipes: An Inquiry into the Nature and Sources of Managerial Judgment. Oxford: Basil Blackwell.

Starbuck, William Haynes & **Hedberg**, Bo (2001). How Organizations Learn from Success and Failure. In Dierkes, Meinolf, Antal, Ariane Berthoin, Child, John & Nonoaka, Ikujiro (Hrsg.), Handbook of Organizational Learning and Knowledge. Oxford, UK: Oxford University Press S. 327-350.

Starbuck, William Haynes & **Milliken**, Frances J. (1988). Executives' perceptual filters: What they notice and how they make sense. In Hambrick, Donald C. (Hrsg.), The Executive Effect: Concepts and Methods for Studying Top Managers. Greenwich, CT: JAI Press, S. 35-65.

Stashevsky, Shmuel & **Elizur**, Dov (2000). The effect of quality management and participation in decision-making on individual performance. Journal of Quality Management, 5 (1) (Spring), 53-65.

Trice, Harrison M. & **Beyer**, Janice M. (1993). The Cultures of Work Organizations. Englewood Cliffs, NJ: Prentice Hall.

Tushman, Michael L. & **Rosenkopf**, Lori (1996). Executive succession, strategic reorientation and performance growth: A longitudinal study in the U.S. cement industry. Management Science, 42 (7), 939-953.

Van Yperen, Nico W. (2003). The perceived profile of goal orientation within firms: Differences between employees working for successful and unsuccessful firms employing either performance-based pay or job-based pay. European Journal of Work and Organizational Psychology, 12 (3), 229-243.

Waddock, Sandra A. & **Graves**, Samuel B. (1997). The Corporate Social Performance – Financial Performance Link. Strategic Management Journal, 18 (4), 303-319.

Wagner III, John A. & **LePine**, Jeffrey A. (1999). Effects of participation on performance and satisfaction: Additional meta-analytic evidence. Psychological Reports, 84 (3), (June), 719-725.

Wall, Toby D., **Cordery**, John L. & **Clegg**, Chris W. (2002). Empowerment, performance, and operational uncertainty: A theoretical integration. Applied Psychology: An International Review, 51(1), 146-169.

Williams, Michael R. & **Attaway**, Jill S. (1996). Exploring salespersons' customer orientation as a mediator of organizational culture's influence on buyer-seller relationships. Journal of Personnel Selling & Sales Management, 16 (4), 33-52.

Williams, Michael R. & **Attaway**, Jill S. (2003). At the interface: The nature of buyer-seller interactions and relationships. Journal of Business Research, 56 (4), 243-246.

Witt, L. Alan, **Andrews**, Martha C. & **Kacmar**, K. Michele (2000). The role of participation in decision-making in the organizational politics-job satisfaction relationship. Human Relations, 53 (3), 341-358.

World Business Council for Sustainable Development WBCSD (Hrsg.) (2002). Dedicated to making a difference. Corporate Social Responsibilty – The WBCSD's journey, January 2002. www.wbcsd.org/DocRoot/wYlpnLQLIjKQfQ3lk0Oj/csr2002.pdf

Wright, Newell D., **Pearce**, James W. & **Busbin**, James W. (1997). Linking customer service orientation to competitive performance: Does the marketing concept really work? Journal of Marketing, 5 (4) (Fall), 23-34.

Wunderer, Rolf (1999). Mitarbeiter als Mitunternehmer – ein Transformationskonzept. Die Betriebswirtschaft (DBW), 59 (1), 105-130.

Wunderer, Rolf & **Klimecki**, Rüdiger (1990). Führungsleitbilder. Grundsätze für Führung und Zusammenarbeit in deutschen Unternehmungen. Stuttgart: Poeschel.

Wunderer, Rolf & **Küpers**, Wendelin (2003): Demotivation – Remotivation. Wie Leistungspotenziale blockiert und reaktiviert werden, 1. Aufl. Neuwied/Kriftel Luchterhand.

Wunderer, Rolf (1983). Führungsgrundsätze als Instrument der Unternehmens-/Betriebsverfassung. In Wunderer, Rolf (Hrsg.), Führungsgrundsätze in Wirtschaft und öffentlicher Verwaltung . Stuttgart: Poeschel, S. 35-72.

Yan, Jun & **Sorensen**, Ritch L. (2002). An Empirical Assessment of The Contribution of Leadership, Attitudes, and Behaviors to Collective Entrepreneurship. Paper presented at the USASBE Annual National Conference 'An Entrepreneurial Bonanza', Reno, Nevada, 17-20 January 2002. www.usasbe.org/knowledge/proceedings/2002/05.pdf [8. August 2004].

Yeung, Matthew C. H. & **Ennew**, Christine T. (2000). From customer satisfaction to profitability. Journal of Strategic Marketing, 8 (4), December, 313-326.

Young, Beth M. (2003). Corporate governance and firm performance: Is there a relationship? Ivey Business Journal, 68 (1) (September/October). Reprint No. 9B03TE07, 1-5. Ivey Business Journal Online: www.iveybusinessjournal.com/article.asp?intArticle_ID=444 [8. August 2004].

Über die Autorin

Prof. Sonja A. Sackmann, Ph. D. studierte Psychologie in Marburg, Heidelberg und Los Angeles mit Abschluss Dipl.-Psych. und forschte im Bereich Umweltpsychologie am Graduate Center der City University in New York, USA, und im Bereich Management an der Graduate School of Management, University of California Los Angeles, USA, mit Abschluss Ph. D. Management.

Die Autorin ist seit 1993 Professorin für Arbeits- und Organisationspsychologie an der Fakultät für Wirtschafts- und Organisationswissenschaften sowie im Vorstand des Instituts für Personal- und Organisationsforschung, Universität der Bundeswehr München.

Ihre Arbeitsschwerpunkte liegen in den Bereichen Führung, Unternehmenskultur (Analyse und Gestaltung), Change Management, Organisationsdiagnose und -entwicklung, Personalmanagement, Coaching, Persönlichkeits- und Teamentwicklung sowie interkulturelles Management.

Sie hat zahlreiche Publikationen zu diesen Themen veröffentlicht (u.a. *Unternehmenskultur,* 2002) und Firmen im In- und Ausland beraten. Frau Sackmann lehrte und forschte überdies in den USA, St. Gallen, Wien, Shanghai und Konstanz, war Entwicklungs- und Projektleiterin sowie Partner und Managing Partner am MZSG Management Zentrum St. Gallen. Sie ist Mitglied in einer Reihe von Gremien (u.a. Bundesministerium für Bildung und Forschung, World Corporate Ethics' Council) und professionellen Vereinigungen.

www.unibw-muenchen.de/campus/WOW/v1012/

Die Bertelsmann Stiftung

Die Bertelsmann Stiftung ist eine selbstständige Stiftung des privaten Rechts mit Sitz in Gütersloh. Bei der Gründung der Stiftung im Jahre 1977 spielten gesellschafts- und unternehmenspolitische Überlegungen eine gleichberechtigte Rolle: Zum einen setzt die Stiftung das traditionelle gesellschaftspolitische, kulturelle und soziale Engagement der Inhaberfamilien Bertelsmann und Mohn fort. Zum anderen soll sie die Unternehmenskontinuität sichern.

Die Bertelsmann Stiftung versteht sich als operative, konzeptionell arbeitende Einrichtung und bearbeitet zurzeit circa 150 Projekte. Fundament der Stiftungsarbeit ist die Überzeugung, dass Wettbewerb und bürgerschaftliches Engagement eine wesentliche Basis für den Fortschritt im Hinblick auf eine zukunftsfähige Gesellschaft sind.

Als Förderin des gesellschaftlichen Wandels will die Bertelsmann Stiftung frühzeitig gesellschaftliche Herausforderungen identifizieren sowie nachhaltige exemplarische Lösungsmodelle entwickeln und verwirklichen. Dazu arbeitet die Stiftung mit kompetenten Partnern in wissenschaftlichen, staatlichen und privaten Institutionen im In- und Ausland zusammen.

Ihren Fokus richtet die Bertelsmann Stiftung auf die Themenfelder

- Bildung
- Wirtschaft & Soziales
- Gesundheit
- Internationale Verständigung.

Die Förderung einer lebendigen Gesellschaft zeigt sich darüber hinaus in zahlreichen Kulturprojekten und im Thema Stiftungsentwicklung.

Die Bertelsmann Stiftung finanziert ihre Arbeit aus den Erträgen ihres Kapitalbesitzes. Die gemeinnützige Stiftung hält die Mehrheit der Kapitalanteile der Bertelsmann AG. Mit der Beteiligung an der Bertelsmann AG übt die Bertelsmann Stiftung keine unmittelbaren Stimmrechte aus. In ihrer Projektarbeit ist die Stiftung unabhängig vom Unternehmen und parteipolitisch neutral.

Im Geschäftsjahr 2003 betrug der Etat 63 Millionen Euro. Die Bertelsmann Stiftung beschäftigt rund 300 Mitarbeiter. Die Gremien der Bertelsmann Stiftung setzen sich aus Präsidium, Kuratorium und Geschäftsleitung zusammen. Dem Präsidium der Bertelsmann Stiftung gehören neben dem Vorsitzenden Professor Dr. Dr. h.c. mult.

Heribert Meffert, Liz Mohn (Stellvertretende Vorsitzende), Professor Dr. Dr. h.c. Werner Weidenfeld, Dr. Johannes Meier und Reinhard Mohn an.

Seit 1988 verleiht die Bertelsmann Stiftung jährlich den mit 150.000 Euro dotierten Carl Bertelsmann-Preis. Ausgezeichnet werden innovative und exemplarische Lösungsansätze für zentrale gesellschaftspolitische Aufgaben. Der „Blick über den Zaun" erfolgt in der Überzeugung, dass es für viele gesellschaftliche Probleme andernorts bereits Erfolg versprechende Lösungsmodelle gibt. Die Inhalte dieses Preises ergeben sich aus den Themengebieten der Bertelsmann Stiftung. Der Carl Bertelsmann-Preis 2003 wurde zum Thema „Unternehmenskultur und Führungsverhalten als Erfolgsfaktoren" an die Hilti Aktiengesellschaft in Liechtenstein verliehen.

Kontakt für weitere Informationen zum Carl Bertelsmann-Preis 2003:

Tina Böcker, Projektmanagerin im Kompetenzzentrum Unternehmenskultur und Führungsphilosophie, Bertelsmann Stiftung, tina.boecker@bertelsmann.de

Informationen über die Bertelsmann Stiftung erhalten Sie unter www.bertelsmann-stiftung.de

Managementwissen: kompetent, kritisch, kreativ

Außergewöhnliche Ergebnisse durch effektive Kommunikation

„Communicate or Die" zeigt Ihnen, wie Sie Mitarbeiter zu Höchstleistungen anspornen und unzufriedene Kunden verhindern - durch effektive Kommunikation.
Mit vielen anschaulichen Beispielen und einer Fülle unmittelbar anwendbarer Tipps.

Thomas D. Zweifel
Communicate or Die
Mit effektiver Kommunikation außergewöhnliche Ergebnisse erzielen
2004. Ca. 176 S. Geb.
Ca. EUR 36,00
ISBN 3-409-12634-1

Reformen in der Wirtschaft

Das Thema der Reform von Wirtschaft und Gesellschaft ist mit den Ende 2003 getroffenen politischen Entscheidungen keineswegs in seiner Bedeutung zurückgegangen. Eine weitsichtige Reformstrategie ist notwendiger denn je. Die Autoren zeigen, welche Hebel Deutschland in Bewegung setzen muss, damit das Land wieder an die Spitze Europas rückt.

Klaus F. Zimmermann
Deutschland 2010
2004. 300 S.
Br. Ca. EUR 29,90
ISBN 3-409-12712-7

Wie Unternehmen jetzt wirklich vom E-Business profitieren

Warum nüchterner Realismus gefragt ist – Wie totale Transparenz das Massengeschäft anheizt – Wie Manager vom Ozean der Informationen profitieren – Wie Unternehmen immer komplexer und präziser gesteuert werden – Wie Kunden nachhaltiger gewonnen und gebunden werden – Wie Unternehmen mit Auslagerung und Online-Kooperation alle Grenzen sprengen.

Wolf K. Müller-Scholz
Die stille Transformation
Wie Unternehmen durch E-Business tatsächlich profitieren
2004. Ca. 208 S. Geb.
Ca. EUR 38,00
ISBN 3-409-12630-9

Änderungen vorbehalten. Stand: Juni 2004.
Erhältlich im Buchhandel oder beim Verlag.

Gabler Verlag · Abraham-Lincoln-Str. 46 · 65189 Wiesbaden · www.gabler.de

GABLER

Erfolgreich führen

Die „Sandwichposition" zwischen Vorgesetzten und Mitarbeitern erfolgreich ausfüllen

In diesem Buch bekommen Projektleiter und fachliche Vorgesetzte praktische Tipps, wie sie Mitarbeiter schnell einschätzen, Teammitglieder motivieren, Verhaltensweisen verändern, kritische Gespräche führen und Konflikte bewältigen, um ihr Team zielorientiert zu führen.

Christian Stöwe /
Lara Keromosemito
Führen ohne Hierarchie
Wie Sie ohne Vorgesetztenfunktion Teams motivieren, kritische Gespräche führen, Konflikte lösen
2004. Ca. 208 S. Geb.
Ca. EUR 34,90
ISBN 3-409-12702-X

Praktische Mitarbeitermotivation – gerade in schwierigen Zeiten

Führung in schwierigen Zeiten: Engagement ohne persönliche Perspektiven – Führung im Wandel: Was macht erfolgreiches Führungsverhalten aus? – Anforderungen an eine Führungskraft: Die „eierlegende Wollmilchsau" – Kompetenzen einer Führungskraft: Wirtschaft und Soziales – Psychologie der Führung: Coaching und mehr

Rita Strackbein / Dirk Strackbein
Führen mit Power
In stürmischen Zeiten erfolgreich entscheiden
2004. Ca. 208 S. Geb.
Ca. EUR 34,90
ISBN 3-409-12374-1

Kuschelmanagement kann jeder – Führen in Krisenzeiten ist eine Kunst

Wie gelingt es, sich als Manager in Krisenzeiten richtig zu verhalten und so die Krise zu bewältigen? Dieses Buch zeigt typische Verhaltensweisen in Krisensituationen, die häufig zu einer Krisenverschärfung führen, und gibt Empfehlungen, wie man es besser macht. Mit einem Test zur Selbsteinschätzung.

Georg Kraus,
Christel Becker-Kolle
Führen in Krisenzeiten
Wie Sie typische Managementfehler vermeiden
2004. 172 S.
Geb. EUR 39,90
ISBN 3-409-12448-9

Änderungen vorbehalten. Stand: Juni 2004.
Erhältlich im Buchhandel oder beim Verlag.

Gabler Verlag · Abraham-Lincoln-Str. 46 · 65189 Wiesbaden · www.gabler.de